国家软科学研究计划资助

农业现代化与新型城镇化研究

◎ 辛　岭　胡志全　崔奇峰　著

中国农业科学技术出版社

图书在版编目（CIP）数据

农业现代化与新型城镇化研究／辛岭，胡志全，崔奇峰著．—北京：中国农业科学技术出版社，2016.12

ISBN 978－7－5116－2923－4

Ⅰ．①农…　Ⅱ．①辛…②胡…③崔…　Ⅲ．①农业现代化－关系－城市化－研究－中国　Ⅳ．①F320.1②F299.21

中国版本图书馆 CIP 数据核字（2016）第 312741 号

责任编辑　徐定娜
责任校对　李向荣

出 版 者　中国农业科学技术出版社
北京市中关村南大街 12 号　邮编：100081
电　　话　（010）82105169（编辑室）
（010）82109702（发行部）　（010）82109709（读者服务部）
传　　真　（010）82109707
网　　址　http：//www.castp.cn
经 销 者　各地新华书店
印 刷 者　北京富泰印刷有限责任公司
开　　本　787mm×1 092mm　1/16
印　　张　11.5
字　　数　259 千字
版　　次　2016 年 12 月第 1 版　2016 年 12 月第 1 次印刷
定　　价　39.00 元

项目资助

本书受到国家软科学研究计划“农业现代化与新型城镇化”（项目编号：2014GXS1B002）的资助。

序　　言

中国共产党第十八次代表大会报告指出：坚持走中国特色新型工业化、信息化、城镇化、农业现代化道路，推动信息化和工业化深度融合、工业化和城镇化良性互动、城镇化和农业现代化相互协调，促进工业化、信息化、城镇化、农业现代化同步发展。2012 年 9 月 7 日，在中央组织部、国家行政学院和国家发改委联合举办的省部级领导干部推进城镇化建设研讨班学员座谈会上，李克强总理指出，工业化、城镇化是现代化的必然要求和主要标志，尽管工业化、城镇化进程中会面对粮食安全、能源资源支撑、生态环境承载能力等问题和挑战，但这条路是绕不过去的，我们没有别的选择，只能沿着工业化、信息化、城镇化和农业现代化协调发展的道路走下去。

课题研究目的和意义在于，认真分析“四化同步”新形势下城镇化与农业现代化所处的阶段及其相互关系，通过现状分析和案例研究，深入剖析影响新型城镇化与农业现代化协调推进的主要因素，并提出新型城镇化与农业现代化协调发展的总体思路与对策建议。为我国农业现代化与新型城镇化发展提供政策参考。

全书在课题“农业现代化与新型城镇化”（国家软科学研究计划课题，课题编号：2014GXS1B002）研究成果的基础上，对农业现代化和城镇化理论基础进行研究，借鉴发达国家城市化和农业现代化的发展模式，通过典型调研、问卷和专家访谈等多种形式，研究分析我国促进新型城镇化的具体思路、发展路径及其与农业现代化的关系，并分析科技创新创业在农业现代化与新型城镇化协调发展中的作用，最后提出政策建议。

在课题研究过程中，中国农业科学院农业经济与发展研究所王东阳研究员、王济民研究员、任爱胜研究员、毛世平研究员、吴敬学研究员、夏英研究员、赵之俊研究员、李先德研究员、李宁辉研究员、朱立志研究员、王明利研究员，中国人民大学的孔祥智教授和中国农业大学的林万龙教授提出了很有参考价值的建议，在此一并致谢！

农业现代化与城镇化的研究内容十分丰富，我们的研究还存在不少的问题，还需进一步深化。由于时间紧、科研任务重，加上作者的研究和写作水平有限，本书的成稿难免会存在一些疏漏和欠缺，恳请同行专家和学者能够不吝赐教，给予批评指正，旨在共享经验与相互探讨，推动我国农业现代化与新型城镇化的理论与实践的发展。

著　者

2016 年 11 月

目　录

第一章　理论基础研究

一、国内外研究现状

1. 国内研究现状

(1) 城镇化与农业现代化的涵义

城镇化

“城镇化”（Urbanization，国外多称为城市化）是一个动态发展的概念，它是一个涉及多方面内容的社会经济演进过程，不同学科从不同的角度给予了各自的解读。人口学对城镇化的定义强调农村人口向城市的转移和集中及其带来的城市人口比重不断上升的过程。经济学对城镇化定义强调的是农村经济向城市经济转化的过程。社会学意义上的城镇化强调的是城市社会生活方式的产生、发展和扩散的过程。

我国学者多采用综合化和层次化的城镇化定义。姜爱林（2004）认为：城镇化是指农村人口不断向城镇转移，第二、三产业不断向城镇聚集，从而使城镇数量不断增加，城镇人口规模与地域规模不断扩大的一种自然、社会历史过程。张占斌（2013）认为，城镇化是现代化水平的重要标志，是随着工业化发展，非农产业不断向城镇集聚，从而农村人口不断向非农产业和城镇转移、农村地域向城镇地域转化、城镇数量增加和规模不断扩大、城镇生产生活方式和城镇文明不断向农村传播扩散的历史过程。顾建发（2013）认为，城镇化是指伴随着社会的发展和工业化的推进而提出的重要经济战略，是人类社会活动中，农业活动的比重下降，非农业活动的比重上升的过程。与这种经济结构变动相适应，使得乡村人口与城镇人口此消彼长，同时居民点的建筑和居民的生活方式向城镇型转化并且逐步地得到稳定，这样一个系统性的过程被称为城镇化过程。

新型城镇化

关于新型城镇化目前尚未有标准定义。国内学者的阐述大多结合党的“十八大”报告和2012年中央经济工作会议思想。顾建发（2013）认为，新型城镇化，是指坚持以人为本，以新型工业化为动力，以统筹兼顾为原则，推动城市现代化、城市集群化、城市生态化、农村城镇化，全面提升城镇化的质量和水平，走科学发展、集约高效、功能完善、环境友好、社会和谐、个性鲜明、城乡一体、大中小城市和小城镇协调发展的城镇化建设路子。新型城镇化建设的核心，在于不以牺牲农业和粮食、生态和环境为代价，着眼于农民，涵盖于农村，实现城乡基础设施一体化和公共服务均等化，促进经济社会发展，实现共同富裕。徐匡迪（2013）认为，新型城镇化的内涵和实质：第一，核心是人的城镇化，是农业人口转移成城市居民，城市的基本公共服务覆盖城市的全体人口。第二，是“四化”互动的城市。第三，是城乡统筹的发展、合理布局的城镇化。第四，城镇化的过程中必须是绿色的、低碳的、生态文明的城镇化。第五，中国的城镇化体现中国的城市特色，要弘扬中国优秀文化传统。易鹏（2013）认为：中国之前走的是一条1.0版本的城镇化，即速度型城镇化。平均每年城镇化率增长1个点，一年就有一千多万人进城，这在人类历史上是罕见的。现阶段，进入2.0版本，即以质量为主、速度为辅或者说速度、质量并重的阶段。此时，既要看到人口不断聚集和流动等变量因素，更要考虑人的公平性以及城市的合理布局、综合承载能力、产业支撑和低碳发展等因素。何树平、戚义明（2013）认为，新型城镇化的内涵和要求至少包括以下五个方面。第一，新型城镇化是“质量明显提高”的城镇化。城镇化不是简单的人口比例增加和城市面积扩张，更重要的是实现产业结构、就业方式、人居环境、社会保障等一系列由“乡”到“城”的重要转变。第二，新型城镇化是“四化”同步的城镇化。推进城镇化必须把信息化放在更加突出的位路，努力促进工业化与城镇化良性互动，城镇化与农业现代化相互协调，任何一方面都不可偏废。第三，新型城镇化是“以人为核心”的城镇化。以人为本是推进城镇化必须坚持的核心原则。第四，新型城镇化是体现生态文明理念的城镇化。党的十八大将生态文明建设纳入到中国特色社会主义建设事业的总体布局，对推进城镇化提出了新的要求。2012年底的中央经济工作会议提出：要把生态文明理念和原则全面融入城镇化全过程，走集约、智能、绿色、低碳的新型城镇化道路。第五，新型城镇化是“以城市群作为主体形态”的城镇化。要科学规划城市群内各城市功能定位和产业布局，推进大中小城市基础设施一体化建设和网络化发展。段学慧（2013）认为，要走新型城镇化道路，必须克服传统城镇化的弊端，明确新型城镇化的内涵和特征。新型城镇化是以人为本的城镇化。要把以人为本作为新型城镇化的立足点和出发点，以人为核心，立足于人的需要，充分改善民生。新型城镇化是城乡统筹发展的城镇化。要在坚持大中小城市和小城镇协调发展基础上，以农村城镇化为重心，提高城镇对农村的辐射带动作用；在推进城镇化过程中，加强新农村建设。新型城镇化是以产业为支撑的一、二、三产业协调发展的城镇化。要以信息化为带动，工业化、城镇化、农业现代化实现协调发展。

农业现代化

我国自20世纪中期提出实现农业现代化的目标以来，国内学者们围绕着农业现代化问题开展了长期且深入的研究。目前，关于农业现代化具有代表性的观点主要有以下6种：一是过程论。过程论认为农业现代化不仅包括农业生产过程、流通过程的现代化，还包括消费过程以及农村和农民的现代化。农业现代化不是农业领域单一方面过程的现代化，而是全方位、全过程现代化，最重要的是人的现代化。二是制度论。制度论认为农业现代化是由于科学技术在农业中的应用扩张而引发的组织、制度、方法的变革与创新。农业现代化就是破除二元经济结构，实现制度的现代化。三是配辂论。从资源配辂出发，配辂论认为农业现代化就是通过有效的资源配辂提高土地生产率、劳动生产率和资源利用率。农业现代化是体制系统、生产力系统和农用生产资料工业及流通体系三大系统的有机统体。四是可持续发展论。认为农业现代化的内涵农业现代化就是用现代科技和生产手段装备农业，以先进的科学方法组织和治理农业，提高农业生产者的文化和技术素质，把落后的传统农业逐步改造成具有高度生产力水平、保持和提高环境质量以及可持续发展的现代农业过程。五是转变论。从历史演进的角度，转变论认为农业现代化是一个综合的、世界范畴的、历史的和发展的概念，是一个动态的、渐进的和阶段性的发展过程。农业现代化就是传统农业通过不断应用现代先进科学技术，提高生产过程的物质技术装备水平，不断调整农业结构和农业的专业化、社会化分工，以实现农业总要素生产率水平的不断提高和农业持续发展的过程，使农业由传统的生产部门转变为现代的产业部门。六是一体论。从世界经济一体化以及中国加人 WTO 的战略高度，一体论认为农业现代化不是在一个封闭状态下的独善其身的过程，而是一个不断国际化和知识经济的武装过程。

（2）新型城镇化与农业现代化的关系

在新型城镇化与农业现代化的关系研究方面，学界观点主要如下。

第一，新型城镇化与农业现代化相辅相成。吴娜、马庆栋（2013）认为，新型城镇化与农业现代化是相辅相成、互相促进的辩证关系。一方面，新型城镇化战略的根本目标是农业水平提升、农民收入增加，城镇化的全面发展会促进农业现代化；另一方面，农业现代化有利于城镇化稳定、健康、可持续的发展，是新型城镇化发展的内生动力。罗炳锦（2013）认为，城镇化和农业现代化二者可相互协调，实现同步发展。一方面，农业现代化为城镇化提供支撑和保障；另一方面，城镇化为农业现代化创造规模化经营的条件，提供农业产业化经营的环境和为农业现代化的物质技术提供支持。张占斌（2013）认为，城镇化与农业现代化的关系，就是在城镇化发展中，要平等对待农村和农民，支持新农村建设，支持农业发展。城镇化的过程不是剥夺、损害农民利益的过程，而是富裕农民的过程。农业发展要注重农业生产经营方式和农民生活方式的现代化，要通过农业现代化解决大量农民进城后的农产品安全保障问题。

第二，新型城镇化建设基础是农业现代化。乌日图（2013）认为，新型城镇化建设，基础是农业现代化。要处理好工业化、城镇化和农业现代化的关系，城镇化要和社会主义新农村建设同时推动。工业化发展直接带动了城镇化，同时城镇化也离不开现代农业的发展。现代农业的规模化生产会极大提高农业生产率，为城镇提供农业产品，同时也使大量农业人口有条件脱离农业转移至工业和服务业，为城市经济发展提供劳动力。城镇化与工业化需要农业的现代化做支撑。工业及服务业的发展需要而且能够吸纳农村的富余劳动力是农村人口转移到城市的前提，而农业只有实现了现代化才能解放出一部分劳动力支持城市经济发展，因此说城镇化的基础是农业现代化。

第三，新型城镇化促进了农业现代化的实现，农业现代化依赖新型城镇化。罗炳锦（2013）认为，城镇化可以吸纳大量农村富余劳动力从事二三产业，并在推进城镇化进程中引导工业向工业园区集中，农民居住向中心村和镇区集中，农田向规模经营集中，并通过工业集中区集约用地模式、旧村改造模式和土地复垦模式，使人地关系得以改善。农村人口份额降低和人地关系改善后，在依法、自愿、有偿和加强服务的基础上，引导土地承包经营权向生产和经营能手集中，有利于扩大农业生产经营规模，提高农业生产效率，促进农业现代化生产水平。城镇作为农村地区资金、技术、信息的聚集地，是龙头企业天然的载体和依托，成为农业产业化向深层次发展的载体。城镇化有利于充分发挥城镇的集聚效益，加强城镇连接大中城市和辐射农村的功能，使农民能够方便地获得农业生产技术和市场需求信息，克服农业生产的盲目性，引导农民以市场需求为导向组织生产经营，促进各种市场中介组织和农村社会化服务组织的发展，为龙头企业创造良好的经营环境。在城镇化进程中，发展龙头企业和进行招商引资，有利于促进乡镇企业技术创新和扩大经营规模，提高乡镇企业的经济效益，增加城镇的财政收入，从而使城镇能依靠工业积累，采取“以工补农，以工建农”的形式，加强农业基础设施建设，增加农业科技投入，提高农业机械化水平等，进而促进农业现代化的实现。刘玉（2007）认为农业现代化依赖城镇化，同时又推动城镇化不断发展。实现农业现代化不仅是我国农业发展的目标，还是保证城镇化持续、健康发展的重要基础与途径。实现农业现代化与推进城镇化是现时期中国经济社会发展的重要任务，也是社会经济进步的最终体现。近年我国农业现代化与城镇化均进入加速发展时期，但无论与发达国家相比，还是与我国整体现代化进程相比，农业现代化发展的程度还远远不够，城镇化进程中还存在诸多问题。当然，影响我国现阶段农业现代化水平和城镇化进程的因素是多方面的。农村经济与城镇经济脱节、农业与非农产业脱节、农民与城镇市民脱节成为新时期制约中国农业现代化与城镇化协调发展的重要障碍。促进农业产业化、规模化发展；用现代企业理念去经营管理农业企业；强化社会对农业发展的全面支持等是城镇化进程中农业现代化的关键。

(3) 城镇化和农业现代化协调发展量化研究

城镇化与农业现代化协调发展是十分必要的，因为到 2020 年将有一半或一半以上的人口居住在城镇，在农产品需求方面，城镇建设用地方面以及对二、三产业劳动者需求方面都会相应的增加。若农业现代化无法跟随城镇化的步伐，不能提供优质、多样、绿色安全的农产品；农村剩余劳动力转移不够；土地资源无法提供城镇化所需的建设用地等等都将制约城镇化的发展进程（李静、高继红，2014）。为此，许多学者从城镇化与农业现代化是否协调发展的视角进行了深入探讨。夏显力、郝晶辉（2013）运用 Johansen 协整理论及误差修正模型分析了陕西省 1991—2010 年工业化、城镇化与农业现代化之间的动态关系。结果显示：陕西省“三化”之间存在长期协整关系且呈同向发展态势；短期内工业化和农业现代化水平的提升会阻碍城镇化水平的提高；在滞后两期的情况下，陕西省工业化和城镇化互为格兰杰因果关系；城镇化对工业化和农业现代化发展的冲击总体上较为显著，工业化和农业现代化发展对城镇化正向冲击较弱且逐步递减。洪业应（2014）选用 ADF 单位根检验法、Johansen 协整检验法，构建误差修正模型，并采用格兰杰因果关系检验，以重庆市 1997—2012 年统计数据为例，定量探究了山城区域新型工业化、城镇化和农业现代化的内在关系。结果表明，“三化”之间存在长期均衡的反向变动趋势关系；在滞后 1 期时，工业化是农业现代化的格兰杰原因，而农业现代化不是工业化的格兰杰原因；工业化、城镇化分别与农业现代化成单向因果关系和双向因果关系；工业化和城镇化对农业现代化影响总体上并不是显著。王贝（2011）对我国 1995 年至 2009 年工业化、城镇化和农业现代化动态关系进行的研究表明，三者之间存在长期的协整关系。农业现代化与工业化、城镇化呈反向变动趋势；工业化和城镇化不是农业现代化的格兰杰（Granger）原因，而农业现代化是工业化和城镇化的格兰杰原因；长期均衡对农业现代化水平调整的幅度较小；工业化和城镇化发展对农业现代化的冲击总体上并不显著。

（4）新型城镇化与农业现代化推进中存在的问题

新型城镇化与农业现代化推进中存在的问题集中表现在人口与土地方面。戴贺臣（2013）认为，当前影响我国城镇化质量的一个重要因素，就是人口城镇化明显滞后于土地城镇化。实际上，城镇化表现为人口大规模迁移，是农业人口转化为非农业人口的过程。同时，城镇化也应当是人口身份转换的过程，是迁移人口融入城市、分享城市文明的过程。然而，目前城镇常住人口还有相当一部分并没有成为真正的市民，没有从根本上实现从较低生存水平向较高生活水平和文明程度的转换。例如，在有些地方的城镇化过程中，农民的土地被征用后成为市民，但失地农民的就业问题没有解决，在其他生活条件和思维观念上都没有任何变化，仅仅是“被”城镇化而已。又如，现实中大量的农民工虽然到城市里就业了，但他们的身份、生活、社保、住房都没有发生根本性的变化，并没有分享到城市发展的成果。

此外，学者也关注到，快速的畸形的城镇化衍生出一系列乡村社会问题。刘彦随（2013）认为，注重根治“乡村病”，应成为新型城镇化努力破解的新课题。中国的“乡村病”，因快速城镇化而引发，也必将由新型城镇化来根治。主要根植于以下“四化”的演变过程，并伴随着这些过程的演化而加重。一是农业生产要素高速非农化。快速城镇化耕地流失造成的数千万失地农民、“离村进城”的数亿农民工，以及上学靠贷款、毕业即待业的数百万农家学子组成的“新三农”群体，大多处于“城乡双漂”，难以安居乐业，正成为社会稳定与安全的焦点。二是农民社会主体过快老弱化。我国进入少子老龄化时期，农村青壮劳力过速非农化，加剧了留守老人、留守妇女、留守儿童问题。一些乡村文化衰退、产业衰落，“三留人口”难以支撑现代农业与新农村建设。有地无人耕、良田被撂荒成为普遍现象。三是农村建设用地日益空废化。农村人走地不动、建新不拆旧、不占白不占，导致空心村问题日益突出，这也反映了我国农村土地制度安排的不足。中科院测算，全国空心村综合整治潜力达 1.14 亿亩，村庄空废化仍呈加剧的态势。四是农村水土环境严重污损化。大城市近郊的一些农村成为藏污纳垢之地，面源污染严重，致使河流与农田污染事件频发，一些地方“癌症村”涌现，已经危及百姓健康甚至生命。“一方水土难养一方人”，背离了城镇化的本意。

（5）新型城镇化与农业现代化协调发展的建议

研究界十分重视从农业现代化角度出发，研究新型城镇化与农业现代化协调发展。全国政协委员陈锡文指出，推进城镇化，一方面要加快农业现代化，转变农业发展方式，保证农产品供给，为新型城镇化提供保障；另一方面，新型城镇化应科学发展、全面协调、科学集约用地、公平公正对待农民，系统解决农民进城后就业、住房、社会保障、子女教育等制度性问题，同时加强新农村建设。全国政协委员、中国农业发展集团总公司董事长刘身利也表示，新型城镇化要搞好顶层设计，作全面评估，要和农业产业化同步。农业下一步发展不仅涉及到和城镇化的关系，和工业化、信息化亦密切相关。吴娜、马庆栋（2013）认为，以农业现代化促进新型城镇化发展，应规范土地管理制度、降低农业信贷门槛，转变农户传统观念、促进农民就业。

有学者研究提出，应该明确城镇化的主体。江喜科（2013）认为，城镇化是一个复杂的系统性工程，其主体也是多重的。其中，政府是城镇化的行政主体，在目前的城镇化过程中，处于主导地位。其职责是运用好手中的行政权力和行政资源，经营好政策与环境，鼓励和引导各方投入城镇化建设中，注重民生，做好服务，造福一方百姓；企业作为市场经济的最重要主体，与市场具有天然的亲缘关系，因此，企业在城镇化过程中责无旁贷地成为市场运营主体，其职责就是运用价值规律，按照市场准则，经营好市场与资源，讲究成本控制，注重投资效益，实现城镇化可持续发展；农民是城镇化过程中，经济与社会活动的最重要的主体，其职责是经营好产业和家庭，快乐生活，提高幸福感。讲农民是城镇化的主体，起码有三个观点支撑：首先，新型城镇化就是亿万农民自己的事业，城镇化的最终目的，“是造福百姓和富裕农民”。其二，城镇化进程中所需要的第一要素，是广大农村的土地。而农民与土地的关系，就像是鱼和水的关系，千百年来，农民从来都是土地的真正主人。其三，城镇化是经济社会演化的过程，也是人力推动的过程。作为长期生活在这个城镇化区域内的农民，当然是城镇化的最重要主体。政府、企业和农民是城镇化过程中三大重要主体，相互支撑，缺一不可。忽视任何一方的城镇化都是片面的城镇化和不完全的城镇化。戴贺臣（2013）认为，新型城镇化可以有多种路径探索，但核心都应当是“人”的城镇化。以人为本推进新型城镇化，关键是要加快体制机制的变革与创新，破除城乡二元体制的障碍，提高“人”的生活质量。为此，必须按照城镇人口增长趋势，进一步在提高城镇综合承载能力上下功夫，努力使城镇基础设施承载能力、可持续发展能力和综合管理水平等得到全面提升，确保城镇化发展与城镇承载能力相适应。城镇化要走集约、节能、生态的新路子，防止违反规律人为“造城”，以免出现“有城无市”和唱“空城计”，让新型城镇化与农业现代化相辅相成。

2. 国外研究现状

（1）城镇化与农业现代化的涵义

如著名美国社会学家沃思（Louis Wirth）认为，城镇化意味着乡村生活方式向城市生活方式发生质变的全过程。美国学者索罗金认为，城镇化就是变农村意识、行动方式和生活方式为城市意识、行动方式和生活方式的全部过程。地理学的城镇化定义强调的是人口、产业等由乡村地域景观向城市地域景观的转化和集中过程。随着城镇化实践的发展和各学科对城镇化研究的逐步深入以及学科间的互相渗透，城镇化的定义日趋综合化和层次化。如罗西在《社会科学词典》中认为城镇化有4个方面的含义：一是市中心对农村腹地影响的传播过程；二是全社会人口逐步接受城市文化的过程；三是人口集中的过程，包括集中点的增加和每个集中点的扩大；四是城市人口占全社会人口比例提高的过程。美国学者弗里德曼（J. Friedman）将城镇化区分为城镇化Ⅰ和城镇化Ⅱ。前者包括人口和非农业活动在规模不同的城市环境的地域集中过程，非城市景观转化为城市景观的地域推进过程；后者包括城市文化、城市生活方式和价值观在农村的地域扩散过程。

（2）农业现代化与城镇化关系

英美等发达国家城镇化与农业现代化进程起步较早，发展较快，水平较高，西方学者对城镇化与农业现代化之间的辩证关系关注也较早，早在16世纪著名的空想社会主义者Sir Thomas More在其著作《Utopia》中就提出应协调岛屿城市与田野农场的关系，解决城乡对立问题的思想。18世纪末Robert Owen提出了把城市和乡村结合起来，把工业和农业结合起来的主张。

20世纪初，英国社会学家Ebenezer Howard在《Garden Cities of Tomorrow》中首次提出了田园城市的设想，指出应建设一种把城市生活的优点同乡村的美好环境和谐地结合起来的田园城市，强调城市与乡村的有机结合，因其著作的巨大影响，城乡一体化的思想对城市规划的思路产生了深远的影响。20世纪初，美国著名建筑学家Frank Lloyd Wright提出了广亩城思想，该思想是对高度城市化的否定，认为美国人最终将走向乡村，Frank Lloyd Wright指出随着汽车和兼价的电力遍布各处，那种把一切活动集中于城市的需要已经终结，分散住所和分散就业岗位将成为未来的趋势，他建议发展一种完全分散的、低密度的城市来促进这种趋势。

20世纪中期，德国地理学家Walter Christaller与德国经济学家A. Lö；sch分别提出了中心地理论，该理论以六边形网络和中心地三原则为核心建立了系统的城市区位理论，把区位理论的研究对象从农业，工业扩大到城市，并为市场区位理论研究奠定了基础．经济学家William Arthur（1954）提出“二元经济结构模型”，该模型认为在发展中国家传统经济与现代经济并存，这种二元结构对城市和农业的发展有重要影响。Lewis（1996）建立了城镇化、工业化、农业现代化“三化“协调发展的经典框架，认为工业化实现农村剩余劳动力的转移，农村劳动力及其家庭的永久居住地随工作地点的变化而迁入城市，即实现了城镇化，城镇化的发展吸引更多的农村剩余劳动力转移，为实现农业现代化提供条件。Roal Prebish（1949）在讨论工业国家与发展中国家的关系时，提出了“中心—外围”理论，该理论指出工业生产国与原料提供国之间并不是互利的，由于技术进步及其传播机制的固定模式使原料供给国处于不利的地位，依据该理论，在城镇化与农业现代化发展过程中也存在要素流动的不均衡，城镇化发展必将吸引更多的资源从而抑制初级要素提供单位农业部门的发展。Lewis（1975）就城镇与农村区域的关系进行研究后指出城镇发展与农村区域发展之间的关系取决于农村人口结构、政府对传统部门的态度以及社会发展的阶段等因素。Thodore W. Schults（1979）认为发展中国家经济增长有赖于农业的持续增长，出路是把传统农业改造成现代农业，实现农业现代化。20 世纪后期，美国经济学家 Todaro 提出了人口流动模型，指出要使农村劳动力流向城市，必须发展城镇化水平，提高农村劳动力的预期收益。

3. 文献评述

国内外学者对城镇化与农业现代化之间的关系进行了大量的研究，研究的内容涉及城镇化和农业现代化之间的作用关系、互相的影响机制以及如何实现二者协调发展等理论与现实问题，研究范围广泛，内容充实，具有一定的深度和现实指导意义。但是农业现代化与城镇化本身就是复杂的系统问题，窥其一斑尚属不易，要理顺二者之间的作用关系则更是难上加难，因此虽经长期探索讨论，当前的研究仍存在一定的不足，主要表现为以下几点：

一是对农业现代化与城镇化关系的全面系统分析少。大多数学者只对新型城镇化和农业现代化关系的单一方面进行研究，有关两者之间相互作用关系及协调发展程度的全面、系统研究的文献并不多见，且分析结构不够完善，条理不是很清晰，不能全面揭示两者的互动关系。

二是关于二者关系的理论分析较多，实证研究较少，政策建议少。部分文献只是仅仅在理论层面上对农业现代化与城镇化的关系进行分析，并没有结合我国的特殊国情即农业现代化发展相对滞后的具体情况出发分析二者之间的互动关系，因为缺乏实证分析，也难以拿出具有针对性的政策建议。

三是定性研究多，定量研究少。如果仅仅知道农业现代化与城镇化之间存在内在的影响和相互作用，而不知道这种影响和作用有多大，那么理论研究的政策价值就会大打折扣。定性研究固然重要，但只从理论分析而不使用现代先进的定量分析方法测度新型城镇化与农业现代化的相互作用机制和协调发展程度，就无法深入透彻的反映出新型城镇化与农业现代化之间的关系。在众多的研究中虽有部分学者尝试使用定量方法来精确测度二者之间的关系，但是存在测度方法单一，指标体系构建有缺陷，测度结果偏差大得不到广泛认可的缺点，因此发展系统、准确、具有政策实践价值的定量测评方法具有重要意义。

二、理论基础

1. 改造传统农业理论

20 世纪 50 年代初，经济学家们提出了以工业为中心的发展战略，认为工业化是发展经济的中心，只有通过工业化才能实现经济腾飞，农业在经济学上并没有受到重视。在此背景下，许多发展中国家致力于发展工业而忽视农业，由此招致了很多不良的社会经济后果，西奥多·舒尔茨（TheodoreW. Schultz，1964）为对工业化的发展战略提出了疑问，开始强调农业发展的重要意义，由此提出改造传统农业理论。在《改造传统农业》一书中，舒尔茨专门研究了发展中国家的农业问题，特别是如何把弱小的传统农业改造成为一个高生产率的经济部门，反对轻视农业，具体从 4 个方面进行了分析。

第一，传统农业的特征是什么。其特征有三：一是技术状况长期内大致保持不变；二是获得与持有生产要素的动机长期不变；三是传统生产要素的供给和需求处于长期均衡状态。

第二，传统农业生产要素低配置效率及零价值劳动力说的谬误修正。舒尔茨利用危地马拉和印度两个传统农业社会的调查资料，驳斥了传统农业中生产要素配置效率低下的观点，认为农民对市场价格变动能做出迅速而正确的反应，配置效率不低。同时，通过印度的案例，驳斥了“零值农业劳动学说”，认为在在传统农业中，农业劳动力的减少必然使农业产量下降。

第三，传统农业为什么不能成为经济增长的源泉。舒尔茨通过构造“收入流”价格理论，认为其根源在于传统农业中生产要素的供求在高价格水平上形成均衡，对原有生产要素增加投资的收益率低，对储蓄和投资缺乏足够的经济刺激，即传统农业不能为经济增长做出贡献的根本原因在于投资（资本收益率低下）。

第四，如何改造传统农业。舒尔茨认为关键是要引进新的廉价的现代新农业生产要素以降低农业生产要素价格。一方面需要制度保障，另一方面需要实现技术变化。就制度而言，存在命令方式和市场方式，后者效率更高。重要的制度保证有：运用以经济刺激为基础的市场方式，通过农产品和生产要素的价格变动来刺激农民；不要建立大规模的农村，要通过所有权和经营权合一的，能适应市场变化的家庭农场来改造传统农业。另一方面也是更重要的是需要“技术变化”，这是改造传统农业的关键因素，是实际收入的重要来源，而且技术变化还会改变其他生产要素在农业生产中的最优投资比例。不仅需要寻找特殊的新的生产要素，而且需要寻找传统农民能够接受的新的生产方式。

新生产要素供给者的作用和行为。供给者在改造传统农业中起着至关重要的作用，是发现、发展和生产新要素，并使得农民能够得到并使用这些要素的人和机构（包括盈利企业和政府等非盈利机构）。盈利企业和非盈利机构的作用互相补充，一般来说，通过有效的非盈利方法，落后国家可以引进外国资本和技术。然后鼓励盈利企业如农业推广站去有效地推广和分配新要素。

新生产要素需求者的作用和行为。供给者提供了新的生产要素后，传统农民接受的条件是看其是否有利，这种有利，既取决于新要素的“价格以及带来产量的提高”，同时还取决于“地主和农民之间如何分摊成本和收益的租佃制度”。

对农民的人力资本投资。农民获得了新要素信息后，很重要的一点是学会如何使用新要素。舒尔茨提出了要对农民进行人力资本投资。他认为，引进新生产要素，不仅要引进杂交种子、机械这些物的要素，还要引进具有现代科学知识、能运用新生产要素的人。因为农民的技能和知识水平与其耕作的生产率之间存在正相关关系，因此对农民的人力资本投资是必须的。人力资本投资的形式，包括：教育、在职培训以及提高健康水平等。其中，教育是长期有效的形式，也是更加重要的。

具体而言，要实现传统农业的改造，要建立一套适用于传统农业改造的制度，包括市场机制、家庭农场经营方式、居住所有制形式等；要从供求两方面为引进现代生产要素创造条件；要通过教育、在职培训、提高健康水平等方式，对农民进行人力资本投资。人力资本因素是影响农业现代化演进关键变量，改造传统农业理论中对人力资本的强调和突出是本研究中重要理论基础。

综上，作为发展中国家的中国，农业为工业发展做出过巨大贡献，现如今已经成为经济发展的障碍，其中一个原因，即舒尔茨分析提到的，农民世代使用的生产要素为基础的传统行业，很难通过有效的配置现有的农业生产要素来大幅度提高农业生产，现代化的农业才能成为经济发展的源泉，对我国农业现代化建设有很强的借鉴意义。农业对经济增长的贡献，主要取决于农民能力的差别，其次才是物质资本的差别，为此，舒尔茨把人力资本投资引入农业发展范畴中，而且人力资本的作用在经济发展中的作用是有目共睹的，人力资本概念的引入，对我国在城镇化和农业现代化协同发展中，重视人的作用提供了理论上的参考。另外，舒尔茨从充分利用市场机制，反对盲目建设大农场、对我国农业现代化和城镇化协同发展有很强的实践意义，都为我国在城镇化和农业现代化协同发展提供了有效的途径。

2. 农业发展阶段理论

农业作为国民经济基础部门，其发展具有明显阶段性特征。国内外学者从不同视角切入，形成了对农业发展阶段理论有益认知，丰富了农业发展阶段理论。Mellor（1966）基于对发展中国家经验考察，基于农业技术性质角度，形成了“梅勒农业发展三阶段理论”。其认为农业发展阶段包含传统农业阶段、“低资本”技术阶段、“高资本”技术阶段“三阶段”。其中，在传统农业阶段，技术是停滞的，农业生产增长主要依赖传统投入，农业发展基本上取决于传统要素供给增加。在“低资本”技术阶段，但资本使用量较少，技术运用趋于稳定，但仍以资本节约型技术为主，以提高土地生产率为重点。在“高资本”技术阶段，受资本“替代效应”影响，劳动力“短缺”现状得到改观，农业生产能力显著增强。

Wertz（1971）基于美国农业实际，提出“韦茨农业发展三阶段理论”，将农业发展阶段划分为维持生存农业阶段、混合农业农业阶段、商品农业阶段“三阶段”，其中，在维持生存农业阶段，“自给自足”是其主要特征，在混合农业阶段，强调多种经营，农民收入增加是主要特征，而在商品农业阶段专业化生产是农业发展主要特征。

速水佑次郎、弗农·拉担（1988）基于农业技术、制度变迁理论，结合日本农业实践，将农业发展阶段细分为增加生产和市场粮食供给的发展阶段、抑制农村贫困的发展阶段和调整和优化结构的发展阶段“三阶段”。

此外，Timmer（1988）通过美国、日本和西欧等国家农业发展实践的长期研究，提出农业发展“四阶段理论”：即农业投入阶段、农业资源流出阶段、农业与宏观经济整合阶段、农业“反哺”阶段“四阶段”。

以上述理论为基础，农业部软科学委员会课题组（2000）针对中国实际，提出了我国的农业发展“三阶段”理论。即数量发展阶段、优化发展阶段、现代农业发展阶段。其中，在数量发展阶段农产品供给“短缺”，在优化发展阶段农产品供需平衡、以提高农产品品质、优化结构与增加农民收入为重点，在现代农业发展阶段农产品供给多元化，高资本集约、技术集约和信息集约为重点。

从生产力发展角度来看，归根结底，农业发展经历了生产工具简单、技术传统、自给自足、没有社会分工的原始农业；生产方式、生产结构长期不变的简单再生产、报酬率极低的传统农业和生产技术科学化、生产手段机械化、生产经营企业化现代农业三个阶段。目前，我国正处于四化同步发展的新时期，本文正是基于农业由传统农业向现代农业发展过程中，探寻农业现代化演进与新型城镇化的均衡发展问题。

3. 二元经济结构理论

（1）刘易斯二元经济结构理论

1954 年刘易斯发表了题为《劳动无限供给条件下的经济发展》的文章，提出了关于发展中国家经济二元结构的理论模型。他认为，发展中国家经济由具有完全不同再生产规律的传统农业部门和现代工业部门两部门组成，形成一个“二元”经济结构。尽管模型在假定农村劳动力无限供给方面存在一定的缺陷，该理论却在很多方面为我国城镇化与农业现代化协调发展提供了思路和参考。他认为，现代工业部门劳动者的工资收入水平相对较高；而传统农业部门是发展中国家传统生产部门的典型代表，劳动者的工资收入水平相对较低，但劳动力资源丰富。两个经济部门的差异导致传统农业部门的剩余劳动力向现代工业部门流动转移，这成为二元经济发展的核心问题。换句话说，实现经济由二元结构变为一元结构，是要通过现代工业部门的发展，推动农村剩余劳动力充分的转移。我国在城镇化和农业现代化协调发展过程中，同样需要解决好农村剩余劳动力向工业以及第三产业转移的问题，解决好这一问题，对于能否实现协调发展至关重要。

（2）兰尼斯费景汉二元经济理论模型

Fei 和 Ranis（1961）对刘易斯元结构模型作了重要的补充和修正，尽管他们没有考虑和分析发展中国家的城市失业问题和现代工业部门发展中来自有效需求方面的约束，兰尼斯费景汉模型提供了一种更加接近现代发展中国家现实的理论描述，他们主张用工农业的平衡发展来实现二元结构的转换，在我国城镇化和农业现代化协同发展过程中，是非常值得借鉴。认为解决农村剩余劳动力、转换二元结构问题，需要实现工业与农业均衡增长，这就要求除了依靠增加工业资本存量等措施发展城市现代工业外，还要依靠农业技术进步和劳动生产率的提高等措施发展传统农业，实现与工业部门劳动生产率的同步提高，这才能保证满足越来越多的非农产业劳动力对产品的消费需求，以及为工业部门提供充足的劳动力，工农业的平衡发展成为二元结构转换的核心。

（3）乔根森的二元结构理论

尽管乔根森在于有关粮食需求的收入弹性假设不符合粮食消费行为。乔根森模型的突出贡献是把对二元经济的研究从剩余劳动转向农业剩余，他认为，工业部门资本积累的实现以农业产业剩余为先决条件的。正是因为农业剩余的产生，为农业部门劳动力向工业部门转移提供了可能，而且农业剩余的增长速度决定农业部门劳动力向工业部门转移的速度。同时农业剩余劳动力转移的速度取决于农业剩余增长速度和工业部门技术进步水平。因此，工业部门的技术进步越快，会形成较高的储蓄水平，则劳动增长也越快，经济增长就越快完成，最终实现经济结构的转换。这同样为我国城镇化和农业现代化协同发展过程中的工农关系处理，以及劳动力的流动提供了理论借鉴。

以上的二元经济结构理论，表面上都不是直接研究城镇化和农业现代化的实现路径，是对发展中国家的二元经济结构现象的描述，以及二元结构一元化的路径和方法的探讨。但仔细思考，这二者在本质上有很强的一致性，因为二元结构的一元化实质是传统部门的现代化，而发展中国家的传统部门主要是落后的农业部门，所以二元结构一元化的方法和路径，也可以为城镇化和传统农业实现现代化的协调发展提供参考。

4. 哈里斯——托达罗的人口城乡迁移理论

哈里斯——托达罗理论充分考虑了许多发展中国家面临的广泛城市失业背景下农村劳动力向城市转移的现象。认为劳动力转移行为受预期收入最大化目标的支配，其主要动力在于城乡之间存在着实际工资差距，当城市实际工资水平高于农村，劳动力倾向于流向城市。他还认为没有农村地区发展和城乡收入差距缩小，靠单纯增加城市现代部门就业机会，无法解决发展中国家城市就业问题。所以，哈里斯和托达罗主张统筹城乡就业，提出了通过工业化、城市化促进农村剩余劳动力向非农产业转移；发展农村经济，促使农民收入提高，是解决城市内部失业问题和解决农村落后地区面貌的根本路径。

哈里斯——托达罗的这一理论，对发展中国家经济结构变迁中劳动力流动现象作了有说服力的说明，其揭示的关于提高农村收入水平，使之达到与城市可比较的水平，尤其是发展农业基础设施和公共服务设施政策，是实现城——乡人口迁移、提高部门之间的工资效率和农村发展问题的关键，这对解决中国当前城镇化与农业现代化发展失衡问题具有重要的借鉴意义。

三、概念界定

1. 新型城镇化

（1）新型城镇化的含义

传统城镇化在提升我国城镇化水平，提高城市、小城镇数量，满足工业化对劳动力的需求等方面，做出了巨大贡献。但是传统的数量增长型的城镇化，也累积了许多问题。新型城镇化是以城乡统筹、城乡一体、产城互动、节约集约、生态宜居、和谐发展为基本特征的城镇化，是大中小城市、小城镇、新型农村社区协调发展、互促共进的城镇化。由过去片面注重追求城市规模扩大、空间扩张，改变为以提升城市的文化、公共服务等内涵为中心，真正使城镇成为具有较高品质的适宜人居之所。其核心在于不以牺牲农业和粮食、生态和环境为代价，着眼农民，涵盖农村，实现城乡基础设施一体化和公共服务均等化，促进经济社会发展，实现共同富裕。

（2）新型城镇化的特征

城镇化是生产力发展的必然规律，是人类社会走向现代化文明的重要标志，是工业化、信息化、现代化的重要载体和推进器，也是解决“三农”问题的根本出路。《中共中央关于全面深化改革若干重大问题的决定》明确提出，要完善城镇化健康发展体制机制，坚持走中国特色新型城镇化道路。综合来看，新型城镇化体现出以下新特点。

以人为本，公平共享

世界上城镇化率从20%提高到50%，以英国为代表的欧洲大概用了100年，以美国为代表的北美大概用了60年，拉美国家大概用了50年，我国用了30年。可以看出，如果从追求城镇人口占总人口比重提高这一统计结果，我国传统城镇化的速度是非常快的。

城镇化的健康有序发展，要根据经济社会发展规律及资源承载力，保持适当稳妥的速度，而不是城镇化率越高越好，发展速度越快越好。特别是我国东部地区，城镇化率的提高已经不是主要问题，而怎样让外来人口享受到与本地市民一样的基本公共服务。为此，2013年中央城镇化工作会议要求，要以人为本，推进以人为核心的城镇化，提高城镇人口素质和居民生活质量，把促进有能力在城镇稳定就业和生活的常住人口有序实现市民化作为首要任务。

也就是说，新型城镇化应当是“以人为本、注重质量”的城镇化，要实现从数量型增长到质量型提升的转变。因此，城镇化过程中有两个现实问题摆在我们面前：一是将农村居民户籍调整为城市居民，最终取消城乡户籍制度，彻底破除附着在城乡居民身上的外在标签。二是让转变了身份的农村居民能够真正享受到平等的市民待遇，这是促使农民变为市民的本质要求。这不仅要努力提高农民工融入城镇的能力，同时也要让约3亿农业转移人口和2.5亿“半城镇化”的农民工切实享受到城镇居民的社会保障，在医疗、养老、教育等公共服务方面均等化，才能真正实现以“人的城镇化”为核心的新型城镇化。

四化同步，统筹城乡

新型城镇化是促进“四化”同步发展的城镇化。按照“四化”同步的要求，城镇化应是工业化的加速器，是农业现代化的引擎，是信息化的载体，推进新型城镇化，要求推动信息化和工业化深度融合、工业化和城镇化良性互动、城镇化和农业现代化相互协调。促进城镇发展与产业支撑、就业转移和人口集聚相统一，促进城乡要素平等交换和公共资源均衡配置，形成以工促农、以城带乡、工农互惠、城乡一体的新型工农、城乡关系。

优化布局，集约高效

城市群是城镇化的一种空间形态，如果不加以科学规划与引导，也会出现诸多问题。未来，我国的新型城镇化建设将在现有基础上，根据资源环境承载能力构建科学合理的城镇化宏观布局，以“两横三纵”综合交通网络和城市群为依托，科学规划建设城市群辐射带，中小城市经济群，以及小城镇。土地利用以盘活存量为主，提高城镇建设用地利用效率，合理控制城镇开发边界，严格控制新城新区建设和城市发展规模，优化城市内部空间结构，符合国土资源高效集约利用的新型城镇化建设特点。在实施新型城镇化战略中，各个城市应围绕市场需求，立足比较优势，注重城市主导产业的选择培育，既要考虑与周边城市产业的联动衔接，又要坚持错位发展、特色发展，实现产业支撑高效化。要因地制宜，构建科学合理的城市格局，大中小城市和小城镇、城市群科学布局。使新型城镇化的城市规模结构更加完善，中心城市辐射带动作用更加突出，中小城市数量增加，小城镇的吸纳和服务功能更强。

生态文明，绿色低碳

城镇化是一把“双刃剑”。一方面能带动农业生产和农民生活的变化，推动国民经济和社会发展；另一方面，如果城镇化过程中水资源、土地资源、生态资源、人口资源方面的集中度不合理，会带来由于人口过度集中导致的生态危机。近年来，我国城镇化快速推进，很多地区大量农田、树林资源被消耗；工业的聚集和扩张对土地、水体和大气环境造成的污染严重威胁城市生态安全，影响城镇社会经济和生态环境的可持续发展。

可见，我国的城镇化进程不仅蕴涵着巨大的发展潜力，也面临着人口、空间、生态环境等优化布局、实现可持续发展的艰巨任务。合理的城镇化发展模式应当充分考虑城市的资源与环境承载力，控制开发强度，引导人口和经济向适宜开发的区域集聚。采用集约节约型、复合型、功能型的城镇化发展模式，控制能源消费总量，提高能源消费质量，把生态文明理念全面融入城镇化进程。提高能源利用效率，扩大森林、湖泊、湿地等绿色生态空间比重，减少主要污染物排放总量，坚持生态文明，强化环境保护和生态修复，减少对自然的干扰和损害，推动形成绿色低碳的生产生活方式和城市建设运营模式。

文化传承，彰显特色

文化是城市建设发展的魂魄，是凝聚人、吸引人的重要载体，也是提升城市软实力和独特魅力的有效催化剂。近年来随着城镇化的发展，许多具有浓郁地方特色和深厚人文积淀的建筑被拆除。新型城镇化建设要提高历史文物、自然景观和文化特色保护水平，要传承文化，发展有历史记忆、地域特色、民族特点的美丽城镇。根据不同地区的自然历史文化禀赋，体现区域差异性，提倡形态多样性，防止千城一面，发展有历史记忆、文化脉络、地域风貌、民族特点的美丽城镇，形成符合实际、各具特色的城镇化发展模式。城市发展个性化，城市管理人性化、智能化。

市场主导，政府引导

传统城镇化的路径基本上是以政府为主导者，以土地为核心，以“土地—银行贷款—城市建设—征地开发”为城镇化发展模式。在这个过程中，政府在城镇化中“越位”“缺位”现象同时存在。少数政府越位代办，以强制性办法将农民被动地转为市民，这些过程往往伴随着严重的土地纠纷。而城镇化过程中政府应当提供的公共服务，政府却缺位了。因此，在新型城镇化过程中，中央政府统筹总体规划、战略布局和制度安排，加强分类指导；地方政府因地制宜、循序渐进抓好贯彻落实；政府要多一些倾听，尊重基层首创精神，鼓励探索创新和试点先行，总结推广经验，积极稳妥扎实有序推进新型城镇化。农民要多一些参与，既可以由政府征地来完成城镇化，也可由农民在集体土地上自行建设城镇化，让新型城镇化实现形式多元化。总之要因地制宜地选择适合本地特色的发展模式。

2. 农业现代化

（1）含义

“中央一号文件”提出建设现代农业，要用现代物质条件装备农业，用现代科学技术改造农业，用现代产业体系提升农业，用现代经营形式推进农业，用现代发展理念引领农业，用培养新型农民发展农业，提高农业水利化、机械化和信息化水平，提高土地产出率、资源利用率和劳动生产率，提高农业素质、效益和竞争力。许多学者在此基础上，概括出目前普遍认可的农业现代化内涵，即是用现代工业装备农业，用现代科学技术改造农业，用现代管理方法管理农业，用现代社会化服务体系服务农业，用现代科学文化知识提高农民素质的过程。

（2）特征

农业机械化是农业现代化的基础

农业现代化可以概括为“四化”，即机械化、科学化、水利化和电气化。将机械化排在农业现代化的首要位置。所谓农业机械化，是指运用先进设备代替人力的手工劳动，在产前、产中、产后各环节中大面积采用机械化作业，从而降低劳动的体力强度，提高劳动效率。理论上讲是这样，但在山区、丘陵地区，由于土地面积较小，限制了机械化的应用，甚至无法利用机械。

生产技术科学化是农业现代化的动力源泉

农业生产技术科学化，其涵义是指把先进的科学技术广泛应用于农业，从而提高产品产量、提升产品质量、降低生产成本、保证食品安全。实现农业现代化的过程，其实就是不断将先进的农业生产技术应用于农业生产过程，不断提高科技对增产贡献率的过程。新技术、新材料、新能源的出现，将使农业现状发生巨大的变化，农业增长方式从粗放经营转变为集约经营。科技将在对传统农业的改造过程中，发挥至关重要的作用。

农业产业化是农业现代化的重要内容

农业产业化是指农业生产单位或生产地区，根据自然条件和社会经济条件的特点，以市场为导向，以农户为基础，以龙头企业或合作经济组织为依托，以经济效益为中心，以系列化服务为手段，通过实现种养加、产供销、农工商一条龙综合经营，将农业再生产过程的产前、产中、产后诸环节联结为一个完整的产业系统的过程。可以说，农业产业化的发展过程就是农业现代化的建设过程。一方面，农业产业化促进了农业专业化和规模经营的发展；另一方面，反过来，农业专业化和规模经营又促进了农业先进技术和设备的推广应用，促进了农业现代化的进程。需要指出的是，农业产业化模式不是万能的，不同区域采取农业产业化模式时，需要对该模式产生的历史背景、运作机制、绩效评价等进行评价，盲目引进外界模式往往会导致失败。

农业信息化是农业现代化的重要技术手段

所谓农业信息化是指利用现代信息技术和信息系统为农业产供销及相关的管理和服务提供有效的信息支持，以提高农业的综合生产力和经营管理效率的过程；就是在农业领域全面地发展和应用现代信息技术，使之渗透到农业生产、市场、消费以及农村社会、经济、技术等各个具体环节，加速传统农业改造，大幅度地提高农业生产效率和农业生产力水平，促进农业持续、稳定、高效发展的过程。农业信息产业化是发展“一优两高”农业的需要，是农民进入市场的需要，是推进农村社会化服务的需要，是农业信息部门转变职能、自我发展的需要，是农村经济发展的必然趋势。它是以信息化的方式改造传统农业，把农业发展推进到更高阶段，实现信息时代的农业现代化。

劳动者素质的提高是实现农业现代化的决定因素

农业现代化必须有高素质的农民这一主体来推进，没有农民自身素质的现代化，要实现农业的现代化是不可能的，因为农业不仅要依靠现代的工业装备及先进的科学技术，而且还要依靠先进的管理手段在农业上的应用。而这些都要由农业生产的主体——农民来实现。反过来，随着农业现代化进程的加快或进程的推进，必然要求农民素质的提高，以使之同农业现代化的要求相适应，即农业现代化与农民素质是互相影响、互相促进的。

总之，在农业生产经营过程中，先进的生产工具靠人去创造，先进的科学技术靠人去摸索，先进的管理经验靠人去总结，先进的经营体制和运行机制靠人去应用。无论是增长方式的转变，还是生产绩效的提高，都是在人的主观能动作用下得以实现的。离开人，现代化是不复存在的。从这个意义上说，我们要实现的农业现代化，是以人为本的现代化。

农业发展可持续化是农业现代化的必由之路

从可持续发展的观点看，农业现代化既是人类改造自然和征服自然能力的反映，同时也是人与自然和谐发展程度的反映。农业现代化的一个显著特点就是人工生态系统的产生及普遍存在。这种系统具有双层含义：一方面要求尽可能多地生产满足人类生存、生活的必需品，确保食物安全；另一方面要坚持生态良性循环的指导思想，维持一个良好的农业生态环境，不滥用自然资源，兼顾当前利益和长远利益，合理地利用和保护自然环境，实现资源永续利用。这是落实科学发展观，建立资源节约型社会的要求，也是统筹人与自然和谐的前提。

3. 城镇化与农业现代化协调发展

进入 21 世纪以来，我国工业化、信息化、城镇化和农业现代化（以下简称“四化”）快速发展，各个子系统良性互动，有力地推动了社会经济的全面发展。2010 年党的十七届五中全会提出“在工业化、城镇化深入发展中同步推进农业现代化”，将农业现代化纳入“三化协调发展”的目标。2012 年党的十八大报告指出，要坚持走中国特色新型工业化、信息化、城镇化和农业现代化“四化”协调发展的道路，城镇化和农业现代化的相互协调是四化同步发展的重要内容，要明显提高城镇化质量，农业现代化和社会主义新农村建设成效显著，区域协调发展机制基本形成。作为一个复杂系统。城镇化和农业现代化中发展并不是孤立的，缺少其中任何一个方面都不能使经济社会保持一种可持续、健康稳定的发展，需要通过各目标间的协调发展来达到整体效益化。

第二章　国际城市化和农业现代化模式研究

国外没有城市和城镇之分，除农村之外，无论大小都称为城市，而中国除了城市之外，还有为数众多的小城镇。因此，我国一般将农村人口向城市和小城镇转移的过程统统称为城镇化，而国外一般称为城市化。从世界各国现代化的发展历程看，城镇化和农业现代化往往是伴随着工业化而出现和发展的。

一、以美国、加拿大、澳大利亚等国为代表的地多人少的发达国家

欧美国家的城镇化过程是伴随着工业化的快速发展形成的，城镇的区域分布和城市群、城市带的形成主要是依照工业化过程中的产业区域结构形成的。尽管在城镇化过程中，政府也发挥了作用，但主要是依靠市场的作用形成的。

美国是当今世界最大的发达国家，其工业化、城镇化、农业现代化的发展密切相连，具有良好的互动机制。1880 年，美国工业总产值超过英、德两国，成为世界第一工业强国。随着工业化的迅速发展，美国城市人口的增长速度也在加快。1840—1850 年，美国城市人口数量几乎翻了一番；到 1920 年，城市人口比例已经超过了 50%。第二次世界大战后，美国出现了城市人口向郊区移动的逆城市化趋势，形成了很多大都市区。到 1970 年，郊区人口数量超过了中心城市人口。在 2 亿人口中有 7 400 万居住在郊区。人口低密度集中的大都市区在美国城市化进程中占据了主导地位。美国非常重视市镇建设规划，每座城市的详细发展规划都必须通过专家的论证和市民的审议。美国多数基础设施都是由社会投资建设的，只要城市有需求、有项目、有效益，就有人投资建设。美国的土地政策、移民政策、户籍政策对城镇化也有重要的促进作用。

美国城市化模式属于自由放任式城市化。美国是当今世界最发达的资本主义国家，也是市场经济的典型代表，在其城市化和城市发展的过程中，市场发挥着至关重要的作用。由于美国政治体制决定了城市规划及其管理属于地方性事务，联邦政府调控手段薄弱，政府也没有及时对以资本为导向的城市化发展加以有效的引导，造成城市化发展的自由放任，并为此付出了高昂的代价。其突出的表现就是过度郊区化，城市不断向外低密度蔓延，城镇建设无序，空间和社会结构性问题日益突出。由于 20 世纪上半叶美国城市的快速发展，城市中心交通拥挤、环境恶化、住房紧缺、犯罪率高等问题日益突出，富有家庭离开城市中心的高楼大厦到郊区居住，建造属于自己的独立院落式低层住

宅。随着经济的发展和汽车的普及，广大中产阶级和普通居民也追随其后移居到郊区。在城市发展的空间格局上就表现为城市沿公路线不断向外低密度蔓延，城市发展为包含着若干连绵的市、镇的大都市地区。

第二次世界大战后，美国依靠得天独厚的自然条件、现代化的装备与发达的科学技术，以及高效率的管理，凭借发达的现代工业和低价能源优势，美国开始大规模实行以提高劳动生产率为主的农业现代化。2010 年，美国农业及相关产业仅占总就业人数的 1.6%。为了降低由于经济重心转移和人力资源缺失对农业造成的不利影响，美国加强了对农地的保护，并从制度、经济和技术上形成了扶持农业发展的政策体系。处于农业地带的小城镇也把吸引和促进农副产品加工业和储运业的发展作为重点，有效促进了城乡一体化。如今，美国的农业现代化已经进入了更高的层次，最具代表性的特征是以生物工程为主的科技化和以卫星定位遥感技术为主的信息化，充分彰显了新型现代农业的先进性。

美国农业现代化模式具有以下显著的特征：其一，技术创新在农业现代化过程中扮演了重要角色。由于人少地多，劳动力短缺，大大刺激了农业技术、特别是农业机械的发展。广泛运用农业机械，不仅弥补了劳动力短缺，而且极大地提高了农业剩余的供给能力。其二，土地大规模经营是美国农业现代化模式最显著的特征。农场是美国农业生产的基本组织，美国农场分为家庭农场、合股农场和公司农场三大类，其中家庭农场占全部农场总数的 90% 以上，其农产品销售量占美国的 70% 以上。其三，政府的农业政策起了重大推动作用。美国政府的农业政策主要有对农业资源的保护政策、农产品价格补贴政策、农业信贷政策等。其目标是稳定、保护农业和农民正常利益，保证消费者得到可靠的供应，维护市场秩序。其四，充分发挥农业服务体系的作用。在美国的家庭农场和农资市场、农技市场、农产品销售市场之间，有着完善的服务体系，其主体是合作社，完全由农民自发联办，主要活跃在流通及农产品初加工、储运环节，把分散的农户与大市场联结在一起。类似于美国农业现代化模式的有加拿大、澳大利亚等国。

20 世纪四、五十年代是澳大利亚工业化促进人口集聚的重要时期。为解决劳动力严重短缺问题，澳大利亚政府实施了大规模的移民计划。大批欧洲、中东、东南亚等国家的技术工人移居澳大利亚，推进了城镇化进程。80 年代早期，为适应世界经济发展格局变化，澳大利亚政府实施了一系列货币金融政策、外贸政策、产业政策，行之有效的经济结构调整和改革，保证了国家经济金融和社会发展。经受住了亚洲金融危机的考验。国民经济从 1992 年开始连续保持快速增长，第三产业开始成为澳大利亚国民经济主导产业，占 GDP70% 以上，农业产值仅占 2.5%。澳大利亚第三产业的蓬勃发展，使其城镇化率持续走高。澳大利亚发展城市郊区城镇化，构建多中心的城市体系。与很多欧美国家在城市郊区发展城镇化的原因类似，澳大利亚经济快速发展形成郊区与城市间的土地价差吸引了大量的经济部门向郊区转移，推动了郊区城市中心的形成。与一些欧美国家郊区城镇化不同的是，澳大利亚的许多大城市中心商务区的外迁，只是在原中心商务区的边缘郊区扩展，这样既可以获得地差优惠，又能充分利用中心商务区良好的基础设施和丰富的人力资源。鼓励农场兼并，引导农业剩余劳动力向城镇流动。澳大利亚大多数是家庭农场，以农场主及其家庭成员为主进行农业生产，为推进城镇化进程中劳动力短缺问题，同时提高农业规模化，集约化水平，进一步提高农业生产力。澳大利亚政府利用财政补贴，优惠贷款和税收减免等办法，鼓励农场相互兼并，逐步呈现出向大农场集中的趋势。农场数量从1951年的19万个减少至2000年的不足10万个。其中，大型农场仅占农场数量3%，但其拥有的土地却占农业用地的75%。

澳大利亚依靠农业收入直接换取外国现代工业提供的物质技术装备，进行本国的农业现代化的起步。澳大利亚土地辽阔，气候适宜，人均拥有农业（包括种植林、牧业、林业）用地2 210亩。发展农业具有显著的优势。战前，澳大利亚就进口外国现代工业（外国工业已高度发达）提供的机械及其它设备，进行以提高农业劳动生产率、扩大耕地和放牧面积为主的农业现代化建设，使农牧产品产量大大增加。由于农业优势十分明显，澳大利亚在战前一直是一个以农为主的农业发达的国家，农业一直是投资的重点。战后澳大利亚的投资重点才转到工业上来，但农业的现代化水平进一步提高，农业在国民经济中的地位仍十分重要。

二、以日本、荷兰等国为代表的地少人多国家

日本采取了工业化和城市化同步推进的策略，在亚洲率先实现了农业现代化和农村城市化。20世纪50年代中期，日本工业进入高速增长阶段。70年代初，日本成为重化工业品出口比重最高的国家之一。基础工业水平赶上了欧美发达国家。在工业技术装备、高精尖产品加工能力、产业结构等方面均居世界前列。

虽然日本的工业得到高速发展，但人口主要集中在大城市圈，城乡不平衡越来越突出。为缩小城乡差距，从20世纪70年代开始，日本政府加大了对农村的资金投入，并进行了较大规模的基础设施建设。80年代中后期，日本村镇基础设施水平已和城市持平。为保证城镇化的顺利进行，日本政府制定了大量法律法规，引导农村人口向城镇集中。为解决区域发展不平衡问题，日本先后制定和实施了五次全国综合开发规划，分别从产业发展、社会福利、居住环境、村镇建设、城乡一体化等方面提出战略目标，促进了城乡统筹发展。2011年，日本城镇化率已达91.3%。日本城市化进程与特点是：

第一，同许多发达国家一样，日本的城市化程度极高。根据世界银行的数据，早在1960年，日本城市人口占全部人口的比重就已经达到63.3%。其后还一直缓慢上升，至2012年，已经达到91.7%，高于美国、德国、英国、法国等主要发达国家。由于国土狭小、人口规模较大的现实，日本的人口分布又呈现出高度集中于特大城市的特点。如在2011年，近1/3的城市人口集中于特大城市。仅东京、横滨、大阪、名古屋、札幌五大城市，人口总计就超过1900万，占全国人口的七分之一。

第二，日本的城市化与城市产业群（带）实现了协同发展。显然，城市化并非简单的“农民变市民”的人口迁移，更是产业结构调整、空间布局转变的过程。换言之，

城市化离不开城市产业的调整与发展，后者为人力资本积累、公共服务改善、就业创造、供给效率提升等提供了有力支撑。事实上，如今的日本，已经形成了比较优势突出、产业分工明确、发展定位鲜明的城市产业群。如以东京为中心的“首都圈”，面积仅占全国国土的3.5%，但人口占到全国的27%，GDP更占到全国的1/3。这一区域不仅是日本国内重要的综合性工业带、现代服务业中心和密集的城市生活圈，也是世界经济、金融、商贸的中心，同纽约、伦敦、巴黎、五大湖等并称世界五大都市圈。又如以京都、大阪、神户为中心的“京阪神圈”，成为以消费品生产为中心的大工业地带和世界著名的商贸中心。而以名古屋为中心的“中京城市圈”，则逐渐发展为日本最大的重化工业基地。值得指出的是，以上三大城市圈内部的产业空间联系和市场整合程度较高，产业链较为完整，并形成了城市核心——第三产业，中间带——第二产业、外圈——第三产业的分工格局，从而使得各个区域相对独立，区域间的经贸、物流往来较少。

第三，同美国、欧洲等不同，日本的城市化又呈现出明显的政府干预甚至政府主导的特色。事实上，自上世纪40年代，日本政府即已制定国土开发纲要。1950年，颁布《国土综合开发法》，明确提出了“以国土的自然条件为基础，从综合考虑经济、社会、文化等相关政策的角度出发，谋求对国土的综合利用、开发和保全以及产业布局的合理化，同时，为提高社会福利作出贡献”的规划目的。1953年，又在此基础上出台《特定区域综合开发规划》。其后，自1962年始，先后六次制定《全国综合开发计划》，对国土的可持续开发与保全、基础设施建设、乃至国土利用的空间结构和产业布局等进行了明确、完整、分步骤的规划。在某种意义上讲，日本的城市化及城市产业发展都是在日本中央和地方政府的规划指导下展开的。无论从理论还是实践上，这都有效地避免、缓解了在城市化和产业调整中的市场失灵问题。

日本的资源禀赋特征与美国正好相反，1880年每个男性农场工人的平均农业土地面积只有美国的1/36，到1960年则只有美国的1/97，可耕地是美国的1/47。由于资源禀赋的差异，土地和劳动力的比价也与美国不同。日本在农业现代化过程中，以生物技术为农业技术创新的重点，以缓解土地资源不足，提高单产，增加农产品供给。类似日本人地紧张的荷兰，也由于采用生物技术提高单产，成为出口农产品的重要国家。

日本的农业现代化大体分为两个阶段：一是第二次世界大战结束到20世纪60年代初，主要是以增加粮食产量为目标，在这一阶段农村人口开始急速向城市集中；二是20世纪60年代至今，主要是顺应城镇化进程而作出的调整，以节省劳动时间为目的，以利于从农业生产中解放更多劳动力为工业发展和城市建设服务。在大力实施城镇化战略的同时。日本也非常注重以城带乡、强工补农。通过实行产业振兴来发展农村工业，主要途径是发展壮大农村副业、农产品加工、农具制造等传统产业以及通过招商引资的办法创办新型农村工业，并通过法律手段不断加强对农业的改造和保护。

日本由于地少人多、资源贫乏，农业在第二次大战中遭到严重的破坏等诸方面因素，决定了日本农业现代化道路的艰难性，其现代化模式也有它独特的一面：选择的是一条依靠技术创新、资本大量投入来加快实现农业现代化的道路。战后日本农业现代化发展模式有如下显著特点：一是政府对农业发展的强力主导和干预。日本政府结合农业发展不同阶段的特点制定相应的农业发展规划和基本政策，为实现农业生产现代化指明方向。同时，完备各种农业法规，保障农业发展，保证农业现代化的实现。二是大力引进国外先进技术。从美国引进小型拖拉机，加以改造后普及推广。从中国引进水稻插秧机，研究、改进成适合日本使用的插秧机再出口中国。日本政府在农业科研与技术推广上发挥了重要作用，从法制上保证、组织上协调、资金上支持。三是充分利用财政、金融等手段，对农业实行高资本投入。20 世纪 60—70 年代，日本每年对农业的投资，都相当于当年农业总产值一倍半以上，最多的一年竟达六倍。日本政府充分利用财政金融手段，不仅直接对农业实行国家补贴，以保护和促进农业发展，还通过发放低息政策贷款，调动农民积极性，诱导农民贯彻国家农业政策。

荷兰是世界上人口密度最大的国家之一，每平方千米达 435 人。但就是这个人多地少的国家，在世界农产品出口排行榜上，仅次于美国，列第二，其农产品每年的出口额高达 800 亿美元。荷兰是一个国土狭小，资源贫乏，人多地少的“海边的小国”，但就其经济发展水平而言，荷兰却是世界上经济最发达的国家之一，特别是农业，荷兰创造出了“世界农业奇迹”。自 1989 年以来一直是世界第三大农产品出口国，仅次于美国和法国。

荷兰现代农业的基本特点。一是大进大出的外向型农业，荷兰进出口额通常占其国内生产总值的 90% 以上，其农业的出口率高居世界第一；二是土地生产率名列世界第一，1999 年，荷兰农业劳动力的人均产值达 55 862欧元，是当年欧盟国家人均农业产值平均值的 2. 63 倍；三是发达且高转化率的农业科技，科技进步对荷兰农业增长的贡献率已超过了 80%，这是荷兰农业具有持续竞争力的根本原因所在；四是合理完善的制度安排，荷兰政府对农业实行一体化行政管理，这为农业一体化经营的发展提供了组织制度条件。

荷兰现代农业的发展采取以家庭为基本单元的经营管理形式，经过多年的发展，在政府的支持下，通过一批专业化中介机构的推动，逐步形成了“农工商综合体”的经营模式。主要有三种：一是合作社与农户相连接。农户通过缴纳会费的方式在不同领域加入不同的合作社，获得合作社提供的不同服务，从而降低他们从事各项农业生产的成本。二是企业与农户相连接。一些大的农产品加工企业或贸易企业，直接与单个农户或多个农户合作，进行农产品生产、加工和销售的一体化经营。另外，荷兰的农产品销售系统非常发达，农产品标准化程度很高，加工企业和贸易企业所需要的货源大都能从拍卖中获得。三是市场与农户相连接。农户直接参与有形市场或无形市场，与产品需求者或供给者进行零星交易，对于规模不大的交易采取这种模式，既节省时间，又节省成本，给农户带来了极大的方便。

在荷兰现代农业的发展中，政府一直扮演着一个“服务生”的角色，每年投入农业科研、推广和教育的经费约为 30 多亿荷盾。因此，荷兰的农业科研、推广和教育系统十分发达，被誉为荷兰现代农业发展和一体化经营的三个支柱。第一个支柱是设置合理的农业科研体系，在农业服务体系中起着先行作用。目前，荷兰已经形成了一个布局比较合理、专业设置齐全的全国农业科学研究网络。基础研究由瓦赫宁根农业大学和乌特勒支国立大学兽医学院进行，应用研究由农渔部下属的37个专业研究所承担，实际研究主要由试验站进行，主要任务是在不同的农场生产方式中试验新的科研成果和解决实际问题。这些试验站是与农民联系最紧密的科技机构，它们将科研成果最终转化为生产力。第二个支柱是成效显著的农业推广体系。由四方面的力量构成：一是国家推广组织，二是社会和经济推广员，三是私人企业的推广员，四是农民合作社的推广人员。第三个支柱是需求导向的农业教育体系。荷兰发展农业教育有明确的目标：提高农村人口素质，使他们能够正确理解和应用各种科学知识，使先进的技术产生最大的效益。虽然农业占国民经济的比重在下降，但是农业教育仍然保持着很好的发展势头。

三、以德法等国为代表的资源禀赋状况介于前两类之间的国家

西欧城镇化是18世纪后期开始的，起步早但历时长，在工业化的强大推动下，西欧城镇化进程不断加速发展、城镇化水平和质量较高。与北美不同，西欧国家人多地少，城镇化是一种人口、土地的相对集约，而且是在政府调控下的市场主导模式。市场机制在这些国家的城市化进程中发挥了主导作用，政府则通过法律、行政和经济手段，引导城市化健康发展。城镇化与市场化、工业化总体上是一个比较协调互动的关系，是一种同步型城市化。其特点：一是工业化与城市化相互促进。城市化总体上来说是近代工业化的产物。近年随着全球经济一体化和竞争的加剧，城市产业结构不断调整和重新分工，城市发展格局显现出新的态势，产业发展与城市发展更加密不可分。二是政府在城市化过程中发挥着不可替代的作用。各国在城市化快速发展过程中都不同程度地遇到了土地、住房、交通、环境和历史文化保护等方面的问题，政府公共政策涉及的范围越来越广。

英国，是城镇化最早也是城镇化程度最高的国家之一，主要得益于工业革命的推动。工业革命促进了农业现代化，使得农村出现大量剩余劳动力；工厂的广泛设立提供了大量就业岗位，吸引农业剩余人口和外来移民，促进大城市人口迅速增加，推动小城镇迅速发展。工业革命又促进和带动了交通运输、金融等第三产业的发展，进一步促进了农业剩余劳动力的转移。随着城市人口规模迅速扩张，市场主导的城镇化进程遇到了瓶颈，城市管理和规划成为迫切需要。20世纪初，英国首先颁布了《住宅与规划法》等法律法规，政府通过法律、政策和各种规划体系对城镇化进行引导，在发挥市场主导作用的同时进行必要的调控，英国城镇化程度和城镇化质量都走在了世界前列。到19世纪中期，英国成为世界上第一个实现城镇化的国家，其城镇化率已经超过了50%，而同期世界的城镇化率则只有6.5%。但同时，在英国实现城市化的过程中，也伴随着环境污染、人口膨胀、交通拥挤、住房短缺、犯罪率上升等问题，因此，英国也成立了

很多机构来治理，如济贫法委员会、工厂视察员办公室、卫生总局、地方政府委员会等。同时，英国也大力兴建商店、公园、车站、剧院等公共基础设施，提供公共产品供给和提高公共服务的水平。英国政府在1936年发布了“绿带开发限制法案”，由政府收购土地作为绿化隔离带，引导城市建设开发，减少对城乡环境和利益的损害。英国的这种城市化发展模式在欧洲大陆随着工业革命的出现而被推广。

德国在一战前基本上完成了城镇化进程，复制了英国的城镇化之路。尤其是普法战争后，统一的德国消除了城镇化的许多障碍，通过一系列统一经济法规政策措施的调控引导，大城市发展迅速，一战前城镇化率达到60%以上。第二次世界大战后，在政府和市场的双重推动下，德国走出了一条可持续的乡村城镇化之路，城镇化率甚至接近90%。德国主要是通过土地整理，把一些传统乡村转变为二三产业主导的工商城镇。传统乡村在向工商城镇转变的过程中，并没有增加城镇建设用地，工商城镇周边的农业和森林用地性质不变，大都市区域内的郊区一、二、三次产业协同发展。总体上看，欧洲发达国家的城镇化起步较早，市场机制在城镇化与工业化互促共进方面发挥了主导作用，政府调控进一步提升了城镇化的质量。

西欧的一些国家，既不像美国那样劳动力短缺，也不像日本那样耕地短缺，因此在农业现代化过程中机械技术与生物技术并进，把农业生产技术现代化和农业生产手段现代化放在同等重要的地位，实行“物力投资”和“智力投资”同时并举，实现农业机械化、电气化、水利化、园林化，既提高了土地生产率，也提高了劳动生产率。这类国家以英国、法国、德国、意大利为典型。

在农业现代化的过程中，西欧国家既注重用现代工业装备农业，也重视科学技术的普及与推广，以提高劳动生产率和土地生产率。法国是欧洲农业现代化模式的代表，法国既不像北美那样劳动力短缺，也不像日本那样耕地短缺，因此在农业现代化过程中，法国政府采取以工养农政策，加速土地集中，实行物力投资和智力投资并举，大力推广农业机械化、专业化和产业化，既提高了土地生产率，又提高了劳动生产率，走上了一条以农业机械化为主，大力发展专业化生产的农业现代化之路。

法国推进农业现代化的做法与特点是：

第一，推动土地集中。为了实现规模化经营，20世纪50年代中期，法国政府出台了一系列措施，推动土地集中。首先，政府采用多种办法减少农村剩余劳动力：规定年龄在55岁以上的农民，国家负责养起来，一次性发放离农终身补贴；鼓励农村年轻人离土离乡，到国有企业工作；政府出资创办各类培训机构，对农村剩余的青壮年进行培训。其次，政府推行土地规模经营的大农业政策：规定农场主的合法继承人只有一个子女，其他子女只能继承货币资产，以防止土地进一步分散；推出税收优惠政策，鼓励父子农场、兄弟农场以土地入股，开展联合经营。再次，国家给大农场提供低息贷款，对农民自发的土地合并减免税费，促使农场规模不断扩大。从实施效果看，1955年，法国10公顷以下的小农场有127万个，20年后减少到53万个，50公顷以上的大农场增加了4万多个。农业劳动力占总人口的比例，50年代初近40%，现在只有21.2%，农民平均占有农场达10公顷以上。

第二，成立合作社。法国的合作社产生于19世纪中叶，随后迅速发展。合作社一般按行业划分，农户可根据经营情况，同时加入几个合作社。双方每年签订一次合约，农民只要专心生产，其他的事项全交给合作社去办理。年终结算时，扣除风险基金和发展储备金，其余按入社资金和按农产品收购量分给社员。如果发生亏损，社员也要按对应的份额承担风险。为了鼓励合作社的发展，法国出台了有关政策，合作社可免交3 313%的公司税。经过几十年的发展，目前法国农户基本上都成了合作社社员，农业合作社占据了农产品市场绝大多数的份额，生产资料和饲料基本上由供销合作社销售，90%以上的农业贷款业务，由信贷合作社提供。

第三，政府优先投资农业。第二次世界大战后，法国实行以工养农的政策，1952—1972年，农业投资增长幅度超过其他所有部门，1960—1974年，国家发放的农业贷款增长37倍；不仅如此，为了提高农业发展水平，确保农业的竞争能力和出口能力，维护农村地区经济与社会均衡协调发展，法国政府于1995年2月1日颁布了《农业现代化法》，使得政府对农业的引导法制化。

第四，专业化生产方式。法国政府在推行农场经营规模化、生产方式机械化的同时，不失时机地引导本国农业走上了专业化道路。根据各地不同的自然条件、传统习俗和技术水平，对全国农业分布进行统一规划，合理布局。把全国分成22个大农业区，其下细分为470个小区，因地制宜地发展区域特色农业。到70年代，法国半数以上农场搞起了专业化经营。农业生产分工越细，效率就越高，收益就越好。专业化生产使法国农民人均收入达到城市中等工资水平。

四、以巴西、阿根廷等为代表的拉美国家

受殖民地经济制约的发展中国家城市化。由于历史传统和现实因素的作用，拉美和加勒比海与非洲大部分国家的城市化与这些地区的国家长期沦陷为西方列强的殖民地直接相关，具有独特的发展模式。表现为在外来资本主导下的工业化与落后的传统农业经济并存，工业发展落后于城镇化，政府调控乏力，城市化大起大落。其工业化发展赶不上城市化进程，属于过度城市化。造成这种结果的主要原因，一是城市发展与经济发展阶段脱节。由于拉美国家早期的工业化发展源于宗主国的工业资本输入，政府没有利用好外资发展自身的民族工业。一旦宗主国工业资本撤出，就没有了工业的支撑。二是忽视传统农业的改造与广大农村地区的发展，加剧了城乡差距，导致大量农村人口涌向城市，使城市就业、居住、环境和教育设施不足的问题进一步恶化。

拉美国家作为第二次世界大战后开始兴起的发展中国家，为了发展经济，纷纷采用进口替代战略，积极引进外资，建立工厂，发展本国的工业化。而这些工业项目大多分布于几个大城市，为了推进项目进展，国家的公共基础设施投资也主要集中于几个大城市，造成了典型的城乡二元结构，加上实行以农业哺育工业，转移农业剩余的方式来支

持大城市的工业化，造成了农村经济衰败，农民生活困苦，使大量的农村人口盲目的转移到少数几个大城市。据研究，从20世纪70年代开始，拉美大城市的人口每10年就翻一番。但城市的发展并不能有效吸纳这些新入城人员，给其提供就业机会和生活保障，导致城镇贫困人口的比例甚至超过农村人口的比例，从而出现了过度城市化。这实际上是一种缺乏产业支撑和科学规划的冒进的城镇化。

巴西曾经长期是葡萄牙的殖民地，经过艰苦卓绝的斗争，终于在1825年获得独立。经过100多年的发展，巴西已经基本上实现了工业化、城镇化和农业现代化，经济实力居拉美国家之首。在工业化初期，巴西得天独厚的农业为工业化作出了重要贡献，主要表现在换回出口外汇、提供基础设施及创造消费市场等方面。20世纪30年代到50年代中期，巴西开始实施重工政策，依靠外国资金和技术，大力发展制造业，到70年代建成了比较完整的工业体系，创造了“巴西奇迹”，在钢铁、造船、汽车、飞机制造等现代工业方面，已经跃居世界前列。巴西的农牧业发达，被誉为“21世纪的世界粮仓”。

在1950年前后巴西开始推进农业现代化，而且人口众多的巴西选择的是资本密集型的道路。因为巴西工业化过程中实行的是进口替代战略，原料及初级产品出口创汇的地位不断加强，农业的规模化经营程度较高，对劳动力数量需求降低，对劳动者素质的要求和对资金的需求提高，大量剩余的农村劳动力“被迫”流入城市。巴西的城市化先于工业化。20世纪30年代之前，巴西城市化进程主要依靠外来移民的推动，之后，工业化慢慢起步，进一步加速了城市化的步伐。1950—1980年间，巴西的城市化水平从36.2%上升到了67.6%。但是由于历史、政策等多方面原因，巴西在城市化过程中出现了区域不平衡、过度城市化和贫民窟等严重的城市问题，这在某种程度上也成了经济发展的瓶颈。为了走出“拉美陷阱”，巴西在进入新世纪之后着力制定审慎的宏观经济策略，以解决经济发展中的问题，包括建立自由市场机制、实现央行独立、加大社会财富再分配改革等措施。

随着工业化的不断推进，城市人口的剧增，粮食需求日益增长，巴西政府逐渐认识到农业在经济中的地位，随即调整发展战略，制订农业发展规划，提出“农业优先计划”。

第一，农业机械化。巴西拖拉机的拥有量从1950年的8 372台增至1960年6.3万台，1980年增至54.52万台，2000年又增至80.6万台，到2012年已经达到100.1万台。巴西每100个农业劳动力平均拥有拖拉机的台数也高于拉美地区和亚洲的平均水平。同时，播种机、收割机和脱粒机的拥有量也不断增多。目前巴西有1/3耕地完全实现机械化耕种，其余耕地则机械与畜力并用。农业机械化的基本实现，对巴西提高农业劳动生产率，促进农业集约化经营，减轻农民劳动强度以及缩小工农差距起到重要作用。

第二，农业科技化。20世纪前巴西农业生产的科技含量较低。20世纪后，随着进口替代工业化步伐的加快，尤其是在20世纪50年代以后巴西农业生产中的科技因素越来越突出，生产、加工及销售过程中的科技含量不断增加。进入70年代以后，巴西政府制订了农业科技发展计划，在经济作物生产的过程中积极推广世界上最先进的农业技术，随后覆盖面越来越广，由经济作物推广的所有的农作物生产。1973年，巴西农牧业研究中心成立，该中心是一个国家机构，隶属巴西联邦政府，其主要功能是制订联邦农业发展计划，在全国范围内推广最新的农业技术成果。该中心在全国设有50个研究分中心，并与各州立大学，各州农业技术推广站、试验站合作，形成了一个覆盖全国的农业科技推广、普及网络。该中心自成立以来，在培育改良农作物种子、控制病虫害及农药、化肥研发等领域取得了重要成效。20世纪80年代，该中心就培育出适合巴西自然条件的小麦种子，使巴西小麦单产提高了70%，解决了巴西小麦进口问题。该中心还在改进农业耕作技术及土壤品质方面作出了重要的贡献，1983—2012年，巴西农业生产率比1970年提高了40%左右。进入21世纪，巴西在生物技术及生态农业领域取得了较大的成果。2000年巴西就已经开发大豆、甘蔗等农作物的转基因技术并广泛运用。2002年巴西圣保罗州立大学成功克隆出拉美地区第一头体细胞克隆牛。圣保罗州立大学建成了拉美地区第一个大型基因克隆库——巴西克隆采集中心，可储存160万个基因克隆。该中心总投资2 500万美元，储存的DNA片段可用来进行基因研究和开发高产、抗病的转基因农作物［1］。巴西还利用卫星来观测农业资源和农作物生长状况，中国和巴西合作发射的资源卫星2号进行科学观察的15个项目中有12个项目是与农业相关的。近年来，巴西致力于生态农业的发展，尤其是在亚马孙平原流域，积极推广农业、牧业、养殖业的循环农业，目前取得了较好的效果。

第三，生产经营集约化。20世纪30年代巴西实施进口替代工业化后，巴西生产力水平明显提高。由于对农业投入的不断增多，实行机械化耕种的程度逐渐提高，施用的化肥和农药大量增加，修建不少农用灌溉水利、电力和道路设施，使巴西农业生产有了较大幅度的提高。2012年，巴西平均农业经济活动人口耕地面积为4.0hm²/人，南美洲平均水平为3.6hm²/人，世界平均为1.0hm²/人。农业生产的集约化与巴西人少地多的国情相一致，大农场的生产及经营方式提高了农业生产的效率及作物的产量，是巴西农业发展较快的主要动因。由于巴西经济的迅速崛起，农业集约化所需的资金、人力和物力也有了保障。

第四，扩大耕地面积，兴建水利工程。巴西自然条件非常优越，土地肥沃，可耕的土地面积占到了全国国土的80%以上，其中约80%的耕地没有被开发，主要原因是农业劳动力较少。进入21世纪以来，巴西农业技术发展较快，农业现代化程度明显提高，集约化经营方式出现，这些为未开发的耕地利用提供了重要的条件。尤其是1998年的经济危机，对巴西经济冲击较大，巴西政府将经济发展的眼光转移到农业上，鼓励农民、企业参与土地开发，对新开垦的土地提供政策、税收优惠。从2000年至今，巴西全国的耕地面积增加了50%，耕地总面积从最初占国土面积的7%上升到了12%。长期以来，巴西有2亿多hm²的稀树草原未获有效利用。20世纪90年代，巴西政府制订了开发稀树草原的宏大计划，到2012年，草原开发计划中新开垦的耕地有近1 000万

hm^2，新开辟的牧场约有1 500万hm^2。1980年，为了配合农业现代化的要求，巴西政府制订了国家灌溉计划，积极发展水利工程，经过数十年的努力，全国新建灌区近1 000个，新增灌溉面积1 000万hm^2。同时，巴西政府还鼓励农场主与农民自行修建灌溉系统，并为其提供50%的建设资金支持。

第五，投资与产销的市场化。为了促进商品农业的发展，除增加对农业投资外，巴西政府还建立了农业和农村经济体系，吸引和刺激私人对农业投资。政府通过信贷政策、集资等手段对农业信贷活动进行宏观调控。巴西的农业贷款包括种植贷款、销售贷款和投资贷款3部分，农场主与农民在农业生产及销售加工的全过程均可获得贷款的支持。联邦政府通过中央银行对农业贷款实施政策调控，对农业贷款实施联邦财政贴息支持。对一些生产规模较小的农户，联邦政府及州政府还实施了农业特别贷款，这种贷款是无息的，主要是为中小农户扩大生产提供支持。另外，巴西政府为了鼓励农产品出口，设立了出口保险基金及出口信贷基金，对于巴西优势出口农产品如大豆、咖啡、烟叶等均可申请保险基金及信贷基金的支持，从而提高这些农产品的国际竞争力。同时，通过农业协会、合作社和各种专业生产组织的供销机构，农民可及时获得良种、化肥、农药及农具的供应。为了稳定农业生产，巴西从20世纪50年代起实行农产品最低保证价格制度，规定农产品的最低价格不得低于生产成本的170%，生产成本随物价指数的变动随时进行调整。

目前，巴西已经具备了现代农业的主要特征，如规模经营、机械作业、较高的劳动生产率和土地产出率等。巴西的咖啡甘蔗、甜橙的产量和出口量均居世界首位，大豆、杂豆产量位居世界第二位，玉米产量居世界第三，巴西还是世界上第二大养牛国和牛肉出口国。2003年和2004年，巴西谷物产量分别达到1.19亿吨和1.14亿吨。巴西是世界上第三大农产品出口国。但是，巴西农业现代化并没有改变大量农民以及整个农村的贫困状况。

五、国外城镇化与农业现代化协调发展的经验教训

1. 农业现代化与城镇化和工业化相结合

纵观各国发展进程，一些国家在城镇化进程中注重及时推进农业现代化，实现协调发展，较快地迈进了现代化国家行列；但也有一些国家没有处理好城镇化与农业现代化的关系，落入“中等收入陷阱”，农业萎缩、农民贫困、农村凋敝，导致经济发展停滞、社会局面动荡，现代化进程严重受阻。

在城镇化方面，一些发达国家将城镇化建立在工业增长、农业进步的基础上，人口向城镇的转移和集聚较为有序；而一些发展中国家为了城镇化而城镇化，工业化进程缓慢，农业发展停滞，人口向城镇的转移与工业化和经济发展的需要脱节，大批农村人口被“推向”城市，从而产生“城市病”和“过度城市化”现象，城乡差距也进一步

拉大。

在农业地位方面，一些发达国家在迈向现代化的进程中，工业、农业与城镇化之间大多形成了良性循环，因此在工业化和城镇化过程中虽然农业的相对地位下降，但农业发展始终没有停滞；与之相比，许多发展中国家在追求高速工业化之时，普遍忽视了农业发展，致使农业和农民在一定程度上成了工业发展的贡献者和牺牲者。

工业化是城镇化的动力所在，没有工业化就没有城镇化，而发达的农业和农村经济则是城镇化的重要基础。工业化的迅速发展，为农业剩余劳动力快速转移提供了主要动力。20 世纪初，发达国家相继进入了工业化的快速发展时期，英国、德国、美国和日本则是发达国家中工业化发展最快的 4 个国家，它们在推进工业化过程中，把发展纺织和加工业等劳动力密集型产业放在首位，从而大量吸纳从第一产业转移出的劳动力；而当轻纺工业发展到一定时期后，再大力发展钢铁、汽车、石油等高技术集约型产业，从而既满足了工业化过程中产业发展对劳动力的需求，保持了一、二、三产业的协调发展，同时又解决了由第一产业向现代化迈进中大量劳动力的移转问题，加速了城市化发展。

工业化与城市化的发展是以农业人口迅速转变为非农业人口为明显标志的。因此，发达国家在推进工业化和城市化过程中，注重为农业发展提供所需的耕作、收获等机械，设法提高农业生产率。如美国在工业化与城市化发展中，一直把发展农业放在重要位置，重视农业与工业和第三产业的协调发展。据此，美国在发达国家中是最早推进农业机械化的国家，美国的农业发展也是在所有的发达国家中发展最快的国家。

农业现代化与城镇化协调，是经济发展和现代化建设的客观规律。城镇化和农业现代化相互影响、相辅相成。国际经验表明，一个国家在现代化进程中必须正确处理农业现代化与城镇化之间的关系，形成工农差距、城乡差距不断缩小的协调发展格局，否则就会引发一系列经济社会问题。当前，我国已进入城镇化加快发展、农业现代化稳步推进的关键阶段，农业的基础保障任务日益艰巨。我国农村人口庞大，在现代化过程中还要解决好农民问题，包括农民转移就业、增收及农民市民化问题。从我国实际看，既有工业化动力不够强劲的制约，更有城镇化引领不足的软肋，同时农业现代化滞后于城镇化，农业基础还比较薄弱。我们应充分认识和遵循经济发展的基本规律，认真分析当前我国农业现代化与城镇化不够协调的问题，采取更有针对性的举措，加快补齐“短腿”、拉平“短板”。

2. 注重城乡协调发展

在推进城镇化的同时，应构建城市带动农村、工业反哺农业的机制，逐步缩小城乡发展差距，实现城乡一体化发展。第二次世界大战后，拉美国家实施进口替代工业化战略，加快重工业发展，而且这些资本密集型的工业集中布局在几个大城市。在农村，一方面农业资本主义的发展提高了土地的集中度；另一方面，国家对农业和农村的低投入造成了农业的衰退和农村生活环境的恶化，大量人口难以在农村生活而涌入城市，造成拉美城市人口的增长速度远远超过其他国家。而城市的产业缺乏吸纳这些人口的能力，造成了城市居民的贫困化。到20世纪70年代中期，拉美国家城市人口已占总人口的60%，但在工业部门就业的人口比重只有20%～30%，大约有14%的城市居民生活在贫民窟中，城市人口贫困比例甚至超过农村人口的比例，被学者谓之“过度城市化”。拉美国家投资政策的“城市偏好”，严重影响了城市化的质量。

3. 强化政府引导调控，发挥市场机制作用

发达国家近200年的经验证明，实行市场经济，充分发挥市场优化资源配置的积极作用，并辅之以适当的国家干预，对城镇化与农业现代化协调发展是非常必要的。发达国家城镇化与农业现代化协调发展取得的成就，与结合发挥市场机制作用和政府调控作用密不可分的。市场为其提供广阔的需求以及充分的资源、资金、科技、劳动力集中渠道，政府则通过立法和强制的手段，为经济运行和发展提供制度保障。因此，我们既要发挥政府的引导作用，进行必要的政策扶持，还要完善各项市场制度。凡是市场能够调节的，政府要尽量放开；对市场没有能力调节的，政府要积极引导和调控，通过“看得见的手”和“看不见的手”的共同作用，确保城镇化与农业现代化协调科学发展。

4. 科学制订规划，形成区域发展新格局

城镇化与农业现代化协调发展，需要布局合理的空间结构支撑，规划水平决定了建设效果。国内外实践经验表明，只有高水平的规划才能实现高水平的建设和发展。从未来5年、10年甚至更长时间来看，我国城镇化水平将大幅度提高，对建设用地的需求也不断增加，人地矛盾会越来越突出。因此必须未雨绸缪，要对所辖范围内的产业、人口、城镇等的总体布局以及区域资源特点和生态承载力进行通盘考虑，统筹安排城镇建设、产业集聚、农田保护、生态涵养等空间布局，推进农业生产专业化、城镇结构合理化、产业布局最优化，形成区域优势互补、功能定位清晰、空间高效利用、产业分工合理、城镇化与农业现代化互为支撑的区域发展格局，避免城镇化与农业现代化协调走入建设用地供应不足或者不利于农业现代化的死胡同。

5. 保持产业发展与城镇化进程同步协调

城镇化与产业演进紧密相关。推进城镇化，要高度重视产业支撑问题，保持城镇化进程与产业发展同步协调，积极吸取拉美国家“城镇化陷阱”的教训。城市发展扩张应以产业实力和竞争力提升为前提，避免出现过度城镇化和产业空心化现象。要重视发展与现代城市功能定位相适应的二、三产业，科学布局和发展工业生产区、金融商贸区、文娱休闲区等产业区域，中小城市和小城镇的建设发展尤其要注意大力拓展农副土特产品加工、特色产品生产、商贸流通、旅游服务，激发和增强城市发展活力。

6. 推进生态环境可持续的永续性城镇化发展，注重资源节约和生态保护

城镇化模式与国情紧密相关。不同国家之所以呈现不同的城镇化发展模式，是因为

每个国家的国情不同，同时也与社会基本制度紧密相关。如美国幅员辽阔，地广人稀，加上自由市场机制的作用，城镇化呈现为蔓延式发展的特征；而日本由于国土狭小，人口稠密，城镇化则呈现为集中型特征；拉美、南亚国家土地集中在少数人手里，大批失地农民无奈涌向城市，而城市缺乏就业岗位，造成城镇人口失控，导致过度城镇化和城市贫民窟现象的大量发生。我国人口多、底子薄，人均资源有限，在推进城镇化过程中，面临着人多地少、资源紧缺、环境脆弱等诸多问题和矛盾。城镇化道路的选择，不能再像过去那样走高消耗、高排放、城乡分割、缺乏特色的城镇化老路，应树立可持续发展理念，推行紧凑型、集约型、生态型城镇发展模式，努力提高资源、能源、土地等利用效率，形成资源节约、环境友好、低碳发展、经济高效的城镇化发展新格局。

我国尚处于工业化和城镇化快速发展阶段，保障国家粮食安全、促进农业发展和资源合理利用以及生态环境保护的任务依然艰巨。尤其是水源、土地、森林等自然资源的生态保护对保障农业生产至关重要。我国人均耕地面积只有1.4亩，在可用耕地少、人口分布不均、生态环境脆弱等国情条件下，必须吸取一些国家过度郊区化的教训，以免造成耕地减少、环境破坏、资源能源过度消耗的后果。城镇化与农业现代化协调涉及经济社会发展的方方面面，我国不能再走牺牲农业、浪费资源、污染环境的老路，要立足长远、着眼全局、统筹考虑，以应对各种制约和挑战。

第三章　我国城镇化和农业现代化发展概况和模式

一、我国城镇化发展概况和模式

1. 我国城镇化发展的概况

2014 年年末，全国设市城市 653 个，县城 1 596个，建制镇 20 401个。城市、县城及建制镇水、电、路、气、信息网络等基础设施显著改善，教育、医疗、文化体育、社会保障等公共服务水平明显提高，人均住宅、公园绿地面积大幅增加。城镇化的快速推进，吸纳了大量农村劳动力转移就业，提高了城乡生产要素配置效率，推动了国民经济持续快速发展，带来了社会结构深刻变革，促进了城乡居民生活水平全面提升，取得的成就举世瞩目。

（1） 城镇化率不断提高

伴随着工业化进程加速，我国城镇化也经历了一个速度快发展的过程。1978—2014 年，城镇常住人口从 1.7 亿人增加到 7.5 亿人，城镇化率从 17.92% 提升到 54.77%（图 3－1），年均提高 3.15%；城市数量从 193 个增加到 653 个，2014 年直辖市 4 个，副省级市 15 个，地级市 273 个，县级市 361 个。

在城镇化建设过程中，我国形成了以陆桥通道、沿长江通道为横轴，以沿海、京哈京广、包昆通道为纵轴的“两横三纵”发展格局，重点开发的城市群在“两横三纵”的坐标轴上聚集。目前我国东部地区的京津冀、长三角、珠三角三大城市群，对周围经济发展及人口聚居起到了很强的带动和辐射作用，三大城市群以占全国 5.05% 的国土面积承载了全国 23.91% 的人口和 39.9% 的经济总量，成为带动我国经济快速增长和参与国际经济合作与竞争的主要平台，未来的发展方向是向世界级城市群发展。另外再打造哈长、呼包鄂榆、太原、宁夏沿黄、江淮、北部湾、黔中、滇中、兰西、乌昌石等 10 个区域性城市群，目前十大城市群已经成为我国经济的十大支柱，以 10% 的面积承载超过 2/3 的经济总量。在这 10 个城市群中，中西部地区占据大半名额。中西部地区的区域性城市群构成的城市经济生活圈也在迅猛发展，成为推动区域协调发展的新的重要增长极。

（2） 城镇基础设施和服务设施水平不断完善

城市情况

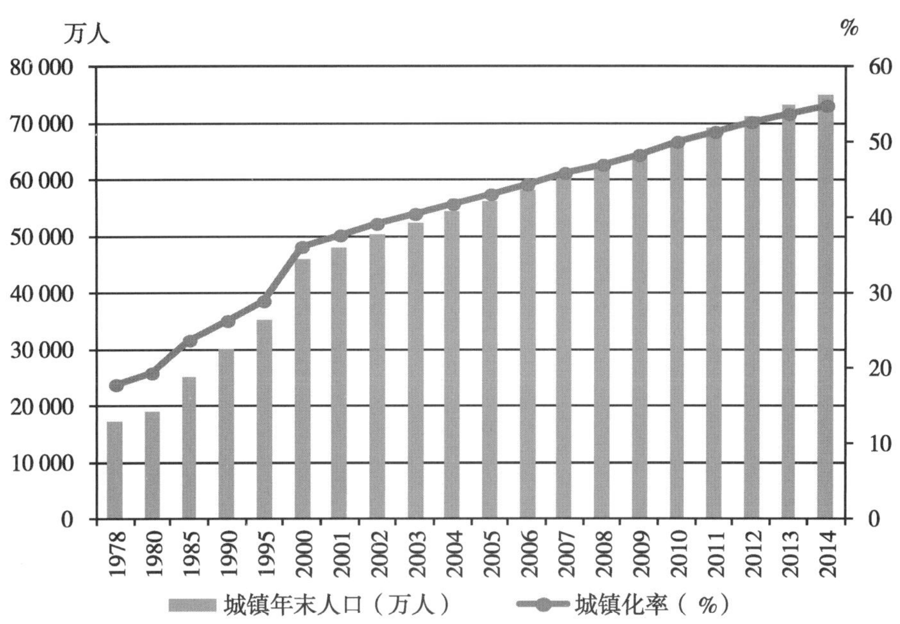

图 3－1 我国城镇化水平的变化

资料来源：《中国人口和就业统计年鉴》，中国统计出版社，2015

2014 年年末，全国有城市 653 个，其中直辖市 4 个，地级市 288 个，县级市 361 个。

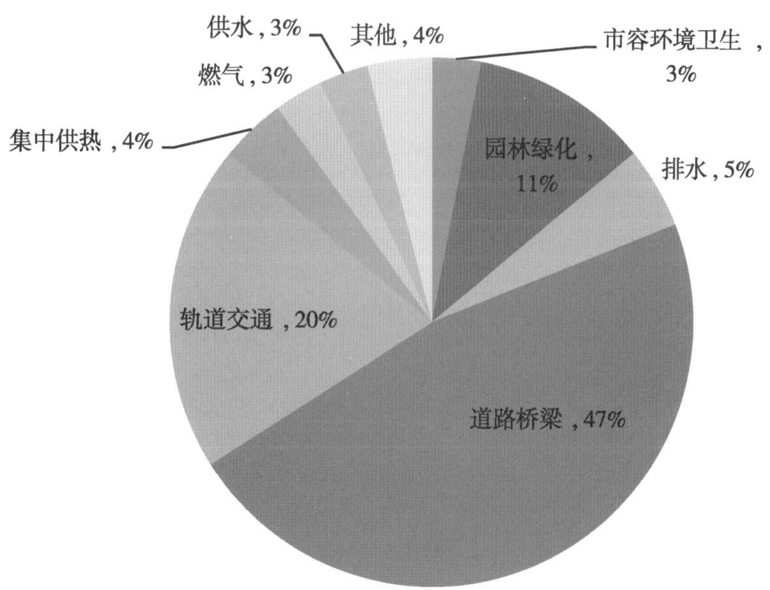

图 3－2 2014 年按行业分市政公用设施固定资产投资

资料来源：中华人民共和国住房和城乡建设部：《2014 年城乡建设统计公报》. http：//www. mohurd. gov. cn/wjfb/201507/t20150703_ 222769. html

服务于城市居民的生活、医疗、教育、环境等基础设施及服务设施水平在新型城镇化建设中不断趋于完善。2014 年完成城市市政公用设施固定资产投资 16 246.9亿元，占同期全社会固定资产投资总额的 3.17%。其中，重点建设道路桥梁、轨道交通及园林绿化，这三者占据了投资总额的前三位，占比分别为47%、20%及11%（图3－2）。近十多年来，我国城市基础设施水平和服务设施水平不断提高。在满足城镇居民的日常用水和用气的普及率得到了极大的提高，人均城市道路面积、城市桥梁建设、轨道交通运营线路总长度、生活垃圾无害化处理率、人均公园绿地面积都得到很大的提高。医疗水平和教育水平得到很大提升。

县城情况

2014 年年末，全国共有县 1 596个。2014 年，县城市政公用设施投资 3 571.0亿元。其中，排前三位的投资为道路桥梁、园林绿化和排水，比重分别为 53%、15% 和 8%（图3－3）。2010 年到2014 年四年间，县城的公共设施水平也得到很大改善。用水普及率、燃气都增加了；道路面积、污水处理率、公用绿地面积得到了很大的提高。医院、卫生院卫生技术人员数增加了一倍多。

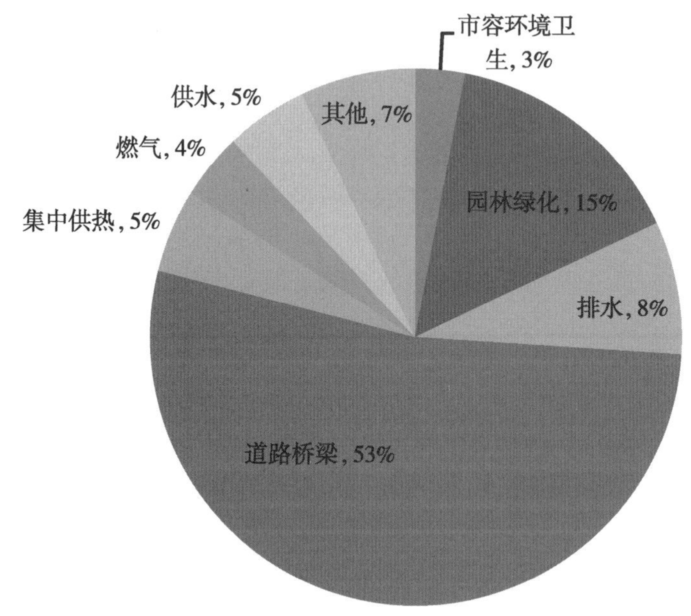

图3－3　2014 年按行业分县城市政公用设施固定资产投资

资料来源：中华人民共和国住房和城乡建设部：《2014 年城乡建设统计公报》. http://www.mohurd.gov.cn/wjfb/201507/t20150703_ 222769.html

建制镇情况

2014 年末，全国有建制镇 20401 个，建制镇建成区面积 379.5 万公顷。建设总投资 7 172亿元。2014 年用水普及率、人均日生活用水量、燃气普及率、人均道路面积、人均公园绿地面积都有很大程度的提高。

（3）公共服务水平稳步提升

社会保险领域，截至2014年底，职工和城乡居民基本养老保险参保总体覆盖率已到80%左右。医疗保障方面，城乡基本医疗保险覆盖率超过95%。保障性住房建设方面，2011年至2012年，全国开工建设城镇保障性安居工程住房1 824万套，2014年全国安居工程实际新开工745.05万套，基本建成551.46万套。2014年享受安居工程保障的城镇人口达3 990.68万人，同比增加26.36%；全国共有567.45万名新就业无房职工、在城镇稳定就业的外来务工人员和进城落户农民享受了公共租赁住房保障，同比增加35.65%。

2. 我国城镇化发展模式

由于我国人口多，经济发展不平衡，城镇化的模式必将是多元化的。依据不同划分方式，有多重不同模式。当前从国家层面来看，主要采用城市群带动新型城镇化发展模式。具体到各个城市，又有针对各地不同特点的发展模式。

（1）城市群带动新型城镇化发展模式

20世纪50年代，法国发展经济学家弗朗索瓦·佩鲁提出“增长极”概念，认为可以通过中心区域发挥“增长极”作用，带动相邻区域的经济共同发展。基于“增长极”理论，区域联合发展的经济圈成为缩小区域差距、促进城镇化转型的有效路径。我国新型城镇化的建设实践进一步印证了该理论的科学性。城市群的发展已成为我国新型城镇化建设的一个重要特征，中心城市与卫星城市之间形成的功能互补关系，有利于实现城市功能的专业化分工，从而提高了城市运行的整体效率。根据我国城市群发展的规模和发展水平，可以分为珠三角、京津冀、长三角三大都市群模式，以省会城市为中心的次级区域性城市群模式，以及小城市群发展带动模式（图3－4）。三种模式同步推进、互相影响，是中国城镇化最鲜明的特色。

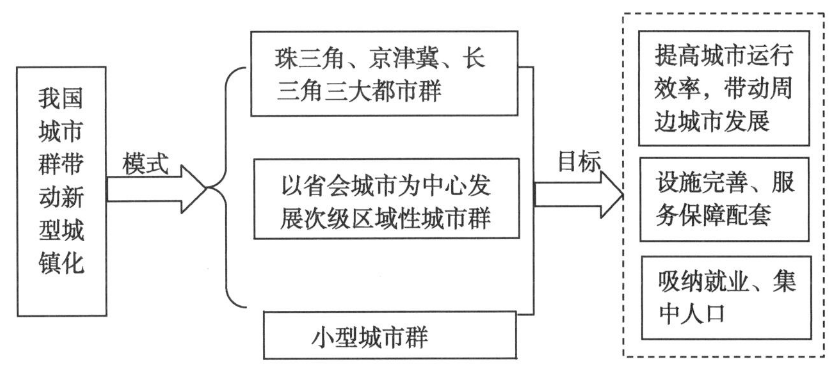

图3－4　我国新型城镇化城市群带动模式

珠三角、京津冀、长三角三大都市群

随着产业集群的发展和城际高铁覆盖范围的不断扩大，以广州为中心的珠三角都市群、以上海为中心的长三角都市群和以北京为中心的京津冀都市群已初步形成。成为全国的科技、金融、制造、贸易、交通、信息中心，形成产业、人口集聚区和经济增长极，成为拉动全国经济增长的三大发动机，对全球经济也将产生重要影响。2014 年，三大城市群以占全国 5.05% 的国土面积承载了全国 23.91% 的人口和 39.9% 的经济总量，是国家对外经贸往来的核心区，进出口总额占全国 70.29%（表 3－1）。

从三大都市群的经济总量来看，2014 年，三大都市群的经济总量达到 252 957.98 亿元，较上年增加 7.49%。其中，长三角 GDP 总量最大，其次为京津冀和珠三角。从人均 GDP 来看，珠三角反而是最高的，接下来是长三角和京津冀。从三大城市群的差异结构来看，都是二三产业占主体，三大城市群二三产业占 GDP 的比重高达 95.88%。其中珠三角最高，为 98.15%，其次为长三角和京津冀地区。三大城市群，第二产业占全国 GDP 比重达到 41.00%，第三产业增加值占全国 GDP 比重达 42.84%。从进出口规模来看，三大城市群占据全国 70.29% 的比重，长三角以 32.20% 位居第一位，接下来是珠三角（23.93%）和京津冀（14.16%）。

发改委、交通部印发的《城镇化地区综合交通网规划》提出，到 2020 年，京津冀、长江三角洲、珠江三角洲三大城市群基本建成城际交通网络，相邻核心城市之间、核心城市与周边节点城市之间实现 1 小时通达。以此为契机，三大城市群将向着国际化大都市的步伐迈进。

表 3－1　2014 年我国三大城市群主要指标

			京津冀	长三角	珠三角	三大城市群
规模指标	国土面积	数量（万 km^2）	215 021.00	209 303.00	54 754.00	479 078.00
		占全国比重（%）	2.27	2.21	0.58	5.05
	年末常驻人口	数量（万人）	11 053.00	15 894.00	5 763.38	32 710.38
		占全国比重（%）	8.08	11.62	4.21	23.91
发展指标	GDP	数量（亿元）	66 478.91	128 829.05	57 650.02	252 957.98
		占全国比重（%）	10.48	20.32	9.09	39.90
	人均 GDP	数量（万元/人）	6.01	8.11	10.00	7.73
		占全国比重（%）	—	—	—	—
	经济密度	数量（亿元/hm^2）	0.31	0.62	1.05	0.53
		占全国比重（%）	—	—	—	—
	GDP 较上年增速	数量（%）（%）	6.05	7.96	8.15	7.49
		占全国比重（%）	—	—	—	—
	固定资产投资	数量（亿元）	44 114.30	72 217.80	17 542.28	133 874.38
		占全国比重（%）	8.78	14.07	3.59	26.44
	固定资产投资较上年增速	数量（%）	12.62	14.99	9.43	13.45
		占全国比重（%）	—	—	—	—

（续表）

			京津冀	长三角	珠三角	三大城市群
产业结构	第二产业增加值	数量（亿元）	27 289.50	58 197.27	25 941.28	111 428.05
		占全国比重（%）	10.04	21.41	9.55	41.00
	第三产业增加值	数量（亿元）	35 383.06	65 096.00	30 640.14	131 119.20
		占全国比重（%）	11.56	21.27	10.01	42.84
	二三产业占GDP比重	数量（%）	94.27	95.70	98.15	95.88
		占全国比重（%）	—	—	—	—
对外贸易	进出口总额	数量（亿美元）	6 092.82	13 849.93	10 291.54	30 234.29
		占全国比重（%）	14.16	32.20	23.93	70.29

资料来源：根据《中国统计年鉴（2015）》和《广东统计年鉴（2015）》中相关数据计算所得.

注：经济密度 =2014 年 GDP/国土面积

以省会城市为中心发展次级区域性城市群

在中西部的广大地区，省会城市多数已成为省域范围内的经济中心，在全省经济发展中发挥着重要作用。以省会城市为中心，与邻近的地级市用城际高铁联系起来，可形成区域性的城市群。与全国三大都市群相比，这是第二个层次的城市群，是带动省域经济发展的发动机。目前，这类城市群的雏形已现，哈长、呼包鄂榆、太原、宁夏沿黄、江淮、北部湾、黔中、滇中、兰西、乌昌石等 10 个区域性城市群正在稳步建设中。这一区域性城市群，规划思路明确，发展活力正旺，在带领中西部地区追赶沿海地区发展中发挥着越来越重要的作用。以省会城市为中心发展的次级区域性城市群，大部分位于中西部地区，如果能在推进城乡要素市场一体化和社会管理一体化等方面大胆创新，有可能在西部地区率先走出一条城乡一体化发展和同步实现现代化的道路，为中部崛起提供重要支撑。未来 20 年，中西部的农业大省通过加快工业化、城市化步伐，能够赶上沿海的发展水平，就奠定了中国现代化的基础。

小型城市群发展带动模式

小型城市群，即围绕某种商品的生产营销，以专业化分工为基础，在一个县或一个镇的范围内，形成了具有国际竞争力的产业集群，带动了工业化、城市化的发展。如烟台的水果产业、浙江崇福镇的皮草，福建石狮镇的服装、河北白沟的箱包、浙江义乌的小商品这些特定商品的生产营销，专业化经营，带动了自身和周边小城镇的繁荣。三大城市群，以及区域性城市群，发展形态较高，地域优势明显，而我国经济社会发展不均衡，还是有很多的小城镇需要以小型城市群来加以带动。这些小型城市群的发展，最有利于农民就近转为市民，降低就业、社保、户籍、住房等方面的改革成本，破解政府在公共服务等方面的难题，加快推进“人的城镇化”。因此，发展小型城市群应该成为今后一段时间我国推进新型城镇化、促进城乡协调发展的重要形态。

（2）不同产业类型驱动模式

本研究根据主要产业类型对新城镇化的带动，分为工业化驱动型、农业集约化驱动型、服务业发展驱动型及混合型产业驱动新型城镇化模式（图3－5）。

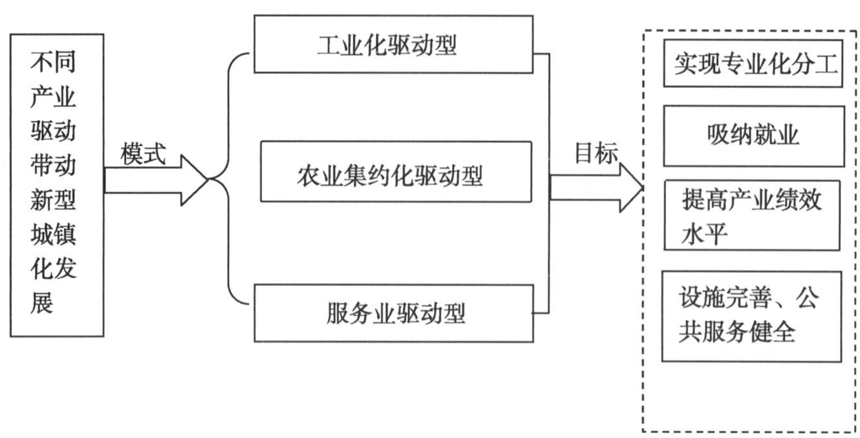

图3－5 不同产业带动新型城镇化发展模式

工业化驱动城镇化模式

在促进新型城镇化建设方面，工业化的发展对新型城镇化建设具有举足轻重的示范效应和带头作用。工业化发展能够有效聚集社会各种资源为产业发展发挥协同作用，消化农村剩余劳动力，为城镇化积累财政资金，通过大量财政投入加快城镇基础设施建设，实现工业化来驱动城镇化发展。特别是一些现代化工业园区，在当今世界，工业区已成为各国工业经济发展最重要的空间载体。与传统产业发展空间相比，能够集聚并合理配置人力资源、财务资源、物力资源、信息资源、组织资源、政策资源等是产业发展的必要社会资源，还可以获得如特殊的产业优惠政策、有利的空间位置、企业的特殊的文化氛围、完善的基础设施功能、标准的服务支撑体系和管理体系，为推动新型城镇化发展起到不可忽视的作用。主要体现在：

一是园区能够有效聚集大量的社会经济资源，产生聚集效应，这种效应能够促使产业发展的转型与产品的创新提高，能够吸引更多更好的企业与人才涌入园区发展。特别是对于中小企业来说，园区的所产生的创业环境是中小企业初步成长的温床，中小企业的成长和发展壮大无疑会解决更多的就业人口，为当地百姓融入城市生活提供更多选择。

二是工业区发展能促进区域商业、交通、科技、教育文化事业的发展，可以带动文化、教育、体育、百姓生活等领域的发展，从而为当地城镇化提供必要的技术支持。

三是辐射带动作用。在园区内企业通过技术的改造升级、技术工业的改良和组织架构的优化等方面对企业外的其他企业有很强的提升带动作用。另外，园区对周围城镇提供了更多的劳动就业机会，大大加深了周边地区城镇化的建设和辐射作用。

如广东东莞工业区对城镇化的快速推进作用。东莞原来是一个落后的农业县，改革开放快速走上了工业化的道路，改革开放37年以来，作为我国工业区发展最早、发育也较为成熟的东莞，工业区曾为东莞的经济社会发展做出了巨大的贡献。东莞目前已建和在建五大园区，即松山湖高新技术产业开发区、广东东莞生态产业园区、虎门港区、东莞滨海新区和银屏新区（广东粤海高端装备技术产业园），完成以园区带动产业升级和城市升级，进而助推新型城镇化的战略布局。东莞 GDP 从 1978 年的 6.11 亿元，增加到2014 年的5 881.18亿元，36 年间经济总量增长了962.55 倍，以工业区形式存在的增长极为东莞创造了经济奇迹。因此，该案例就如何探寻我国快速工业化地区工业区助推新型城镇化，从而率先实现新型城镇化建设目标具有重要的理论和现实意义，并极具普适性示范效应。

农业经济集约化驱动城镇化

对于中西部和东北以农业为主的地区，可以充分利用农业经济集约化推进城镇化。农业经济集约模式主要指以农业产业化为中心、区域龙头企业为核心，进行区域布局，形成产供销、贸工农一体化经营的社会化大生产组织形式。在集约化经营主体的推动下，实现农民向市民的转变，农业现代化驱动城镇化的发展。因为农业集约化、现代化，一方面实现了土地规模集中，提高了单位生产效率，增加了农民收入；另一方面可实现农民就业的就地转移，就地城镇化。

河南中鹤集团就是“农业集约化、现代化驱动城镇化”模式的典型代表。作为传统农业大省，农业人口多、城镇化率偏低成为河南的长期写照。然而随着土地流转加速、农业生产关系的调整，在一些农业龙头企业的支撑下，越来越多农民借此契机变成市民，农业现代化与就地城镇化形成良性互动。中鹤集团是一家年产值 24 亿元、拥有员工 3 500人的国家级农业龙头企业。在发展现代农业过程中，发展现代农业，吸纳大量农村富裕劳动力转移到农产品加工园区工作，成为产业工人；并通过合并村的形式建立农民集中社区，中鹤新城社区由公司和当地政府共同开发，规划面积 11 平方千米，可容纳 8 万人。目前已完工 3 个小区，入住农户 1 600 户 7 000 余人，实现“产城互动”，让农民变市民。因此，该案例对在农业目前依然是弱质产业的背景下，如何探寻在我国以农业为主的地区快速推进农业现代化，助推新型城镇化，从而率先实现新型城镇化建设目标具有重要的理论和现实意义，并极具普适性示范效应。

现代服务业驱动新型城镇化

现代服务业为什么能带动新型城镇化？从现代服务业的特点来看，这个产业中的大量生产性服务部门比如文化产业、信息服务、现代物流等，技术偏好强，增长率高，市场潜力大，产业关联及扩散效应显著，对其他产业发展具有极大的引导和带动作用。据统计，2014 年中国服务业从业人员占比为 40.60%，达到 31 364万人，超过工业 10.70 个百分点，成为拉动城镇化率的主要力量。因此，以现代服务业为主导，完全可以带动形成一个完备的区域产业体系，比如德国的汉诺威和美国的好莱坞，前者是以会展业为主导的城市，后者则是以电影业为主导的城市。

现代服务业通过四方面机理实现新型城镇化目标。第一，产业贡献。服务业在工业、农业的产前、产中和产后很多领域起到了重要作用。没有金融、保险、物流、商务、信息等生产性服务业的支撑，先进制造业企业的非核心业务无法切割外包，农业新型经营主体很难获得现代生产要素，新型工业化和农业现代化都无从谈起，城镇产业体系只能停留在低级水平。没有其所提供的直接面向城镇居民的教育、医疗、社保、文化等民生需求的服务，人口城镇化水平就很难提升。第二，就业贡献。相对于工业部门，服务业对人口城镇化贡献更显著。随着劳动生产率不断提高，现有工业化水平不足以吸纳快速涌入的农村人口，工业化对于当下的中国城镇化起到的作用日益弱化。特别是浙江这样的沿海发达地区，机器换人已经成为潮流。而服务业对就业的贡献程度越来越高，特别是随着其比重日益提高，对就业承载力也日渐增强。

浙江横店镇是依托文化旅游产业打造中国影视文化名城，属于典型的服务业驱动新型城镇化发展的模式。1996 年电影《鸦片战争》这一电影的拍摄，偶然间让横店开始发展影视文化产业，2004 年横店成为唯一的国家级影视产业发展基地，2013 年成为第二批国家级文化与科技示范基地中唯一的非地级市，是全球规模最大的外景拍摄基地和中国服务最全的影视文化产业链。横店将影视拍摄的产业优势拓展至文化旅游、创意产业等新兴服务业，2011—2013 年累计吸引游客 2 500万人次，带动了整个东阳及周边县市的住宿、餐饮、休闲等服务业。2014 年上半年，横店新增企业中，影视文化、批发零售和商务服务业占到总量的 87. 56%；服务业企业占全镇企业总数的 74. 03%，服务业成为支撑社会经济发展的主导产业和推动小城市建设的核心动力。

多种产业协同驱动新型城镇化

多种产业协同驱动新型城镇化，是指城镇化的发展不是由一种单一产业类型为主导进行驱动，而是两者或者多者结合，驱动新型城镇化发展。

鳌江镇是二三产业协同驱动新型城镇化发展的典型代表之一。《鳌江镇小城市培育试点新三年（2014—2016 年）行动计划》明确了“做优服务业促升级，做强工业增实力，加快建设鳌江流域商贸重镇、浙南临港产业新城和浙南滨海旅游胜地，打造现代化的鳌江流域商贸名城”的发展思路，确立并践行了二、三产业协同驱动中心镇城市化的发展模式。鳌江镇位于浙江东南沿海，是温州平阳县经济中心和瓯南闽东北地区主要物资集散地和出海口，鳌江镇鳌江机电工业园、星河工业园、墨城临港工业园、钱仓工业园等工业功能区，2014 年出台了《鳌江镇工业、商贸经济发展若干奖励办法》，推进东江机械机电科创园一期、城西小微园、钱仓标准厂房、墨城工业园区四大工业平台建设。2014 年全镇实现工业总产值约 171. 23 亿元，同比增长 3. 71%，完成工业性投资 6. 15 亿元。鳌江镇在发展工业的同时，确立了服务业优先发展战略，作为未来现代服务业中心的主心骨产业，先后落户鳌江的万达广场、明发综合体、银泰城、中塑居家 MALL 四大项目的总投资达 110 亿元，总建筑面积 130 万平方米，涵盖了百货、酒店、餐饮、写字楼、文化娱乐等多种业态，辐射鳌江流域 200 万人口。银泰城项目提前结顶，全县首个城市综合体平阳万达广场满铺开业，浙南电商产品贸易服务中心、鸽巢路电商辅助园相继成立；规划建设了 38 亩的总部经济园，发展办公、金融、研发、培训、营销、结算等生产性服务业；依托西湾风景区和东部滨海与山体资源，发展滨海休闲度假旅游，形成了相对完整的服务业产业体系。2014 年完成第三产业增加值 45. 44 亿元，同比增长 10%。

（3）异地城镇化与就地就近城镇化模式

从我国新城镇化实现方式来看，可以分为迁移式和就近就地城镇化两种模式。

异地城镇化

城镇化过程中，农业流动人口涌向城市，人口的流动以长距离为主，我们定义为迁移式城市化或者异地城镇化。在异地城镇化模式下，农村人口城镇化面临巨大困境：地方政府户籍改革的动力不足，出现“半城镇化”现象，即人户分离；农民工社会保障省内统筹和全国统筹困难很大。从异地城镇化目前发展带来大量“留守”现象和“空心村”现象，并由此引发一系列社会问题日益突出。

就近城镇化和就地城镇化

在建设新型城镇化的进程中，在当地基础条件较好的地区，发展起“就近城镇化”和“就地城镇化”模式。这两种模式是相对于跨地区的、远距离的异地城镇化而言的。就近城镇化，即农民到附近的城市居住和工作。就地城镇化，即农民在村庄完成城镇化，无需迁徙到其他地区。这两种模式都要求县域经济比较发达，有足够多的就业机会，在全县范围内建成发达的交通网络，能够享受城市的公共服务，过上现代化生活。

江西宜春等地的城镇化探索则是一种典型的农民家门口的就近城镇化。2013 年 6 月，宜春市选择 19 个示范镇试点镇村联动，将其周边 1 千米左右范围内的 96 个村庄纳入联动范围。通过大力推进镇村基础设施和公共服务设施建设，提升集镇的城镇功能，带动周边村民就近实现城镇化，附近集镇和村里的生活设施正向县城看齐。通过就近城镇化，宜春市已有 30 多万农民在家门口享受到城镇生活。

有些农村地区已经形成自身城镇化发展模式，例如较为发达的江苏华西村、浙江一些县级市、河南南街村等，通过工业化一定程度上实现了“农村城镇化”。这些地方村集体经济实力雄厚，有足够的资金进行城镇化建设，虽然农民身份上未实现市民化，农民的绝大部分已就地转移到工商业从业，而且吸纳了大量外省劳动力就业。生活上完全实现市民化，在社会公共服务保障方面也已经城镇化。在工商业、旅游业发达的县，应当走这种就地城镇化的道路。

当然现实情况更为复杂，一个地区的城镇化可能兼具多类型的特征，其城市化模式也要根据具体情况进行深入分析。

二、我国农业现代化发展现状和模式

1. 我国农业现代化发展现状

农业现代化是一个国家和地区现代化的重要内容，没有农业的现代化就没有中国特色的社会主义现代化。农业现代化是传统农业向现代农业发展的进程，是指在一定时期内，与社会进步、生产力发展相适应的，具有良好环境条件，运用先进装备和技术，实行科学管理的、高效率、高效益的农业生产方式。学者构建的我国农业现代化评价指标体系，从农业投入子系统模型、农业产出子系统模型、农村社会发展子系统模型和农业可持续发展水平字系统四大方面对我国农业现代化发展的综合发展指数测算揭示了我国农业现代化发展的现状。

（1）全国农业现代化的发展水平整体上处于上升趋势

从投入、产出、社会发展及可持续发展水平四个视角出发，选取了 15 个二级指标（表 3－2），对 2006—2014 年全国农业现代化综合发展水平进行了数量分析。借鉴辛岭和蒋和平（2010）研究成果，将农业现代化发展分为起步、发展和成熟 3 个阶段。农业现代化起步阶段：$AT<0.4$；农业现代化发展阶段：$0.4\leqslant AT<0.8$；农业现代化成熟阶段：$AT\geqq 0.8$。具体数据选取及处理方式详见第五部分，即新型城镇化与农业现代化发展的协调程度实证分析部分。

表 3－2　农业现代化发展水平综合评价指标体系系列标准

一级指标	二级指标	二级指标权重	作用方向
投入水平	劳均国家财政用于农业的支出（元/人）	0.0125	+
	劳均播种面积（公顷/人）	0.0125	+
	农业科技进步贡献率（%）	0.025	+
	第一产业人员占比（%）	0.0125	-
	单位播种面积农机总动力数（千瓦/公顷）	0.025	+
	有效灌溉率（%）	0.0125	+
	农村居民家庭劳动力高中及以上占比（%）	0.0125	+
	三农支出占国家财政支出比重（%）	0.0125	+
	城乡文化程度差距	0.125	
产出水平	劳均农业 GDP（万元）	0.0625	+
	农业劳动生产率（元/人）	0.03125	+
	土地生产率（元/公顷）	0.03125	+
	城乡产出水平差距	0.125	-
社会发展水平	农村居民家庭人均纯收入（元）	0.015625	+
	恩格尔系数（%）	0.015625	-
	乡村人口比重（%）	0.03125	-
	农村每千人卫生技术人员（人）	0.015625	+
	农民技术培训学校毕业生占农村常住人口比重（%）	0.015625	+
	乡村每万人桥梁数（座/万人）	0.015625	+
	乡村每万人道路长度（千米/万人）	0.015625	+
	城乡收入差距	0.0375	-
	城乡食品消费结构差距	0.0375	-
	城乡医疗水平差距	0.05	-
可持续发展水平	森林覆盖率（%）	0.125	+
	农用化肥单位面积施用折纯量（吨/公顷）	0.0625	-
	农作物受灾和成灾面积占农作物播种面积比重（%）	0.0625	-

通过计算可知，1990—2007 年，我国农业现代化处于起步阶段（除 2005 年），2008—2014 年处于发展阶段。其中，1990 年全国指数达到 0. 27，2014 年全国指数为 0. 61，总体上升速度较快，说明农业现代化从整体上看已处于农业现代化发展阶段。

表 3 –3　农业现代化发展综合指数

年份	全国农业现代化综合发展水平
1990 年	0. 274148
1991 年	0. 103967
1992 年	0. 103967
1993 年	0. 103967
1994 年	0. 103967
1995 年	0. 296247
1996 年	0. 103967
1997 年	0. 103967
1998 年	0. 321029
1999 年	0. 305466
2000 年	0. 280657
2001 年	0. 294253
2002 年	0. 314638
2003 年	0. 324443
2004 年	0. 370417
2005 年	0. 421981
2006 年	0. 388351
2007 年	0. 401493
2008 年	0. 491974
2009 年	0. 52647
2010 年	0. 530849
2011 年	0. 518562
2012 年	0. 557697
2013 年	0. 568409
2014 年	0. 613838

资料来源：根据《中国统计年鉴》《中国农村统计年鉴》《中国人口与就业年鉴》《中国城乡建设统计年鉴》数据计算所得。

（2）东中西部地区现代农业发展水平的差距明显

根据周迪、程慧平（2015）的研究表明，在考察期内（2001—2012），我国农业现代化整体水平按照东中西部的地理划分梯度递减。排名较高的5个地区是北京、上海、浙江、福建、天津，都位于我国的沿海地区。而排名后5位的地区分别是甘肃、贵州、青海、山西、宁夏，这些地区都位于我国的中西部。可见我国农业现代化水平存在着明显的区域差异。中西部地区的农业科技资源、人才资源明显更加匮乏，农业现代化发展中所需的人力和技术支持远远落后于东部地区。同时，中西部地区经济发展水平相对较弱，财政支农资金有限。工业反哺农业、城市支持农村的力度较小，不能有效将现代要素引入到农业中，这也导致其农业现代化的发展水平较低。

（3）省际间的农业现代化发展水平差距逐渐缩小

从中国各省份农业现代化发展水平类型划分从各发展水平类型的省份个数看，2001年低水平类型的省份数量最多，共有11个省份，除了四川之外，其他所有的西部地区省份都为低水平类型。其次为高水平地区，共有8个省份，主要都位于我国的沿海地区，从北方的京津一直到南方的广东。属于中低水平类型的省份有7个，主要位于东北和中部地区。而中高类型地区最少，仅有辽宁、河北、湖南、江西和海南5个地区。随着时间推移，可以看到，西部地区农业现代化水平有了较快发展，2004年，新疆率先摆脱低水平类型，2008年，内蒙古、西藏、陕西等地区相继超越低水平类型，而到了2012年，云南，贵州也上升一个类型。相反高水平类型的省份在2008年之前变化较小，一直都是沿海地区省份，但2012年这种格局被打破，中部的湖北省进入高水平阵营，同时，整体高水平区域逐渐由东部沿海往东南沿海转移。可见我国农业现代化发展水平差距逐渐缩小，呈现出从西北到东南沿海水平逐渐上升的空间格局。

2. 我国农业现代化发展模式

对于我国农业现代化不同的分类方式会有不同的模式，在此，本课题主要不同标准将农业现代化发展模式进行如下划分。

（1）区域发展带动型

所谓区域发展带动型模式是指依托一个特定区域内的产业发展、社会事业发展为基础，将工业与农业、城市与农村视为一个整体来谋划，把“以城带乡、以工促农”作为发展现代农业的长效机制，以农业科技园区作为中心，通过制度创新和政策支持，促进资金、技术、人才、知识、信息等生产要素由城市和工业流向农村和农业；重点发展区域内特色农业产业，培育农业龙头企业，提高农民组织化程度，实现整个区域内的农业现代化，整体推进工业化、城市化和农业现代化进程。本课题重点分析城市群带动型以及沟域经济带动型。

城市群发展带动型

主要是指依托集聚在特定区域的城市群优势来推动现代农业经济的发展。这个模式的典型代表是珠江三角洲。2004 年广东进入全面实现农业现代化阶段。依托珠三角的科技管理优势，运用现代管理方法管理农业。如东莞市全面推广农村集体财务电算化管理、南海市全面实行农村经济社会数据化管理，将农村集体资产、集体财务、土地承包、项目合同、计划生育等纳入了计算机管理系统。广东农产品中心批发市场运用先进的计算机网络技术和数据库，将市场与世界各地的大型农副产品批发市场和交易中心联系起来，在国内率先试行实物市场与电子商务相结合。依托珠江三角洲城市群的资金优势，建立了多元化的资金投入机制。依托珠江三角洲的社会经济优势，推动农业技术集聚平台的建立，打造了集科研、推广、农民素质培训于一体的科技支撑平台。利用外向型经贸优势，引进优质品种，建立农副产品出口基地，外向型农业得到全面快速发展。珠江三角洲形成了以花卉蔬菜、水产畜牧为主的现代农业产业结构，以都市农业、生态农业和休闲农业为抓手的多功能农业体系。依托农业科技园区，全面推进现代农业发展，珠三角形成了以省级科技园为中心，以市级科技园为轴线的，覆盖整个区域的农业科技园网络，使珠江三角洲地区在农业科技园的舞台上发展现代农业。

沟域经济带动型

所谓“沟域经济”就是集生态治理、新农村建设、种植养殖业、民俗旅游业、观光农业发展为一体的山区区域经济发展新模式。集成各种要素来推动农业现代化发展的称为沟域经济带动农业现代化模式。这一模式的典型代表是北京市。京郊山区占北京总面积的62%，门头沟率先提出发展“沟域经济”的概念，将全区山区划为十八条沟，在借鉴门头沟经验的基础上，本着现代农业生态现行的理念，北京市推出“沟域经济”发展模式。北京全市具备发展沟域经济条件的沟域 229 条，目前已经具备一定规模并起到示范带头作用的沟域 17 条。通过发展旅游观光农业，拓展农业的多功能性，推动农业现代化发展，如以密云县汤河沟域“紫海香堤”、怀柔区的“雁栖不夜谷”、房山区的“十渡山水文化休闲走廊”、延庆县的“百里山水画廊”、门头沟区的“明清古建筑群”等旅游业的发展带动整个地区产业结构的优化和提升。目前，北京山区生态环境明显改善，农民收入快速增长，呈现出生态建设与农民增收协调互动的良好态势。

（2）农村发展改革创新驱动型

是指在农村发展建设过程中，以某些特定新的政策目标、发展战略，或者社会经济形态的变革为契机，充分整合各种政策和资源优势，为现代农业发展提供优良的硬件和软件条件，带动农业现代化建设的同步发展。如利用城乡一体化建设的契机，或者新农村建设的契机，推进农业现代化的发展。

以城乡一体化为方法促进农业现代化

加快城乡发展一体化带动模式，是指以城乡最终实现一体化为目标，在城乡一体化建设过程中，促进资金、土地、人才、技术等生产要素在城乡之间双向、自由和有序流动，特别是有利于促进城市工商资本带动现代技术和经营理念向农村流动，加快城乡公共资源配置一体化，促进公共资源向农村均衡配置，为农业现代化奠定基础。通过制度改革、资源整合、产业联动、要素优化配置、产业结构优化，以城乡一体化发展建设为契机，推动农业现代化和农民现代化的发展。

这个模式的典型代表是江苏苏州。城乡发展一体化是苏州率先提出并探索的创新实践，是苏州工作的特色、品牌和亮点。2008 年 9 月，江苏省委、省政府确定苏州为全省城乡一体化发展综合配套改革试点地区。2014 年获批国家城乡发展一体化综合改革试点以来，把握农村改革试验的重大任务，加强农村改革试验的组织领导，确定了城乡一体发展导向，建立健全城乡一体政策体系，加快形成城乡一体推进机制，积极探索具有苏州特色的农业现代化发展路径，率先实现农业现代化。建设过程中，在保持了江南鱼米之乡的特色和底蕴的同时，走出了一条“高水准、高技术、高效益”的三高农业现代化路径。全市已建成万亩规模以上现代农业园区 26 个，千亩以上 80 个，总面积达 95 万亩。加快培育和发展农业新型经营主体，全市有专业大户 15 217户，家庭农场 119 家，合作农场 186 家。全市土地流转率 90% 以上，农业适度规模经营比重 90% 以上。集体经济进一步壮大，2014 年全市农村集体资产总量达 1 409亿元，村均稳定性收入达 718 万元。“三大合作”组织累计达 4 412家，持股农户比例超过 96%，2014 年全市股份分红总额突破 35 亿元，其中，农村社区股份合作社分红达 13. 3 亿元。按照市委、市政府 1 号文件精神和城乡一体化三年行动计划，到 2016 年全市将建成 120 万亩基础设施配套、布局合理、功能完善、要素齐全、合作开放的现代农业园区。

新农村建设带动型

新农村建设带动型模式是指以建设新农村为契机，以各种制度改革和创新为重点，把发展现代农业作为首要任务，在新农村建设过程中实现农业现代化。

这个模式的典型代表是浙江省湖州市。湖州市地处浙江省北部，是一座具有 2300 多年历史的江南古城，东邻嘉兴，南接杭州，西依天目山，北濒太湖，与无锡、苏州隔湖相望。2006 年，湖州与浙大市校合作共建湖州市省级新农村实验示范区的“湖州模式”应运而生，“1381 行动计划”开始实施。“1”，就是建设一个社会主义新农村实验示范区，把整个湖州市—5 818平方千米作为新农村建设的实验示范区。“3”，就是着力构建科技创新服务、人才支撑和体制机制创新“三大平台”。“8”，就是全面实施产业发展、村镇规划、基础设施、生态环境、公共服务、素质提升、社会保障、城乡综合改革“八大工程”。最后一个“1”，就是实施百项以上重大项目。湖州市从建设农村新社区的大目标出发，进行全面的基础设施建设，为现代农业的发展提供了良好的发展硬件条件；通过高新技术板块的建立、人才培养和引进机制的成熟，提高了农业的科技含量和生产率；通过增加公共服务供给，培育出许多现代新型农民。这种以建立社会主义新农村为契机的农业现代化实现模式在实践中取得了显著成绩。2014 年，农业稳步发展，农林牧渔业总产值达 211. 42 亿元，小幅回落 0. 7%，新建成粮食生产功能区面积

11.0 万亩、现代农业园区 7.5 万亩，新认定省级现代农业综合区 4 个、主导产业示范区 5 个、特色农业精品园 13 个。

（3）产业集群带动型

产业集群是指同一产业以及相关产业的支持性产业的企业通过专业化分工，在同一地理位置上有效集中，从而形成一种有效的生产组织方式。由于特定产业集群的发展，对农业现代化的提升带动模式，就是产业集群带动模式，根据产业集群规模的不同，可以分为农业产业集群带动型和农业科技园区带动型。前者通常涵盖范围较大，面积较广，影响力更广泛；后者近些年也有向着产业集群发展的趋势，但是大部分呈现的是小产业集群的特点。

农业产业集群带动型

农业产业集群是指在接近农产品生产基地的一定区域范围内，同处或相关于某一特定农业产业领域的大量企业和关联支撑机构，由于具有共性或互补性而与农产品生产基地相对集中在一起，从而形成的一个有机群体。简单地讲，农业产业集群就是农业生产基地和农业关联产业在一定区域范围内的集群现象（尤晨等，2007）。

山东寿光在这一模式中很有代表性。寿光市位于山东半岛中部，渤海莱州湾南畔。寿光市是我国冬暖式大棚种植的发祥地，是著名的“中国蔬菜之乡”，是全国蔬菜集散中心、价格形成中心、信息交流中心和全国重点鲜活农产品批发市场。2012 年全市蔬菜种植面积达到 5.7 万公顷，蔬菜产量 444.55 万吨。寿光蔬菜批发市场实现了由产地输出型向中转集散型转变，外地蔬菜在寿光蔬菜市场的份额占到 90% 以上，让寿光蔬菜辐射到了全国 30 个省份和 10 多个国家和地区，带动了当地 80% 的农户进入了产业化经营体系。寿光也是全国蔬菜良种、农用地膜等农业生产资料的销售集散地和辐射中心。形成了以蔬菜生产、加工、销售、储藏于一体的蔬菜产业集群，是中国发展较好的农业产业集群之一。

农业科技园区带动型

所谓科技园区带动型模式，是指在发展成熟的现代农业科技园区的带动引领下，集聚人才、资金和技术优势，在政府引导、社会力量参与下，大力发展产业化经营，带动农业现代化的发展，提高农业的综合效益，示范、辐射带动农民增收。

这一模式的典型代表是上海市孙桥国家农业科技园区。上海孙桥现代农业园区位于浦东孙桥，1996 年正式对外开放。孙桥现代农业园区现被国家旅游局命名为“全国农业旅游示范点”。园内面积 4 平方千米，是全国第一个综合性现代农业开发区。孙桥现代农业园区完全摆脱了传统农业劳作方式，采用的是现代高科技技术来经营农业生产，使农业向现代化迈出了坚实的一大步。园区现入驻企业 60 多家，已形成种子种苗、设施农业、农产品精深加工、温室制造、生物技术、休闲观光和科普教育等六大主导产业。建成农产品追溯系统，以种苗源头、生产过程、产品流通三个方面为切入点，通过 RFID 技术的推广应用和电子商务平台的建设，将孙桥的追溯体系涵盖了从源头到餐桌的全过程。有完善的农业产业服务体系，农业宝典农务通，整合了病虫害诊治系统、农技知识系统、远程会诊系统等专业农业技术系统，集信息化技术和人工智能技术于一体，面向广大基层农业干部、农技人员和农民，提供便捷、全面、准确的农业信息技术服务。为上海农业的示范和引领做出了努力，发挥了示范、辐射、推广、服务的作用。

第四章　城镇化与农业现代化协调发展机制和现状

一、城镇化与农业现代化协调发展互动机制分析

新型城镇化是对传统城镇发展方式的扬弃，不是简单的城市人口比例增加和面积扩张，而是要在产业支撑、人居环境、社会保障、生活方式等方面实现由“乡”到“城”的转变。在“四化同步”的发展要求下，农业现代化是包括农业产业现代化、职业农民现代化、农村社会现代化三个方面，亦即是以“三农”问题解决为目标的综合体系（胡守勇，2014）。新型城镇化与农业现代化协调发展的机理主要体现在3个方面（图4－1）。

1. 要素互补

土地、资本、劳动力、科技、信息、制度、管理等要素是推进经济社会发展的必要条件。从要素供需动线向看，新型城镇化与农业现代化的要素供需存在着密切的互补关系。城镇化能够吸纳农村剩余的劳动力，为农业现代化提供科技、资金等的支持，提供先进管理理念，促进其快速发展。而农业现代化的农业产品的剩余，为城镇化的发展奠定了坚实的物质基础；农村剩余劳动力的转移也在一定程度上满足了城镇化对于人口的集聚需求；农民将其原本拥有的农村土地家庭联产承包经营权进行流转甚至完全放弃，有利于将土地集中到种田大户手中，为进行农业适度规模化生产经营管理提供基本物质条件，也为城镇化实现提供土地资源。

（1）农业现代化可以为新型城镇化提供建设所需的要素

新型城镇化是农业剩余劳动力的蓄水池。农业现代化的一个重要方面，是经营规模的逐步扩大和集约化经营，加速农业剩余劳动力的转移。城镇的发展需要大量的劳动力从事建筑业、工业和第三产业，农业人口逐步向城镇迁移。也就是说城镇化进程中大量劳动用工来源于农业现代化的劳动力溢出。

建设用地来源于农业现代化的农用地积攒。新型城镇化发展必然导致城镇数量的增加，城镇规模的扩大，这就需要加大土地供给，在现有建设用地供给日趋紧张的情况下，农业生产的现代化极大地提高了农业生产率，使农业用地更加集中，土地资源相对富裕，为城镇地域规模的不断扩大提供了便利。部分农用地转化为建设用地，特别是对城市周边农用土地的拓展和需求量日益加大，保障了城市建设对土地的需求。

城镇工业发展原料来源于农业现代化的农产品剩余。农业生产向现代化发展的过

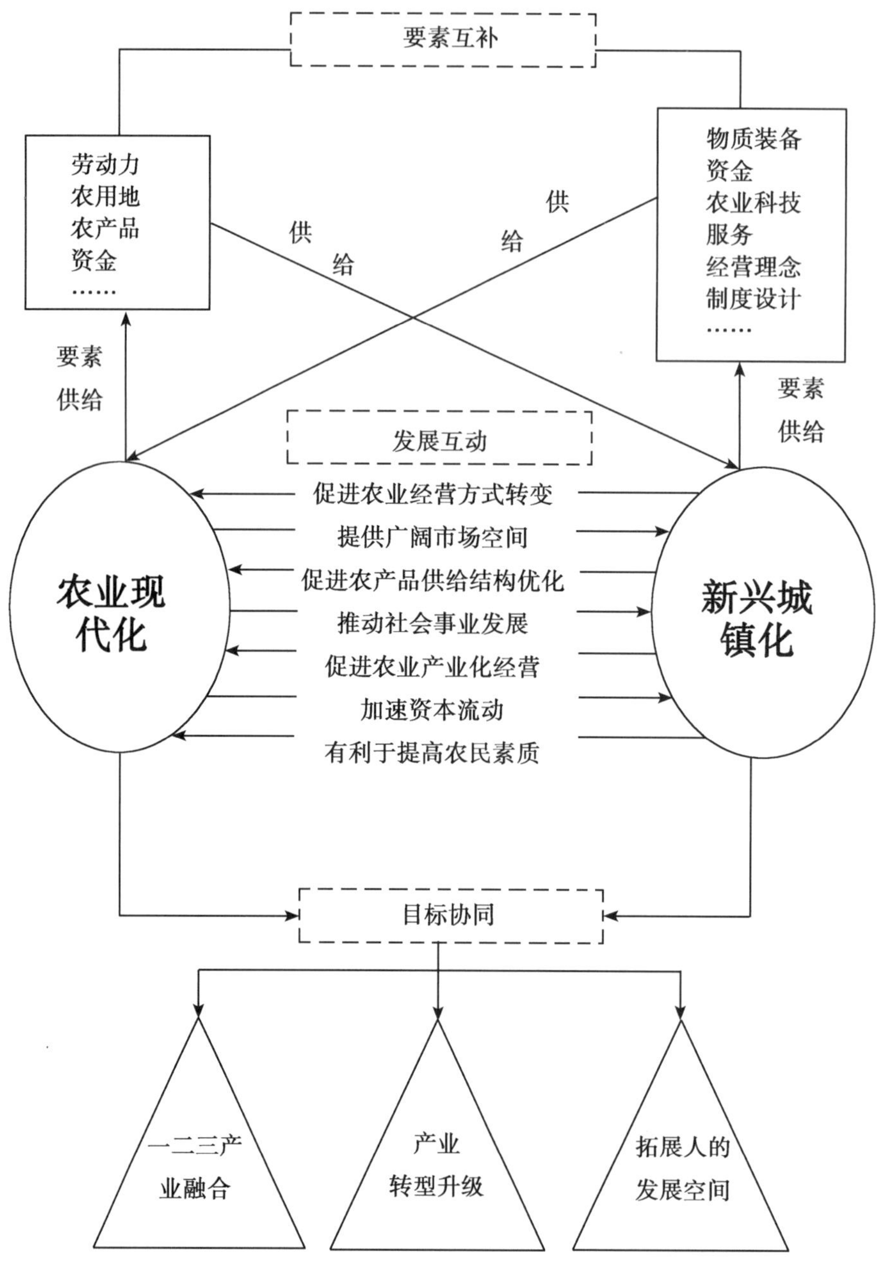

图 4－1　新型城镇化和农业现代化协调发展耦合图

程，为非农产业提供农业剩余的水平不断提高。城镇工业生产的许多原料如商品粮、棉、麻、丝等都是来自农业生产，没有农业的发展，工业发展只能是“无米之炊”、“无源之水”。农业剩余产品越充裕，则工业化进行的速度越快，推动城镇化发展越快。

农业现代化发展也可以为城镇化提供资金支持。城镇的基础设施和公益事业需要大量投资，而国家的财政是有限的。农业现代化的发展农业产业不再局限于生产，而是不断向纵深发展，促进了农产品附加值的提高，加快了农民致富的步伐，农业产业收益的不断增加、农业资本的不断积累，为当地城镇化建设可以提供一定的资本支持，由此推动城镇的发展和繁荣。

（2）新型城镇化为农业现代化提供优质要素资源

新型城镇化有利于促进城乡生产要素的合理分配和平等交换，改变生产要素单向流动的发展模式，促进乡镇中小企业的发展壮大，从而为农业现代化发展提供物质装备、技术和资金等方面的支撑。

农业现代化生产所需的物质装备来源于城镇。城镇化达到一定程度，城市能够为农村生产出足够的农业投入品，城镇中第二产业主要为农业提供基础设施、机械设备、农用物资等硬件服务，农业的装备条件才能得到改善，农业实现现代化才成为可能。

城镇化为农业现代化提供资金积累。扩大经营规模，装备现代物质技术，要求农业有较多的资金积累，城镇化的快速发展为农业现代化注入资金，通过要素配置改进、生产效率提高，农业现代化水平不断提升。

现代农业所需的农业科技来源于城镇。农业现代化的过程意味着农业生产机械化、农业高科技化，劳动力投入减少，这就需要从城镇中引进先进技术、先进设备，引进农业科技人才，与科研院校进行农业技术合作等。

农业现代化所需的产前、产中和产后服务来源于城镇。农业现代化发展需要有完善配套的农产品加工业和第三产业，为农业提供产前、产中、产后服务。这些服务往往分布在远离乡村的城市，作为连接大中城市和农村纽带，城镇的不断发展可以促进各种城市农业生产企业和农村社会化服务组织的发展，使农民能够方便地获得农业生产技术和市场需求信息。

农业现代化所需的经营理念来源于城镇。农业现代化全方位推进所涉及到的农业生产的管理理念、运行模式、保障体系等方面，同样萌生于城镇化过程中城镇二三产业前期的经验积累。

通过上述分析不难发现，新型城镇化与农业现代化的协调发展是有效解决彼此要素短板的有效途径。

2. 发展互动

新型城镇化和农业现代化在发展中存在着紧密的互动关系。新型城镇化在促进农业经营方式转变，促进农产品供给结构优化，农业产业化经营，提升农民素质方面，起到重要作用。而农业现代化发展的过程中，随着劳动生产率的提高，促进了非农产业从农业中独立出来，农民需求的增加促使城镇调整产业结构，加强基础设施建设，使城镇发展规模不断扩大，城镇化水平也将不断提升。

（1）农业现代化对城镇化促进作用

农业现代化为新型城镇化拓展市场空间。农业现代化的推进蕴藏的巨大市场需求，将有力带动城镇产业体系的发展，加快城镇化建设。主要体现在：一方面，规模化、机械化、科技化是农业现代化的基本特征和重要基础，农业现代化对农业机械、化肥、农药、现金技术、基础设施等工业产品有巨大需求。另一方面，农民收入的提高增加刺激了消费需求，其中劳动力大量流向城镇，扩大了这部分劳动力在城镇的商品市场需求，刺激城镇商品生产和商品流通的发展，这都为城镇相关产业的发展提供了良好的市场机会。

农业现代化推动城镇社会事业的发展。农业现代化生产力提高后，剩余劳动力向城市的流动，既有刺激城镇建设加快发展的外在压力，又有流动人口作为解决城镇经济发展所需劳动力的内在压力。从而促进城镇加快发展住房、交通、通讯、水电等基础设施的建设，带动医疗卫生、文化教育事业的发展。一方面，可以有效吸引劳动力的进入，另一方面，可以缓解大量农村剩余劳动力在城镇集聚，导致的交通、住房、水电等方面的压力。

农业现代化加快城镇化的资本流动。农业现代化的过程意味着农业生产机械化，农业科技创新加大，劳动力投入减少，这就需要从国内外引进先进技术、进口设备，而这些都促进资本流动。

（2）城镇化对农业现代化带动作用

新型城镇化的发展会促进农业经营方式的转变。城镇产业的发展以及城镇化集聚效应带来的公共服务和基础设施投资，产生了巨大的就业需求，为农村剩余劳动力的转移和就业创造了良好的条件。农业剩余劳动力向非农转移，会加快农地流转速度，可提高农民人均土地资源占有量，推动农村土地的相对集中和规模经营，为农业的专业化和适度规模化经营奠定基础，提高农业综合生产能力、抗风险能力和市场竞争能力，从而不断降低农业生产成本，提高农业生产率。

新型城镇化的发展会促进农产品供给结构优化。城镇化通过把大量的农村人口转变为城镇人口，新增的城镇人口对于农产品需求质量要求也会随之提高，需求结构也会相应改变，将巨大的潜在消费需求转变成现实消费需求，必然带动农产品市场需求结构的变化，拉动农产品消费需求质与量的提升，进而优化农业内部产业结构和产品结构，促进了农业产业结构的更新，从而有效带动农业现代化的发展。

城镇化是农业产业化经营的有力依托。城镇化的发展，通过相对便捷的交通条件、信息手段，把分散、封闭的农村市场纳入到以城市为中心的统一、开放的市场体系中，通过大力发展城镇，加强城镇连接大中城市和辐射农村的功能，可以促进各种城市中介组织和农村社会化服务组织的发展，为龙头企业创造良好的经营环境，孕育和培植大批龙头企业和农副产品交易市场。提供完善配套的农产品加工业和第三产业，为农业提供产前、产中、产后服务。

城镇化有利于提高农民就业机会和收入水平。伴随人口流动规模和频率的不断加大，城镇化的日益发展，就业岗位也日益增多，这些农业流动人口受到现代工业和城市文明的熏陶，开阔了视野，学到了本领，他们的市场经济意识、开放意识都会有很大的提高，把握就业机会的能力就会不断增强，会相应地带来远多于之前从事农业生产的收入。伴随着城镇化的发展，农民的素质也会逐步得到提升，高素质的劳动者将成为农业现代化的主角，这也客观的带动了农业现代化的发展。

3. 目标协同

新型城镇化和农业现代化在发展要素上充分互补，在发展过程中高度互动，这主要是基于两者目标有很强的协同性。

（1）一二三产业融合

农业现代化发展到一定程度必然需要一二三产业的高度融合。我们都知道，农业现代化不仅体现在农业的物质装备和资金投入方面，更要体现在农业的实际产出水平方面；不仅体现在农业生产本身的过程中，还要体现在农业的产前、产中和产后产业链条链接中；不仅体现在农业的技术层面，而且还表现在农业的组织层面、管理层面和制度层面等，农业现代化应该与第二和第三产业保持着密切的联系。如普通初级农产品的销售价格往往不尽如人意，但是如果能够进行深加工，或者能够得到有机认证、地理标识，或者能将农产品作为观光农业的副产品，则普通农产品的价值倍增，农户可以获得可观的收益。这一过程中，涉及到了农产品深加工、销售、物流及相关服务等多个环节，包含了农业现代化所需的理念、人才、技术投入和推广、投融资新、龙头企业带动等多个方面，是一二三产业融合的具体体现。

这样的产业融合是农业现代化发展过程中农村地区农户增收的切实需求，但是农村地区自身并不具备完善的二三产业条件，需要城镇二三产业作为补充，把新技术、新业态和新模式引进农业，用现代理念引领农业，用现代技术改造农业，提高农业竞争力，分享产业链延伸、产业功能拓展的好处。一方面，城镇非农产业部门为农业提供更多更好的产品与服务。如为农业生产提供更优质的化肥、种子、农业机械等农用物资；为农业生产提供金融、物流、深加工、销售等服务；为农业现代化培训具有科技才能、管理才能的新型职业农民。另一方面，城镇的经营理念有助于拓展农业发展思路，把农业初级产品与现代深加工工业结合起来，把农业与生态农业、观光休闲农业结合起来，充分挖掘农业资源价值，使农业增值。

新型城镇化建设也存在一二三产业融合的需求。新型城镇建设过程中往往承接了大城市的产业转移，二三产业较为先进，但是城镇自身的消纳能力毕竟有限，而一产主要分布的农村地区却有着广阔的市场空间。城镇可以利用与大城市相比离农村更近的地理优势，与周边农村地区的一产相融合，促进城镇二三产业更好地发展，撬动“城镇大市场”，提升城镇的经济发展水平。

随着农业现代化的发展和新型城镇化的推进，各种生产要素将突破地域、行业和城乡界限，使城镇的优势资源如技术、人才、物资、信息与农村的优势资源如土地、劳力、原料等要素实现有效互补，农业与工业、服务业之间的产业链条完整，运行流畅，趋向产业融合的新境界。

（2）产业转型升级

农业现代化发展需要产业转型升级。首先，城镇产业转型升级有助于提高城市吸引力——就业质量的提升、就业机会的增加、居民收入增长和社会保障能力的提高，这些优势可以为城镇发展吸纳足够的劳动力资源，其中包括城市建设的主力军农民工，劳动力的顺利转移，有助于更快更好地实现农业现代化。其次，农村产业结构升级，要求留在农村以农业生产为主业的新型经营主体，在一二三产业融合的时代背景下，必须与时俱进，不仅要掌握农业生产知识，还要具备信息分析、生产管理、组织协调等能力，农业劳动者的素质的提高将推动农业现代化建设的快速发展。第三，农业产业转型升级，可以促进农业结构向一体化、专业化、科技化、生态化方向发展，促进农业规模化、集约化经营，为三产融合创造外部经济环境，促进城乡二、三产业的发展壮大。产业转型升级中，一些环保绿色农业项目的推广和应用，更有利于资源的集约使用和环境的集中治理，为居民提供更好的生活生态环境，这与农业现代化的生态目标高度吻合。

新型城镇化建设水平的提升需要产业转型升级。首先，城镇化发展带来的收入水平提高和服务业水平提升，极大地改变了人们的生活方式和消费行为。伴随着人口集聚、劳动力结构转型、消费结构的调整，城镇化发展引发对居住条件、产品质量、生活服务设施、交通、环境等方面更高的需求，产业结构必须优化升级才能迎合大众消费需求的改变，从而提升城镇化水平。其次，城镇化建设注重产业升级和功能升级，有利于提高城镇建设的层次和品位，增强城镇在区域城乡经济社会发展中的作用。第三，农村产业转型升级能够促进对农产品生产、加工、销售和物流的有机结合的农业产业化的发展，可以吸引城镇农产品加工业的集聚和服务业的发展，可进一步推进一二三产业的融合发展，促进了城乡之间经济交流，可以使一部分农民从农业生产中转移出来，从事非农产业生产，为城镇化发展提供劳动力资源；产业转型升级带来的农业资金剩余也可以投向城镇化建设当中，有利于加快农村城镇化进程。

产业转型升级可更好地促进城镇化发展，提升城镇化建设水平，增加城市吸引力，促进非农劳动力转移，加速农业现代化建设进程。因此，产业结构升级成为新型城镇化和农业现代化发展的共同目标。

（3）拓展人的发展空间

新型城镇化建设和农业现代化建设都主张“以人为本”。伴随着人口合理聚集产生的新型城镇化，已经开始由偏重城市物质形态的扩张提升向满足人的需求、促进人的全面发展转变，由偏重数量规模增加向更加注重质量内涵提升转变，由偏重经济发展向更加注重经济社会协调发展转变，由偏重城市发展向更加注重城乡一体化发展转变。

对于城镇原有人口来说，在这一动态变化过程中，人的生产生活空间更加优质化，人的生存环境更加可持续化，城镇建设水平和层次得到很大提升，原有城镇人口机遇对新机遇的把握，通过消费水平的提升、投资能力的加强和创新空间的开拓，促进城镇化建设的快速推进。

对于农村人口来说，其一是流入城市的农业人口，如果能够获得户籍，在就业、生活、社会保障等综合方面均得到提升；即使没有获得户籍，也可以拥有比之前更多的就业机会，他们有的成为在城镇具有稳定住所、稳定经济来源、具有一技之长的稳定工作的非农产业工人，有的成为小产业的投资者，既享用城镇化建设提供的资源，又为城镇化建设作出巨大贡献。其二是农村的未转移农业劳动力，他们当中的很多成为农业经营大户，人均占有较高的农业资源量，会用心思经营自己的土地。通过农业现代化建设，用先进的农业科学技术武装自己，用市场经济观念引导自己，用企业管理理念提升自己，渐渐向懂技术、会经营、懂管理的现代新型农民转型，整体上提高了农业现代化建设的农业劳动力素质，助推农业现代化建设发展。可以说，农业现代化为留守的农村劳动力提供了自我发展提升的大好机会，城镇化为流入非农产业的农业人口提供了更好更完善的生存环境和就业机遇。

二、新型城镇化与农业现代化协调发展现状

1. 新型城镇化与农业现代化协调发展取得的成绩

(1) 固定资产投资不断增加

从表4－1可以看出，从2000—2014年，我国城镇和农村固定资产的投资都在不断增加，对城镇投资力度更大保持了年均21.66%的增长速度，到2014年达到512 020.7亿元。而农村固定资产投资也保持了年均9.80%的增长速度，到2014年达到10 755.8亿元。在建设资金累积效益的推动下，国家新型城镇化和农业现代化不断融合发展。

表4－1　城镇和农村固定资产投资情况

年份	城镇全社会固定资产投资（亿元）	农村农户固定资产投资（亿元）
2000	32 917.7	2 904.3
2005	88 773.6	3 940.6
2006	109 998.2	4 436.2
2007	137 323.9	5 123.3
2008	172 828.4	5 951.8
2009	224 598.8	7 434.5
2010	251 683.8	7 886
2011	311 485.1	9 089.1
2012	374 694.7	9 840.6
2013	446 294.1	10 546.7
2014	512 020.7	10 755.8
年均增加（%）	21.66	9.80

资料来源：《中国统计年鉴》，2015

(2) 农业人口落户城镇制度不断完善

2011年2月26日，我国出台了《国务院办公厅关于积极稳妥推进户籍管理制度改革的通知》。截至2013年6月26日，我国14个省（区、市）探索建立了城乡统一的户口登记制度，18个省（区、市）根据《通知》出台了具体实施意见，初步为农业人口落户城镇开辟了通道。2010年至2012年，全国农业人口落户城镇的数量为2 505万人，

平均每年达835万人。之后，我国进一步推进户籍制度改革，2014年7月30日公布的国务院《关于进一步推进户籍制度改革的意见》，内容包括调整户口迁移政策、创新人口管理等内容，将建立城乡统一的户口登记制度。到2020年，我国将基本建立新型户籍制度，努力实现1亿左右农业转移人口和其他常住人口在城镇落户。标志着我国实行了半个多世纪的“农业”和“非农业”二元户籍管理模式将退出历史舞台，为进一步推进城乡一体化减少了户籍制度的障碍。

大部分地区取消农业、非农业户口区分。2016年4月25日，上海对外公布《关于进一步推进本市户籍制度改革的若干意见》。至此，目前中国出台户籍制度改革方案的省份增加到29个。包括河北、河南、山东、山西、陕西、江西、湖南、湖北、广东、广西、黑龙江、吉林、辽宁、重庆、云南、甘肃、青海、福建、江苏、安徽、贵州、四川、新疆①、宁夏、浙江、海南、内蒙古、天津、上海。上述地区大都在本地的户籍制度改革方案中明确提出，取消农业户口与非农业户口性质区分，一些地方还提出了具体的实施时间表。譬如，上海提出，取消本市农业户口与非农业户口性质区分，统一登记为居民户口；安徽提出，户口登记不再标注户口性质，不再出具关于户口性质的证明；贵州提出，从2015年6月1日起，在“户别”栏不再登记农业或非农业，统一登记为家庭户或集体户。

部分地区放宽落户条件。对于户籍制度改革，民众最关心的问题之一是，能否比较容易地圆“城市梦”？与国家版的意见相比，不少地区的方案降低了落户门槛，落户条件更为宽松。

按照国家版的户籍改革意见，要全面放开建制镇和小城市落户限制，有序放开中等城市落户限制，合理确定大城市落户条件，严格控制特大城市人口规模。相比之下，一些省份全面放开落户限制地区的范围更大。如，四川提出“全面放开大中小城市和建制镇落户限制”；山西提出“全面放开建制镇和中小城市落户限制”，贵州也提出“全面放开中、小城市和建制镇落户限制”等。

对于大城市的落户条件，国家版的户籍改革意见规定“大城市对参加城镇社会保险年限的要求不得超过5年”，而河南缩短为“不得超过2年”，安徽缩短到“不得超过3年”。

在2015年出台户籍制度改革意见的基础上，内蒙古近期专门出台了《关于进一步调整户口迁移政策加快户籍制度改革的实施意见》，放宽呼和浩特市、包头市市区的落户条件。呼和浩特市、包头市市区取消参加城镇社会保险落户条件，扩大合法稳定就业认定范围，进一步放宽户口准入条件。

在特大城市落户方面，“建立完善积分落户制度”成为其“标配”。上海提出，深化完善积分落户政策。以具有合法稳定就业和合法稳定住所、参加城镇社会保险年限、连续居住年限等为主要指标，合理设置积分分值。

四川提出，改进成都市现行落户政策，建立居住证积分入户制度；湖北提出，科学

① 全书中，新疆维吾尔自治区简称新疆，宁夏回族自治区简称宁夏，内蒙古自治区简称内蒙古，西藏自治区简称西藏，广西壮族自治区简称广西。

控制武汉市人口规模，合理设置落户积分分值，建立积分落户制度。陕西则提出，西安市根据城市综合承载能力和经济社会发展需要，按照“总量控制、公开透明、有序办理、公平公正”的原则，以合法稳定就业、合法稳定住所（含租赁）、参加城镇社会保险年限、连续居住年限、文化程度、专业职称（职业技能）、个人诚信记录等为主要指标，合理设置落户积分分值，建立积分落户制度。

（3）城镇和农村基础设施和服务设施水平不断完善

城镇基础设施和服务设施情况

城市情况：2014 年年末，全国有城市 653 个，其中直辖市 4 个，地级市 288 个，县级市 361 个。

2014 年完成城市市政公用设施固定资产投资 16 246.9亿元，占同期全社会固定资产投资总额的 3.17%。其中，道路桥梁、轨道交通及园林绿化占据了投资总额的前三位，占比分别为 47%、20% 及 11%（图 4－2）。

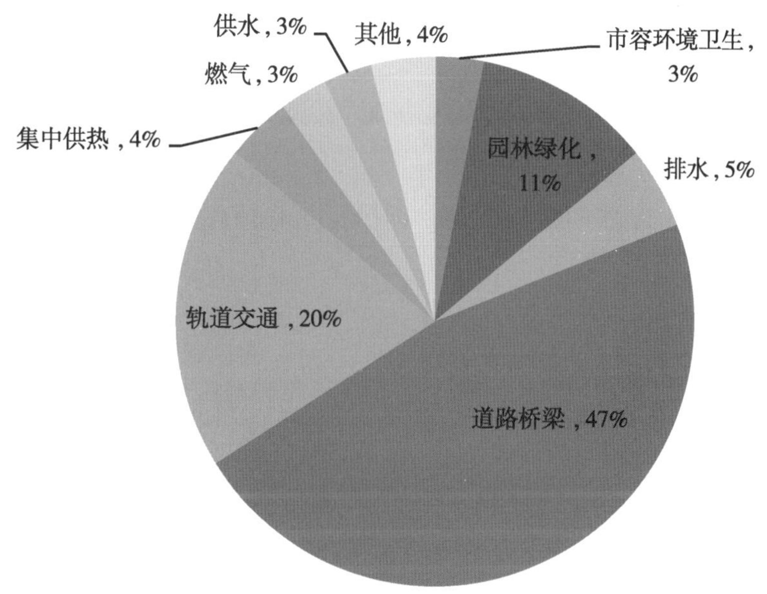

图 4－2　2014 年按行业分市政公用设施固定资产投资

资料来源：中华人民共和国住房和城乡建设部：《2014 年城乡建设统计公报》. http://www.mohurd.gov.cn/wjfb/201507/t20150703_222769.html

从表 4－2－2 可以看出，近十多年来，我国城市基础设施水平和服务设施水平不断提高。在满足城镇居民的日常用水和用气的普及率得到了极大的提高，2014 年分别达到 97.64% 和 94.56%，比 2004 年高 8.8% 和人 13.1%。人均城市道路面积这一公共设施水平更是由 10.34 平方米增加到 15.34 平方米。城市桥梁建设也在增加到 61 872座，比 2004 年增长了 21.10%。轨道交通运营线路总长度 2014 年为 2 816千米，是 2006 年的 4.53 倍。城市污水日处理能力增加了 1 倍，2014 年达到 15 124万立方米。生活垃圾无害化处理率达到 91.77%，比 2004 年增加了 39.7%。人均公园绿地面积也增加了 5.69 平方米/人，达到 13.08 平方米/人。每万人拥有城市执业（助理）医师数（人）

增加了13人，达到2014年的35人，医疗水平得到很大提升。普通高等学校数量也增加了795所，达到2 529所。可见，服务于城市居民的生活、医疗、教育、环境等基础设施及服务设施水平在新型城镇化建设中不断趋于完善。

表4－2　城市基础设施和服务设施变化情况

序号	指标	2004年	2014年
1	城市用水普及率（%）	88.8	97.64
2	城市燃气普及率（%）	81.5	94.56
3	人均城市道路面积（平方米）	10.34	15.34
4	城市桥梁（座）	51 092	61 872
5	轨道交通运营线路总长度（千米）	621（2006年数据）	2 816
6	城市污水日处理能力（万立方米/日）	7 387	15 124
7	生活垃圾无害化处理率（%）	52.1	91.77
8	人均公园绿地面积（平方米/人）	7.39	13.08
9	每万人拥有城市执业（助理）医师数（人）	22	35
10	普通高等学校学校数（所）	1 734	2 529

数据来源：国家统计局. http://www.stats.gov.cn/tjsj/.

注：因轨道交通运营线路总长度缺失2004年的统计数据，故选用最早统计数据，也就是2006年的数据.

县城情况：2014年年末，全国共有县1 596个。2014年，县城市政公用设施投资3 571.0亿元。其中，排前三位的投资为道路桥梁、园林绿化和排水，比重分别为53%、15%和8%（图4－3）。

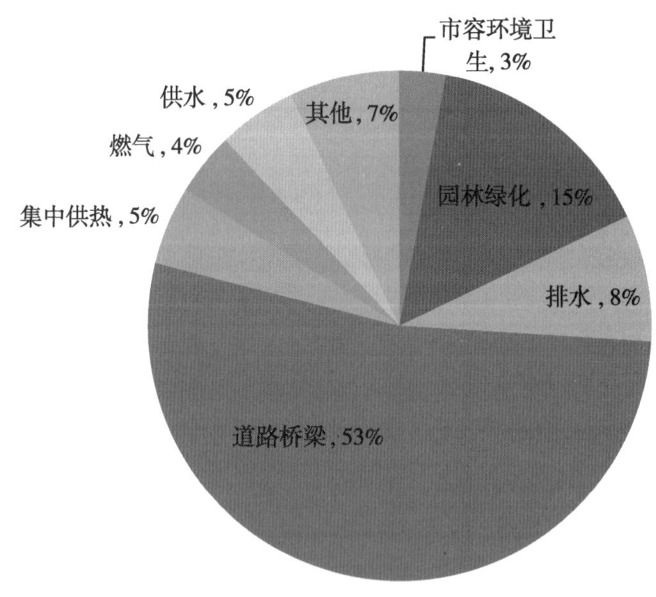

图4－3　2014年按行业分县城市政公用设施固定资产投资

资料来源：中华人民共和国住房和城乡建设部：《2014年城乡建设统计公报》. http://www.mohurd.gov.cn/wjfb/201507/t20150703_222769.html

表 4 -3 县城公共设施变化情况

序号	指标	2010 年	2014 年
1	县城用水普及率（%）	85.14	88.89
2	县城燃气普及率（%）	64.89	73.23
3	县城道路面积（亿平方米）	17.6	24.1
4	县城污水处理率（%）	60.12	82.11
5	公园绿地面积（万公顷）	10※	15.5
6	普通中学数（所）	11 924	10 757
7	医院、卫生院卫生技术人员数（人）	808 590	1 088 906

数据来源：指标 1 -5 中的相关数据来自中华人民共和国住房和城乡建设部：《2014 年城乡建设统计公报》. http：//www. mohurd. gov. cn/wjfb/201507/t20150703_ 222769. html。

指标 6 -7 数据根据《中国城市统计年鉴（2015）》中相关数据加总计算获得。

※为根据《2014 年城乡建设统计公报》中图表位置估计的数据，大约为 10 万公顷。

从表 4 -3 来看，2010 年至 2014 年的 4 年间，县城的公共设施水平也得到很大改善。用水普及率达到 88.89%，比 2010 年增长 3.75%；燃气也增加了 8.34%，达到 2014 年的 73.23%；道路面积增长了 36.93%，达到 24.1 亿立方米；污水处理率也由 60.12% 提高到 82.11%；公用绿地面积大约增加了 5.5 万公顷（2014 年为 15.5 万公顷）。普通中学数有所下降（2014 年为 10 757所），减少了 1167 所。医院、卫生院卫生技术人员数 108.89 万人，增加了 28.33 万人。

建制镇情况：截至 2014 年末，全国有建制镇 20 401个，建制镇建成区面积 379.5 万公顷。建设总投资 7 172亿元。建制镇建成区用水普及率达到 82.77%，人均日生活用水量为 98.68 升，燃气普及率达到 47.8%，人均道路面积 12.6 平方米，人均公园绿地面积 2.39 平方米。

农村基础设施和服务设施情况

2014 年，乡建成区总投资 671 亿元，镇乡级特殊区域建成区 171 亿元，村庄 8 088 亿元。乡建成区用水普及率 69.26%，人均日生活用水量 83.08 升，燃气普及率 20.3%，人均道路面积 12.6 平方米，排水管道暗渠密度 3.83 千米/平方千米，人均公园绿地面积 1.07 平方米。镇乡级特殊区域建成区用水普及率 86.95%，人均日生活用水量 82.76 升，燃气普及率 50.3%，人均道路面积 15.95 平方米，排水管道暗渠密度 5.25 千米 /平方千米，人均公园绿地面积 3.15 平方米。2014 年年末，村庄内道路长度 234 万千米，其中硬化路 72 万千米，道路面积 185 亿平方米，其中硬化路 55 亿平方米。村庄内排水管道沟渠长度 54.2 万千米。全国 62.5% 的行政村有集中供水，9.98% 的行政村对生活污水进行了处理，63.98% 的行政村有生活垃圾收集点，48.18% 的行政村对生活垃圾进行处理。

（4）公共服务水平稳步提升

城镇市民公共服务水平提升情况

社会保险领域：截至2014年底，职工和城乡居民基本养老保险参保人数合计达到8.42亿人，总体覆盖率已到80%左右。城镇职工基本养老保险参保人数达到34 124万人，比上年底增加1 906万人，增长5.9%。参加失业保险人数17 043万人，领取失业保险金人数207万人，全年月人均失业保险金水平为852元人民币。医疗保障方面，城乡基本医疗保险覆盖率超过95%

保障性住房建设方面：2011年至2012年，全国开工建设城镇保障性安居工程住房1 824万套，比“十一五”期间开工总量还高12%左右；基本建成1 033万套，相当于“十一五”期间建成总量。2014年，全国各级财政共筹集安居工程资金5 601.55亿元（其中中央财政资金1 984亿元），安居工程建设其他相关单位通过银行贷款、发行企业债券等社会融资方式筹集安居工程资金10 631.77亿元。2014年全国安居工程实际新开工745.05万套，基本建成551.46万套，分别完成目标任务的102.2%、112.02%。2014年当年享受安居工程保障的城镇人口达3 990.68万人，同比增加26.36%。同时，2014年，全国共有567.45万名新就业无房职工、在城镇稳定就业的外来务工人员和进城落户农民享受了公共租赁住房保障，同比增加35.65%。

农村流动人口公共服务水平提升情况

2014年全国农民工总量达到27 395万人，比上年增加501万人，其中外出农民工16 821万人。年末全国参加城镇职工基本养老保险人数为34 124万人，比上年末增加1 906万人，其中，参加城镇职工基本养老保险的农民工人数为5 472万人，比上年末增加577万人。年末全国参加城镇基本医疗保险人数为59 747万人，比上年末增加2 674万人，其中，参加城镇基本医疗保险的农民工人数为5 229万人，比上年末增加211万人。全国参加失业保险人数为17 043万人，比上年末增加626万人，其中，参加失业保险的农民工人数为4 071万人，比上年末增加331万人。此外，农民工子女接受义务教育方面，2014年中央财政安排农民工随迁子女接受义务教育奖励资金99.62亿元，随迁子女在公办学校就学比例达到80%以上。

(5) 劳动力加速转移，城镇化率不断提高，农村人口持续减少

在我国城镇化和农业现代化经历了一个速度快发展的过程中，实现了城镇人口由少到多，乡村人口由多到少的变化，从图4-4中看到的是一个城镇人口和乡村人口变化的剪刀差。2000—2014年，城镇化率从36.22%提升到54.77%，城镇人口从45 906万人增加到74 916万人；而乡村人口顺利实现了农村劳动力向城镇的迁移，人口从80 837万人减少到61 866万人，比重由63.79%下降到45.23%。

2. 新型城镇化与农业现代化协调发展的不足之处

(1) 农村经济与城镇经济脱节

城镇化的过程不仅是人口和产业的绝对空间位移的过程，更是用城镇健康合理的经济发展方式、生产生活方式和现代文明理念改变农村，在全社会逐步得到推广的过程。但是，目前我国城镇经济具有规模经济、集聚经济、现代经济的特点，特别是三个城市群的发展，正向着国际化大都市的方向迈进；而我国农村经济大部分都是典型的小农经

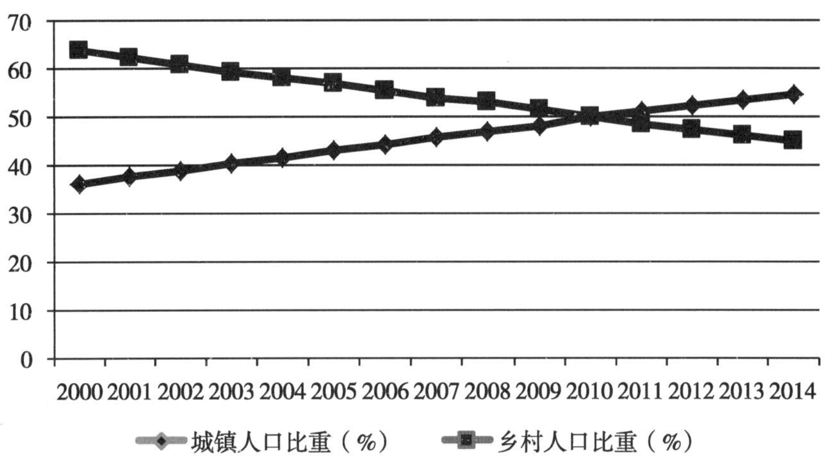

图 4－4　我国城镇人口和乡村人口占比的变化

资料来源：《中国人口和就业统计年鉴》，中国统计出版社，2015

济、分散经济和传统经济，这与集约高效的农业现代化还有相当的距离。可见，当前的农村经济发展形态与城镇经济发展形态和效率方面差距较大。

现代企业制度已普遍在城镇工业和服务业等非农产业中建立起来，而农业企业化则由于农业的弱质性、投资回收周期长、风险大等弊端，生产程度整体较低，现代农业企业的带动能力也不足。2000 年，我国 50% 的就业人员集中在第一产业，而创造的产值仅占国内生产总值的 14.7%，尽管 2014 年生产效率低下的状况有所改观，由 29.5% 的一产就业人员，创造了 9.2% 的第一产业产值（表 4－4）。可见，城镇经济的一些高效、集约、先进的经营模式与管理理念，在农村经济发展中的影响力还较弱，我国农业生产效率不高，农村经济多元化、正规化发展水平依然滞后。

表 4－4　第一产业就业和产值

年份	第一产业就业		第一产业产值	
	第一产业就业人数（万人）	构成（%）	第一产业产值（亿元）	占比（%）
2000	36 043	50.0	14 716.2	14.7
2005	33 442	44.8	21 803.5	11.7
2006	31 941	42.6	23 313.0	10.7
2007	30 731	40.8	27 783.0	10.4
2008	29 923	39.6	32 747.0	10.3
2009	28 890	38.1	34 154.0	9.9
2010	27 931	36.7	39 354.6	9.6
2011	26 594	34.8	46 153.3	9.5
2012	25 773	33.6	50 892.7	9.5

（续表）

年份	第一产业就业		第一产业产值	
	第一产业就业人数（万人）	构成（%）	第一产业产值（亿元）	占比（%）
2013	24 171	31.4	55 321.7	9.4
2014	22 790	29.5	58 336.1	9.2

资料来源：《中国统计年鉴》，2015。

（2）农业与现代工业和现代服务业脱节

推进农村一、二、三产业融合是顺应国内外产业发展新趋势的必然要求。从国际看，随着信息技术的快速革新，产业融合已成为世界经济发展不可阻挡的潮流，不同产业或同一产业内不同行业之间相互交叉、相互渗透、相互融合，产业边界为了适应增长而日渐模糊或消失。从国内看，在新常态新要求下，我国的产业结构正在进行深度优化调整，产业发展与国际接轨、跨行业跨领域融合发展的步伐空前加快。推进农村一、二、三产业融合发展，有利于促进二三产业的管理、技术、资本、人才等现代经济要素更好地融入农业，提升农业发展水平；有利于扩大农村产业规模和就业容量，拓展农民就业增收空间；有利于聚集农村人气和改善农村人员结构，促进农村社会繁荣稳定。但是现阶段，我国的发展实际是，整体上农业发展还相对孤立，与现代工业、现代服务业以及与整个社会经济的发展相脱节，资源利用率低下。

从产业链上看，生产－加工－销售等环节之间缺少稳固的联系与合作，相互脱节。在农村地区，一方面，工业产品生产供应与农业需求相脱节，农民的农业生产资料供给得不到满足，也就是供给的并不是农民真正需求的。另一方面，即使在农村有一些深加工企业，往往规模较小、实力较弱、竞争力不强，难以形成聚集效应和规模经济，大都对农产品进行简单加工，难以产出高附加值的产品，商品率低。第三方面，针对农产品市场需求与销售方面的信息、金融、法律、宣传等社会服务较少，人才培养与农业需求脱节，农业技术人员严重短缺等。而城镇地区，是加工区、销售区和服务区主要分布地区，则主要表现为上游农产品基地建设滞后，原料多通过市场收购。受市场信号传导滞后效应和蛛网效应的影响，农民生产的农产品与加工和市场的需要不相匹配，价格波动大，原料供应不稳定。加工企业买不到优质专用的农产品，如有些企业欢迎的优质品种，产量较低，农民只有在优质也优价的前提下才愿意种植，否则就会选择种植高产的品种，从数量优势上实现经济效益，而不会去考虑企业的需求，产业链各环节处于脱节状态，也带来了农业生产资料的供应不规范和农产品销售体系不健全等问题。

从价值链上看，产中环节的收益与产后环节的收益脱节。在农业价值链的构成中，农产品生产端的处于价值链的最底端。然而，由于我国农民数量众多，没有强有力的组织谈判能力，在价值链中只能处于末端的位置，难以分享加工和流通环节的增值收益，就连生产环节的收益由于农业受自然因素影响较大的特点也不能完全得到保证。如果纯粹地从市场和经济的角度来看这个问题，出现这种局面具有一定的现实必然性。然而，从城镇化和农业现代化“以人为本”的准则，实现共同发展的理念，一二三产业融合的国内外形势，农民不能分享价值链上的增值收益，有失公平。

（3）农民与城镇市民脱节

实现农业现代化需要拥有大批具有现代知识和现代理念的农民。长期以来，受体制、政策等多方面的影响，我国广大农民与城镇市民几乎生活在两个完全不同的世界里。仅从我国城镇和农村在固定资产投资方面来看，2000 年以来两者都在增加，但是两者的差距也在飞速增长，2014 年差距达到 501 264.9亿元，是 2000 年的 16.70 倍（图 4－5）。类似的情况也普遍发生在城镇化和农业现代化建设投资的方方面面。因此，基础设施差、公共服务水平低、社会信息量小等使农民的整体素质与竞争力明显落后于城镇市民，导致农业的生产经营水平无法与城镇非农产业相提并论，现代化水平与速度也相差甚远。

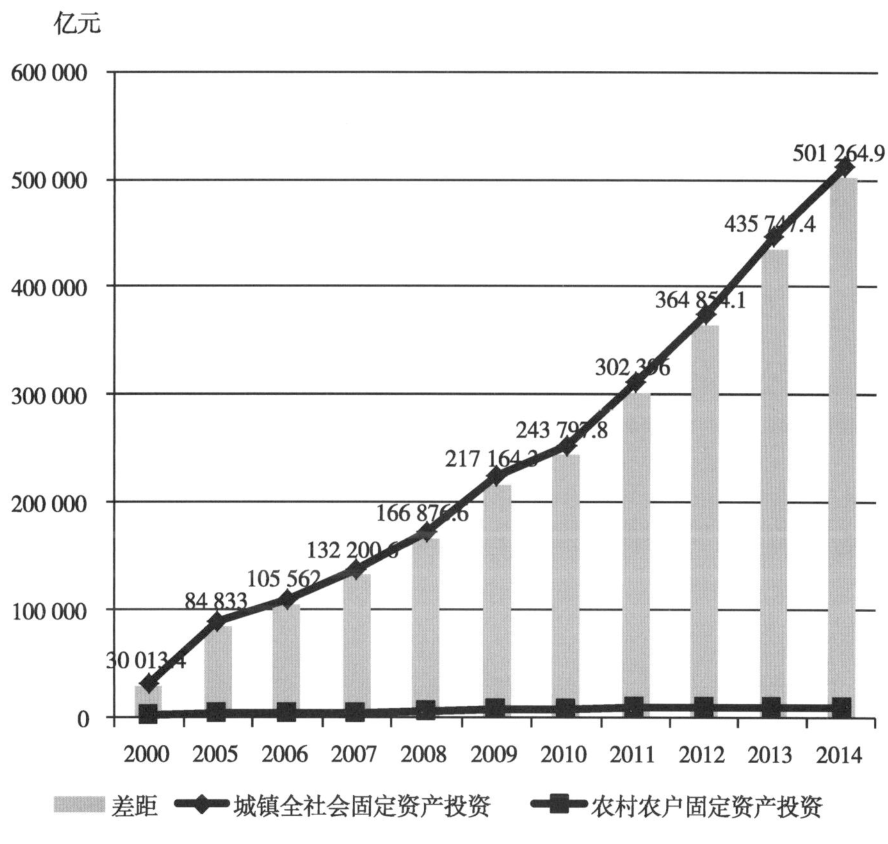

图 4－5　城镇和农村固定资产投资情况

随着经济社会的发展，越来越多的农村剩余劳动力进入城镇务工。但同样由于他们的整体竞争力低于城镇原有居民，大多只能从事技术水平含量不高，报酬收入较低的工作，生活也处于城镇的最底层。如从事保安、建筑工人、保洁、绿化工人、环卫工人等工作，居住在城乡结合部，或者居住在空间狭小，条件很差的其他地区。城镇居民可支配收入和农民人均纯收入之差打上了农民与市民脱节的收入烙印（图 4－6）。尽管在城镇的生活非常艰苦，比城镇居民收入低，可巨大的城乡差距仍吸引他们不断进入并留在城镇。但是牢牢附属在户口上的种种权利与福利，把不能获得城镇户口的农村流动人口与城镇社会残忍地割裂开来。我国农民与城镇市民格格不入的状态，使得城镇化进行得并不彻底。目前，我国有2.44亿农民虽长期生产生活在城镇地区但仍不能有机融入当地社会，成为“非城非乡”“亦工亦农”的另类群体，这显然对新型城镇文明建设是十分不利的，对于减少农业人口的国家目标也是不利的。

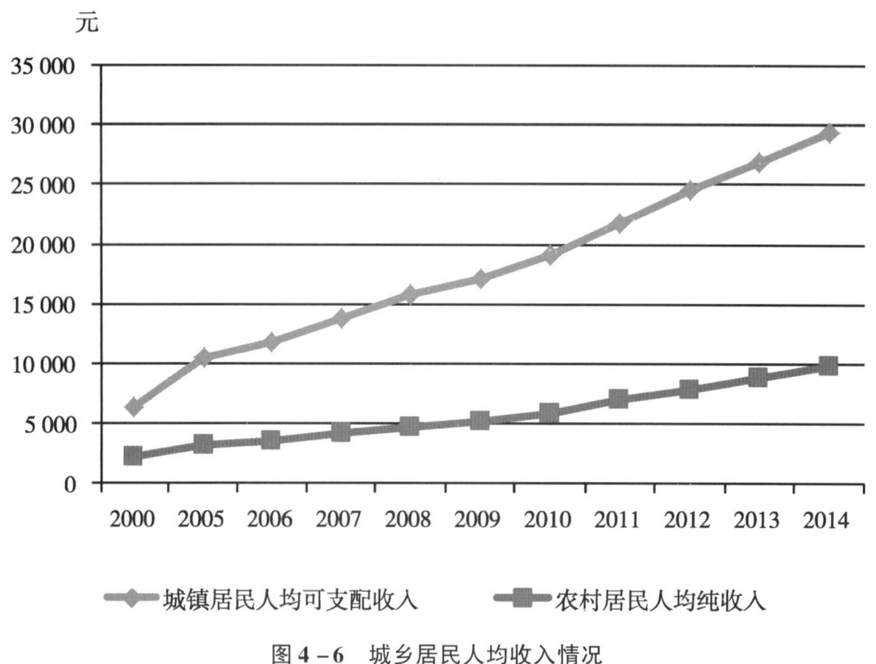

图4－6　城乡居民人均收入情况

三、城镇化与农业现代化发展的协调程度实证分析

1. 研究方法与数据处理

(1) 耦合协调度模型的建立

借鉴王永明等（2011）的研究城市旅游经济与交通发展耦合关系时的做法，建立耦合协调度模型，该模型来源于物理学的容量耦合系数模型，可以用来研究多系统之间的协调作用关系，耦合是指两个或两个以上系统或运动形式通过各种相互作用彼此影响以至协同的现象，是在各子系统之间的良性互动下，相互依赖、相互协调、相互促进的动态关联关系。因此，利用耦合协调度模型可以很好的定量衡量城镇化与农业现代化之间的相互作用关系。具体的计算公式为：

$$C_n = \{(u_1 \times u_2 \times u_3 \cdots \cdot \times u_n) / \prod (u_i + u_j)\}^{1/n} \qquad \text{公式 (1)}$$

由于只是研究城镇化与农业现代化两系统间的关系，因此 n＝2，得到系统间的耦合度模型：

$$C_2 = \{(u_1 \times u_2)/(u_1 + u_2)^2\}^{1/2}$$ 公式（2）

其中 C_2 为两大系统的耦合度，u_1 与 u_2 分别为综合评价指数具体序列值。当耦合度接近于1时，两系统达到很好的共振耦合状态，系统间相互促进作用最强；当耦合度接近0时，二者处于无序发展的状态，系统因素之间没有相互作用，甚至发生拮抗作用。实践表明，上述模型对于分析城镇化与农业现代化之间的作用强度是较好的指标，却不能揭示二者的协调发展水平，也不能反映分系统的发展水平，系统处于初级发展阶段的耦合度可能与处于高级阶段的耦合度相同，从而导致错误的判断，为了克服这个缺点，需进一步建立耦合协调度模型：

$$D = (C \times T)^{1/2} \quad 其中, T = \alpha u_1 + \beta u_2$$ 公式（3）

其中，D 为耦合协调度，其数学含义为在保障系统综合得分最大的情况下，使各分系统的离散程度最小。$D \in [0, 1]$，取值越接近于1，城镇化和农业现代化耦合发展程度越高。C 是耦合度具体数值，T 为城镇化与农业现代化系统的综合水平评价指标。其中 α，β 为待定系数，衡杰、王春丽等人曾使用格兰杰因果关系模型检验安徽省城镇化与农业现代化发展的因果关系，结果表明，在农业现代化发展的初期，城镇化是农业现代化的重要原因，是农业现代化的重要动力，因此在子系统 T 中，城镇化应占有相对较高的比重，因此认为设 $\alpha = 0.6$，$\beta = 0.4$ 较为合适。

2. 城镇化与农业现代化发展水平评价

我国许多学者曾对城镇化与农业现代化的发展水平做过评价，使用的方法有层次分析法、数据包络法和因子分析法等等，本文选择使用最广泛，操作性最强的综合指标法。

（1）指标体系的构建及数据处理方法

城镇化与农业现代化均为复杂的系统过程，因此，指标体系应尽可能包含较多的指标，以保证评价的系统性。但是受制于数据的不可得性，实际操作中必须平衡系统性与可操作性的关系，故本文分别使用可以反应投入、产出、社会生活及可持续发展4个视角，选择26个农业现代化二级评价指标建立反应农业现代化发展水平的综合评价体系；选择17个二级指标指标建立反应城镇化发展水平的综合评价体系。1990—2014年各指标相关数据如表4－5至表4－15。数据来源于《中国统计年鉴》《中国农村统计年鉴》《中国城乡建设统计年鉴》《中国人口和就业统计年鉴》，对于缺失指标也是由上述数据进行推算。

表4－5　农业现代化评价指标选取和数据来源（1990—1995年）

项目		1990年	1991年	1992年	1993年	1994年	1995年
投入水平	国家财政“三农”支出（亿元）	307.80	347.60	376.00	440.50	533.00	574.90
	劳均三农支出（元/人）	79.10	88.90	97.16	116.91	145.52	161.81

（续表）

	项目	1990 年	1991 年	1992 年	1993 年	1994 年	1995 年
投入水平	农作物播种面积（千公顷）	148 362.00	149 585.80	149 007.10	147 740.70	148 240.60	149 879.00
	第一产业从业人员（万人）	38 914.00	39 098.00	38 699.00	37 680.00	36 628.00	35 530.00
	劳均播种面积（公顷/人）	0.38	0.38	0.39	0.39	0.40	0.42
	农业科技进步贡献率（%）	14.79	15.63	17.89	18.02	22.23	33.98
	第一产业从业人员（万人）	38 914.00	39 098.00	38 699.00	37 680.00	36 628.00	35 530.00
	社会就业人员数（万人）	64 749.00	65 491.00	66 152.00	66 808.00	67 455.00	68 065.00
	第一产业人员占比（%）	60.10	59.70	58.50	56.40	54.30	52.20
	农作物播种面积（千公顷）	148 362.00	149 585.80	149 007.10	147 740.70	148 240.60	149 879.00
	农机总动力（万千瓦）	28 707.70	29 388.60	30 308.40	31 816.60	33 802.50	36 118.10
	单位播种面积农机总动力数（千瓦/公顷）	1.93	1.96	2.03	2.15	2.28	2.41
	有效灌溉面积（千公顷）	47 403.10	47 822.10	48 590.10	48 727.90	48 759.10	49 281.20
	有效灌溉率（%）	31.95	31.97	32.61	32.98	32.89	32.88
	每百个劳动力中高中程度（人）	6.96	7.60	7.82	8.20	8.51	8.61
	每百个劳动力中中专程度（人）	0.51	0.59	0.60	0.70	0.82	0.96
	每百个劳动力中大专及大专以上	0.10	0.13	0.12	0.17	0.21	0.24
	农村居民家庭劳动力高中及以上占比（%）	7.57	8.32	8.54	9.07	9.54	9.81
	国家财政支出（亿元）	3 083.59	3 386.62	3 742.20	4 642.30	5 792.62	6 823.72
	三农支出占国家财政支出比重（%）	0.10	0.10	0.10	0.09	0.09	0.08
	城乡文化程度差距	3.08	2.87	2.86	2.75	2.68	2.67
产出水平	农业 GDP（亿元）	18 824.80	21 940.20	27 082.00	35 450.40	48 370.30	60 146.50
	劳均农业 GDP（万元）	0.48	0.56	0.70	0.94	1.32	1.69
	农林牧渔业总产值（亿元）	7 662.10	8 157.00	9 084.70	10 995.50	15 750.49	20 340.90
	第一产业从业人员（万人）	64 749.00	65 491.00	66 152.00	66 808.00	67 455.00	68 065.00

（续表）

	项目	1990年	1991年	1992年	1993年	1994年	1995年
产出水平	农业劳动生产率（元/人）	1 183.35	1 245.51	1 373.31	1 645.84	2 334.96	2 988.45
	土地生产率（元/公顷）	5 164.46	5 453.06	6 096.82	7 442.43	10 624.95	13 571.55
	城乡产出水平差距	1.80	2.04	2.34	2.60	2.48	2.41
社会发展	农村居民家庭人均纯收入（元）	686.30	708.60	784.00	921.60	1 221.00	1 577.70
	恩格尔系数（%）	58.80	57.60	57.60	58.10	58.90	58.60
	乡村人口（万人）	84 138.00	84 620.00	84 996.00	85 344.00	85 681.00	85 947.00
	年末总人口（万人）	114 333.00	115 823.00	117 171.00	118 517.00	119 850.00	121 121.00
	乡村人口比重（%）	73.59	73.06	72.54	72.01	71.49	70.96
	农村每万人卫生技术人员（人）	22.00	22.50	22.50	22.50	22.50	23.00
	农村每万人执业（助理）医师（人）	10.00	10.50	10.50	10.50	10.50	11.00
	农村每万人注册护士（人）	4.00	4.50	4.50	4.50	4.50	5.00
	农村每千人卫生技术人员（人）	3.60	3.60	3.60	3.60	3.60	3.90
	农民技术培训学校毕业生数（万人）	1 162.00	3 657.00	4 460.10	5 281.50	6 032.80	7 035.40
	农民技术培训学校毕业生占农村常住人口比重（%）	1.38	4.32	5.25	6.19	7.04	8.19
	乡桥梁数（万座）	3.30	3.50	3.70	3.40	3.30	3.40
	村桥梁数（万座）	36.96	37.70	40.20	43.00	43.00	44.70
	乡村每万人桥梁数（座/万人）	4.79	4.87	5.16	5.44	5.40	5.60
	乡道路长度（万千米）	15.20	14.90	14.20	14.20	14.00	14.40
	村道路长度（万千米）	262.10	240.00	262.90	268.70	263.20	275.00
	乡村每万人道路长度（千米/万人）	0.00	0.00	0.00	0.00	0.00	0.00
	城乡收入差距	2.20	2.40	2.58	2.80	2.86	2.71
	城乡食品消费结构差距	0.92	0.93	0.92	0.87	0.85	0.85
	城乡医疗水平差距	3.19	3.19	3.19	3.19	3.19	2.41

（续表）

	项目	1990 年	1991 年	1992 年	1993 年	1994 年	1995 年
可持续发展	森林覆盖率（%）	14.30	14.54	14.78	15.02	15.26	15.51
	农用化肥施用折纯量（万吨）	2 590.30	2 805.10	2 930.20	3 151.90	3 317.90	3 593.70
	农用化肥单位面积施用折纯量（吨/公顷）	0.17	0.19	0.20	0.21	0.22	0.24
	农作物受灾面积（千公顷）	38 474.00	55 472.00	51 332.00	48 827.00	55 046.00	45 824.00
	农作物成灾面积（千公顷）	17 891.00	27 814.00	25 895.00	23 134.00	31 382.00	22 268.00
	农作物受灾和成灾面积占农作物播种面积比重（%）	37.99	55.68	51.83	48.71	58.30	45.43
投入水平	国家财政“三农”支出（亿元）	307.80	347.60	376.00	440.50	533.00	574.90
	劳均三农支出（元/人）	79.10	88.90	97.16	116.91	145.52	161.81
	农作物播种面积（千公顷）	148 362.00	149 585.80	149 007.10	147 740.70	148 240.60	149 879.00
	第一产业从业人员（万人）	38 914.00	39 098.00	38 699.00	37 680.00	36 628.00	35 530.00
	劳均播种面积（公顷/人）	0.38	0.38	0.39	0.39	0.40	0.42
	农业科技进步贡献率（%）	14.79	15.63	17.89	18.02	22.23	33.98
	第一产业从业人员（万人）	38 914.00	39 098.00	38 699.00	37 680.00	36 628.00	35 530.00
	社会就业人员数（万人）	64 749.00	65 491.00	66 152.00	66 808.00	67 455.00	68 065.00
	第一产业人员占比（%）	60.10	59.70	58.50	56.40	54.30	52.20
	农作物播种面积（千公顷）	148 362.00	149 585.80	149 007.10	147 740.70	148 240.60	149 879.00
	农机总动力（万千瓦）	28 707.70	29 388.60	30 308.40	31 816.60	33 802.50	36 118.10
	单位播种面积农机总动力数（千瓦/公顷）	1.93	1.96	2.03	2.15	2.28	2.41
	有效灌溉面积（千公顷）	47 403.10	47 822.10	48 590.10	48 727.90	48 759.10	49 281.20
	有效灌溉率（%）	31.95	31.97	32.61	32.98	32.89	32.88
	每百个劳动力中高中程度（人）	6.96	7.60	7.82	8.20	8.51	8.61
	每百个劳动力中中专程度（人）	0.51	0.59	0.60	0.70	0.82	0.96

（续表）

	项目	1990年	1991年	1992年	1993年	1994年	1995年
投入水平	每百个劳动力中大专及大专以上	0.10	0.13	0.12	0.17	0.21	0.24
	农村居民家庭劳动力高中及以上占比（%）	7.57	8.32	8.54	9.07	9.54	9.81
	国家财政支出（亿元）	3 083.59	3 386.62	3 742.20	4 642.30	5 792.62	6 823.72
	三农支出占国家财政支出比重（%）	0.10	0.10	0.10	0.09	0.09	0.08
	城乡文化程度差距	3.08	2.87	2.86	2.75	2.68	2.67
产出水平	农业GDP（亿元）	18 824.80	21 940.20	27 082.00	35 450.40	48 370.30	60 146.50
	劳均农业GDP（万元）	0.48	0.56	0.70	0.94	1.32	1.69
	农林牧渔业总产值（亿元）	7 662.10	8 157.00	9 084.70	10 995.50	15 750.49	20 340.90
	第一产业从业人员（万人）	64 749.00	65 491.00	66 152.00	66 808.00	67 455.00	68 065.00
	农业劳动生产率（元/人）	1 183.35	1 245.51	1 373.31	1 645.84	2 334.96	2 988.45
	土地生产率（元/公顷）	5 164.46	5 453.06	6 096.82	7 442.43	10 624.95	13 571.55
	城乡产出水平差距	1.80	2.04	2.34	2.60	2.48	2.41
社会发展	农村居民家庭人均纯收入（元）	686.30	708.60	784.00	921.60	1 221.00	1 577.70
	恩格尔系数（%）	58.80	57.60	57.60	58.10	58.90	58.60
	乡村人口（万人）	84 138.00	84 620.00	84 996.00	85 344.00	85 681.00	85 947.00
	年末总人口（万人）	114 333.00	115 823.00	117 171.00	118 517.00	119 850.00	121 121.00
	乡村人口比重（%）	73.59	73.06	72.54	72.01	71.49	70.96
	农村每万人卫生技术人员（人）	22.00	22.50	22.50	22.50	22.50	23.00
	农村每万人执业（助理）医师（人）	10.00	10.50	10.50	10.50	10.50	11.00
	农村每万人注册护士（人）	4.00	4.50	4.50	4.50	4.50	5.00
	农村每千人卫生技术人员（人）	3.60	3.60	3.60	3.60	3.60	3.90
	农民技术培训学校毕业生数（万人）	1 162.00	3 657.00	4 460.10	5 281.50	6 032.80	7 035.40
	农民技术培训学校毕业生占农村常住人口比重（%）	1.38	4.32	5.25	6.19	7.04	8.19

（续表）

	项目	1990 年	1991 年	1992 年	1993 年	1994 年	1995 年
社会发展	乡桥梁数（万座）	3.30	3.50	3.70	3.40	3.30	3.40
	村桥梁数（万座）	36.96	37.70	40.20	43.00	43.00	44.70
	乡村每万人桥梁数（座/万人）	4.79	4.87	5.16	5.44	5.40	5.60
	乡道路长度（万千米）	15.20	14.90	14.20	14.20	14.00	14.40
	村道路长度（万千米）	262.10	240.00	262.90	268.70	263.20	275.00
	乡村每万人道路长度（千米/万人）	0.00	0.00	0.00	0.00	0.00	0.00
	城乡收入差距	2.20	2.40	2.58	2.80	2.86	2.71
	城乡食品消费结构差距	0.92	0.93	0.92	0.87	0.85	0.85
	城乡医疗水平差距	3.19	3.19	3.19	3.19	3.19	2.41
可持续发展	森林覆盖率（%）	14.30	14.54	14.78	15.02	15.26	15.51
	农用化肥施用折纯量（万吨）	2 590.30	2 805.10	2 930.20	3 151.90	3 317.90	3 593.70
	农用化肥单位面积施用折纯量（吨/公顷）	0.17	0.19	0.20	0.21	0.22	0.24
	农作物受灾面积（千公顷）	38 474.00	55 472.00	51 332.00	48 827.00	55 046.00	45 824.00
	农作物成灾面积（千公顷）	17 891.00	27 814.00	25 895.00	23 134.00	31 382.00	22 268.00
	农作物受灾和成灾面积占农作物播种面积比重（%）	37.99	55.68	51.83	48.71	58.30	45.43

表 4－6　农业现代化评价指标选取和数据来源（1996—2001 年）

	项目	1996 年	1997 年	1998 年	1999 年	2000 年	2001 年
投入水平	国家财政“三农”支出（亿元）	700.40	766.40	1 154.80	1 085.80	1 231.50	1 456.70
	劳均三农支出（元/人）	201.15	219.98	328.28	303.57	341.68	400.20
	农作物播种面积（千公顷）	152 380.60	153 969.20	155 705.70	156 372.81	156 300.00	155 707.86
	第一产业从业人员（万人）	34 820.00	34 840.00	35 177.00	35 768.00	36 043.00	36 399.00
	劳均播种面积（公顷/人）	0.44	0.44	0.44	0.44	0.43	0.43
	农业科技进步贡献率（%）	46.37	35.19	48.19	26.38	29.49	49.13

（续表）

	项目	1996 年	1997 年	1998 年	1999 年	2000 年	2001 年
投入水平	第一产业从业人员（万人）	34 820.00	34 840.00	35 177.00	35 768.00	36 043.00	36 399.00
	社会就业人员数（万人）	68 950.00	69 820.00	70 637.00	71 394.00	72 085.00	72 797.00
	第一产业人员占比（%）	50.50	49.90	49.80	50.10	50.00	50.00
	农作物播种面积（千公顷）	152 380.60	153 969.20	155 705.70	156 372.81	156 300.00	155 707.86
	农机总动力（万千瓦）	38 546.90	42 015.60	45 207.70	48 996.12	52 573.61	55 172.10
	单位播种面积农机总动力数（千瓦/公顷）	2.53	2.73	2.90	3.13	3.36	3.54
	有效灌溉面积（千公顷）	50 381.00	51 239.00	52 296.00	53 158.00	53 820.33	54 249.39
	有效灌溉率（%）	33.06	33.28	33.59	33.99	34.43	34.84
	每百个劳动力中高中程度（人）	8.91	8.91	9.15	9.37	9.31	9.65
	每百个劳动力中中专程度（人）	1.20	1.24	1.46	1.57	1.83	1.94
	每百个劳动力中大专及大专以上	0.31	0.33	0.37	0.39	0.48	0.51
	农村居民家庭劳动力高中及以上占比（%）	10.42	10.48	10.98	11.33	11.62	12.10
	国家财政支出（亿元）	7 937.55	9 233.56	10 798.18	13 187.67	15 886.50	18 902.58
	三农支出占国家财政支出比重（%）	0.09	0.08	0.11	0.08	0.08	0.08
	城乡文化程度差距	2.57	2.88	2.70	2.69	2.79	2.83
产出水平	农业 GDP（亿元）	70 538.30	78 517.30	83 505.70	88 989.80	98 562.20	108 683.40
	劳均农业 GDP（万元）	2.03	2.25	2.37	2.49	2.73	2.99
	农林牧渔业总产值（亿元）	22 353.70	23 788.40	24 541.90	24 519.10	24 915.80	26 179.65
	第一产业从业人员（万人）	68 950.00	69 820.00	70 637.00	71 394.00	72 085.00	72 797.00
	农业劳动生产率（元/人）	3 242.02	3 407.10	3 474.37	3 434.34	3 456.45	3 596.25
	土地生产率（元/公顷）	14 669.65	15 450.10	15 761.72	15 679.90	15 941.01	16 813.31
	城乡产出水平差距	2.58	2.74	2.86	3.08	3.41	3.62

（续表）

	项目	1996 年	1997 年	1998 年	1999 年	2000 年	2001 年
社会发展	农村居民家庭人均纯收入（元）	1 926.10	2 090.10	2 162.00	2 210.30	2 253.40	2 366.40
	恩格尔系数（%）	56.30	55.10	53.40	52.60	49.10	47.70
	乡村人口（万人）	85 085.00	84 177.00	83 153.00	82 038.00	80 837.00	79 563.00
	年末总人口（万人）	122 389.00	123 626.00	124 761.00	125 786.00	126 743.00	127 627.00
	乡村人口比重（%）	69.52	68.09	66.65	65.22	63.78	62.34
	农村每万人卫生技术人员（人）	23.50	23.50	24.00	24.00	24.00	24.00
	农村每万人执业（助理）医师（人）	11.00	11.00	11.00	11.00	12.00	12.00
	农村每万人注册护士（人）	5.00	5.00	5.00	5.00	5.00	5.00
	农村每千人卫生技术人员（人）	3.60	3.60	4.00	4.00	4.10	4.10
	农民技术培训学校毕业生数（万人）	7 648.40	8 021.40	8 201.90	9 547.70	9 047.10	8 732.30
	农民技术培训学校毕业生占农村常住人口比重（%）	8.99	9.53	9.86	11.64	11.19	10.98
	乡桥梁数（万座）	3.40	3.50	3.50	3.50	3.40	2.90
	村桥梁数（万座）	44.10	44.70	43.40	45.70	46.30	46.70
	乡村每万人桥梁数（座/万人）	5.58	5.73	5.64	6.00	6.15	6.23
	乡道路长度（万千米）	14.40	14.50	14.30	14.40	13.70	12.10
	村道路长度（万千米）	279.30	283.20	290.30	287.30	287.00	283.60
	乡村每万人道路长度（千米/万人）	0.00	0.00	0.00	0.00	0.00	0.00
	城乡收入差距	2.51	2.47	2.51	2.65	2.79	2.90
	城乡食品消费结构差距	0.87	0.85	0.84	0.80	0.80	0.80
	城乡医疗水平差距	3.19	3.19	2.30	2.28	2.22	2.24
可持续发展	森林覆盖率（%）	15.76	16.02	16.28	16.55	16.82	17.09
	农用化肥施用折纯量（万吨）	3 827.90	3 980.70	4 084.00	4 124.30	4 146.41	4 253.76
	农用化肥单位面积施用折纯量（吨/公顷）	0.25	0.26	0.26	0.26	0.27	0.27
	农作物受灾面积（千公顷）	46 991.00	53 429.00	50 145.00	49 980.00	54 688.00	52 215.00

（续表）

	项目	1996 年	1997 年	1998 年	1999 年	2000 年	2001 年
可持续发展	农作物成灾面积（千公顷）	21 234.00	30 307.00	25 181.00	26 734.00	34 374.00	31 793.00
	农作物受灾和成灾面积占农作物播种面积比重（%）	44.77	54.38	48.38	49.06	56.98	53.95

表 4-7　农业现代化评价指标选取和数据来源（2002—2007 年）

	项目	2002 年	2003 年	2004 年	2005 年	2006 年	2007 年
投入水平	国家财政“三农”支出（亿元）	1 580.80	1 754.50	2 337.60	2 450.30	3 173.00	4 318.30
	劳均三农支出（元/人）	431.44	484.61	671.15	732.70	993.41	1 405.19
	农作物播种面积（千公顷）	154 635.51	152 414.96	153 552.55	155 488.00	152 149.00	153 464.00
	第一产业从业人员（万人）	36 640.00	36 204.40	34 829.80	33 441.90	31 940.60	30 731.00
	劳均播种面积（公顷/人）	0.42	0.42	0.44	0.46	0.48	0.50
	农业科技进步贡献率（%）	42.96	46.04	56.42	50.99	52.31	50.67
	第一产业从业人员（万人）	36 640.00	36 204.40	34 829.80	33 441.90	31 940.60	30 731.00
	社会就业人员数（万人）	73 280.00	73 736.00	74 264.00	74 647.00	74 978.00	75 321.00
	第一产业人员占比（%）	50.00	49.10	46.90	44.80	42.60	40.80
	农作物播种面积（千公顷）	154 635.51	152 414.96	153 552.55	155 488.00	152 149.00	153 464.00
	农机总动力（万千瓦）	57 929.85	60 386.54	64 027.91	68 397.85	72 522.12	76 589.56
	单位播种面积农机总动力数（千瓦/公顷）	3.75	3.96	4.17	4.40	4.77	4.99
	有效灌溉面积（千公顷）	54 355.00	54 014.00	54 478.00	55 029.34	55 750.50	56 518.34
	有效灌溉率（%）	35.15	35.44	35.48	35.39	36.64	36.83
	每百个劳动力中高中程度（人）	9.81	9.68	10.05	10.25	10.52	11.01
	每百个劳动力中中专程度（人）	2.09	2.11	2.13	2.37	2.40	2.54
	每百个劳动力中大专及大专以上	0.56	0.64	0.77	1.06	1.25	1.45
	农村居民家庭劳动力高中及以上占比（%）	12.46	12.43	12.95	13.68	14.17	15.00

（续表）

	项目	2002 年	2003 年	2004 年	2005 年	2006 年	2007 年
投入水平	国家财政支出（亿元）	22 053.15	24 649.95	28 486.89	33 930.28	40 422.73	49 781.35
	三农支出占国家财政支出比重（%）	0.07	0.07	0.08	0.07	0.08	0.09
	城乡文化程度差距	2.71	2.54	2.75	2.28	2.35	2.23
产出水平	农业 GDP（亿元）	119 765.00	135 718.90	160 289.70	184 575.80	217 246.60	268 631.00
	劳均农业 GDP（万元）	3.27	3.75	4.60	5.52	6.80	8.74
	农林牧渔业总产值（亿元）	27 390.80	29 691.80	36 239.00	39 450.90	40 810.80	48 893.00
	第一产业从业人员（万人）	73 280.00	36 204.40	34 829.80	33 441.90	31 940.60	30 731.00
	农业劳动生产率（元/人）	3 737.83	8 201.16	10 404.60	11 796.85	12 777.09	15 909.99
	土地生产率（元/公顷）	17 713.14	19 480.90	23 600.39	25 372.31	26 822.92	31 859.59
	城乡产出水平差距	3.83	4.03	3.86	4.16	4.76	4.91
社会发展	农村居民家庭人均纯收入（元）	2 475.60	2 622.20	2 936.40	3 254.90	3 587.00	4 140.40
	恩格尔系数（%）	46.20	45.60	47.20	45.50	43.00	43.10
	乡村人口（万人）	78 241.00	76 851.00	75 705.00	74 544.00	73 160.00	71 496.00
	年末总人口（万人）	128 453.00	129 227.00	129 988.00	130 756.00	131 448.00	132 129.00
	乡村人口比重（%）	60.91	59.47	58.24	57.01	55.66	54.11
	农村每万人卫生技术人员（人）	23.50	23.00	22.00	27.00	27.00	27.00
	农村每万人执业（助理）医师（人）	11.00	10.00	10.00	13.00	13.00	12.00
	农村每万人注册护士（人）	5.00	5.00	5.00	7.00	7.00	7.00
	农村每千人卫生技术人员（人）	3.95	3.80	3.70	4.70	4.70	4.60
	农民技术培训学校毕业生数（万人）	7 681.80	5 765.50	5 127.20	4 793.20	9 047.10	4 520.60
	农民技术培训学校毕业生占农村常住人口比重（%）	9.82	7.50	6.77	6.43	12.37	6.32
	乡桥梁数（万座）	2.90	2.85	2.80	2.90	2.20	2.70
	村桥梁数（万座）	47.10	52.45	57.80	58.00	50.70	51.71
	乡村每万人桥梁数（座/万人）	6.39	7.20	8.00	8.17	7.23	7.61

（续表）

项目		2002 年	2003 年	2004 年	2005 年	2006 年	2007 年
社会发展	乡道路长度（万千米）	12.10	12.35	12.60	12.40	7.00	6.20
	村道路长度（万千米）	287.30	286.20	285.10	304.00	221.90	241.94
	乡村每万人道路长度（千米/万人）	0.00	0.00	0.00	0.00	0.00	0.00
	城乡收入差距	3.11	3.23	3.21	3.22	3.28	3.33
	城乡食品消费结构差距	0.82	0.81	0.80	0.81	0.83	0.84
	城乡医疗水平差距	2.25	2.26	2.38	2.21	2.32	2.48
可持续发展	森林覆盖率（%）	17.37	17.66	18.22	18.22	18.22	18.22
	农用化肥施用折纯量（万吨）	4 339.39	4 411.60	4 636.60	4 766.22	4 927.69	5 107.83
	农用化肥单位面积施用折纯量（吨/公顷）	0.28	0.29	0.30	0.31	0.32	0.33
	农作物受灾面积（千公顷）	46 946.00	54 506.00	37 106.00	38 818.00	41 091.00	48 992.00
	农作物成灾面积（千公顷）	27 160.00	32 516.00	16 297.00	19 966.00	24 632.00	25 064.00
	农作物受灾和成灾面积占农作物播种面积比重（%）	47.92	57.10	34.78	37.81	43.20	48.26

表 4－8　农业现代化评价指标选取和数据来源（2008—2013 年）

项目		2008 年	2009 年	2010 年	2011 年	2012 年	2013 年
投入水平	国家财政“三农”支出（亿元）	5 955.50	7 253.10	8 579.70	10 497.70	12 387.60	12 387.60
	劳均三农支出（元/人）	1 990.26	2 510.55	3 071.80	3 947.36	4 806.43	5 124.98
	农作物播种面积（千公顷）	156 266.00	158 614.00	160 675.00	162 283.00	163 416.00	164 627.00
	第一产业从业人员（万人）	29 923.30	28 890.50	27 930.50	26 594.20	25 773.00	24 171.00
	劳均播种面积（公顷/人）	0.52	0.55	0.58	0.61	0.63	0.68
	农业科技进步贡献率（%）	53.95	56.80	55.79	57.77	56.83	55.20
	第一产业从业人员（万人）	29 923.30	28 890.50	27 930.50	26 594.20	25 773.00	24 171.00
	社会就业人员数（万人）	75 564.00	75 828.00	76 105.00	76 420.00	76 704.00	76 977.00

（续表）

	项目	2008 年	2009 年	2010 年	2011 年	2012 年	2013 年
投入水平	第一产业人员占比（%）	39.60	38.10	36.70	34.80	33.60	31.40
	农作物播种面积（千公顷）	156 266.00	158 614.00	160 675.00	162 283.00	163 416.00	164 627.00
	农机总动力（万千瓦）	82 190.41	87 496.10	92 780.48	97 734.66	102 558.96	103 906.75
	单位播种面积农机总动力数（千瓦/公顷）	5.26	5.52	5.77	6.02	6.28	6.31
	有效灌溉面积（千公顷）	58 471.68	59 261.40	60 347.70	61 681.56	62 490.52	63 473.30
	有效灌溉率（%）	37.42	37.36	37.56	38.01	38.24	38.56
	每百个劳动力中高中程度（人）	11.40	11.74	12.05	9.86	10.01	—
	每百个劳动力中中专程度（人）	2.66	2.87	2.93	2.54	2.66	—
	每百个劳动力中大专及大专以上	1.68	2.10	2.41	2.65	2.93	
	农村居民家庭劳动力高中及以上占比（%）	15.74	16.71	17.39	15.05	15.60	16.12
	国家财政支出（亿元）	62 592.66	76 299.93	89 874.16	109 247.79	125 952.97	140 212.10
	三农支出占国家财政支出比重（%）	0.10	0.10	0.10	0.10	0.10	0.09
	城乡文化程度差距	2.11	2.01	2.23	2.60	2.58	2.55
产出水平	农业 GDP（亿元）	318 736.70	345 046.40	407 137.80	479 576.10	532 872.10	583 196.70
	劳均农业 GDP（万元）	10.65	11.94	14.58	18.03	20.68	24.13
	农林牧渔业总产值（亿元）	58 002.20	60 361.00	69 319.80	81 303.90	89 453.00	96 995.30
	第一产业从业人员（万人）	29 923.30	28 890.50	27 930.50	26 594.20	25 773.00	24 171.00
	农业劳动生产率（元/人）	19 383.62	20 893.03	24 818.67	30 572.04	34 708.03	40 128.79
	土地生产率（元/公顷）	37 117.61	38 055.28	43 142.87	50 100.07	54 739.44	58 918.22
	城乡产出水平差距	4.90	5.16	5.33	5.39	5.40	5.49
社会发展	农村居民家庭人均纯收入（元）	4 760.60	5 153.20	5 919.00	6 977.30	7 916.60	8 895.90
	恩格尔系数（%）	43.70	41.00	41.10	40.40	39.30	37.67
	乡村人口（万人）	70 399.00	68 938.00	67 113.00	65 656.00	64 222.00	62 961.00
	年末总人口（万人）	132 802.00	133 450.00	134 091.00	134 735.00	135 404.00	136 072.00
	乡村人口比重（%）	53.01	51.66	50.05	48.73	47.43	46.27

（续表）

项目		2008年	2009年	2010年	2011年	2012年	2013年
社会发展	农村每万人卫生技术人员（人）	28.00	29.00	30.00	27.00	34.00	36.00
	农村每万人执业（助理）医师（人）	13.00	13.00	13.00	11.00	14.00	15.00
	农村每万人注册护士（人）	8.00	8.00	9.00	8.00	11.00	12.00
	农村每千人卫生技术人员（人）	4.90	5.00	5.20	4.60	5.90	6.30
	农民技术培训学校毕业生数（万人）	4 670.30	4 358.20	4 130.70	3 794.70	3 563.20	3 416.00
	农民技术培训学校毕业生占农村常住人口比重（%）	6.63	6.32	6.15	5.78	5.55	5.43
	乡桥梁数（万座）	2.60	2.80	2.70	2.60	2.60	2.60
	村桥梁数（万座）	52.74	53.79	54.87	55.96	57.08	58.22
	乡村每万人桥梁数（座/万人）	7.86	8.21	8.58	8.92	9.29	9.66
	乡道路长度（万千米）	6.40	6.30	6.60	6.50	6.70	6.80
	村道路长度（万千米）	240.81	239.68	238.55	237.43	236.31	228.00
	乡村每万人道路长度（千米/万人）	0.00	0.00	0.00	0.00	0.00	0.00
	城乡收入差距	3.31	3.33	3.23	3.13	3.10	3.03
	城乡食品消费结构差距	0.87	0.89	0.87	0.90	0.92	0.93
	城乡医疗水平差距	2.43	2.56	2.63	2.59	2.61	2.63
可持续发展	森林覆盖率（%）	20.36	21.63	21.63	21.63	21.63	21.63
	农用化肥施用折纯量（万吨）	5 239.02	5 404.40	5 561.68	5 704.24	5 838.85	5 911.86
	农用化肥单位面积施用折纯量（吨/公顷）	0.34	0.34	0.35	0.35	0.36	0.36
	农作物受灾面积（千公顷）	39 990.00	47 214.00	37 426.00	32 471.00	24 962.00	31 350.00
	农作物成灾面积（千公顷）	22 284.00	21 234.00	18 538.00	12 441.00	11 475.00	14 303.00
	农作物受灾和成灾面积占农作物播种面积比重（%）	39.85	43.15	34.83	27.68	22.30	27.73

表 4－9　农业现代化评价指标数据来源说明

	项目	2014 年	数据来源
投入水平	国家财政“三农”支出（亿元）	13 489.10	中国农业统计年鉴，其中，1990—2013 年数据为“三农”支出数据，2014 年数据由于统计口径的变化，是国家财政用于农林水事务各项支出数据的加总额
	劳均三农支出（元/人）	5 918.87	公式 1：劳均三农支出 = 国家财政三农支出/第一产业就业人数
	农作物播种面积（千公顷）	165 446.00	国土资源年鉴
	第一产业从业人员（万人）	22 790.00	中国统计年鉴
	劳均播种面积（公顷/人）	0.73	公式 2：劳均播种面积 = 农作物播种面积/第一产业从业人员
	农业科技进步贡献率（%）	56.00	1990 年数据缺失，由 1991—2014 年数据年均增长率（0.057035）推算；1991—2012 年数据来自张跃强，陈池波：财政农业科技投入对农业科技创新绩效的影响，2013 和 2014 年数据来自网络
	第一产业从业人员（万人）	22 790.00	中国统计年鉴
	社会就业人员数（万人）	77 253.00	中国统计年鉴
	第一产业人员占比（%）	29.50	公式 3：第一产业人员占比 = 第一产业从业人员/社会就业人员数
	农作物播种面积（千公顷）	165 446.00	国土资源年鉴
	农机总动力（万千瓦）	108 056.58	中国统计年鉴
	单位播种面积农机总动力数（千瓦/公顷）	6.53	公式 4：单位播种面积农机总动力数 = 农机总动力/农作物播种面积
	有效灌溉面积（千公顷）	64 539.53	中国统计年鉴
	有效灌溉率（%）	39.01	公式 5：有效灌溉率 = 有效灌溉面积/农作物播种面积
	每百个劳动力中高中程度（人）	—	
	每百个劳动力中中专程度（人）	—	
	每百个劳动力中大专及大专以上	—	

（续表）

	项目	2014 年	数据来源
投入水平	农村居民家庭劳动力高中及以上占比（%）	16.66	公式 6：农村居民家庭劳动力高中及以上占比 = 每百个劳动力中高中程度人数 + 每百个劳动力中中专程度人数 + 每百个劳动力中大专及以上人数。1990—2012 年数据由《中国农村统计年鉴》数据加总计算所得，2013 年和 2014 年数据是由 1990—2012 年数据年均增长率（0.033413）推算
	国家财政支出（亿元）	151 785.56	中国统计年鉴
	三农支出占国家财政支出比重（%）	0.09	公式 7：三农支出占国家财政支出比重 = 国家财政三农支出/国家财政总支出
	城乡文化程度差距	2.45	公式 8：城乡文化程度差距 = 城镇居民高中及以上占比/农村居民家庭劳动力高中及以上占比
产出水平	农业 GDP（亿元）	634 043.40	中国统计年鉴
	劳均农业 GDP（万元）	27.82	公式 9：劳均农业 GDP = 农业 GDP/第一产业从业人员数
	农林牧渔业总产值（亿元）	102 226.10	中国统计年鉴
	第一产业从业人员（万人）	22 790.00	中国统计年鉴
	农业劳动生产率（元/人）	44 855.68	公式 10：农业劳动生产率 = 农林牧渔业总产值/第一产业从业人员数
	土地生产率（元/公顷）	61 788.20	公式 11：土地生产率 = 农林牧渔业总产值/农作物播种面积
	城乡产出水平差距	5.65	公式 12：城乡产出水平差距 = 二三产业总产值/农林牧渔业总产值
社会发展	农村居民家庭人均纯收入（元）	9 892.00	中国统计年鉴
	恩格尔系数（%）	33.60	中国农业统计年鉴，其中 2014 年数据不同于以往统计口径，为食品烟酒占农村居民消费支出的比重。
	乡村人口（万人）	61 866.00	中国统计年鉴
	年末总人口（万人）	136 782.00	中国统计年鉴
	乡村人口比重（%）	45.23	公式 13：乡村人口比重 = 乡村人口/全国年末总人口
	农村每万人卫生技术人员（人）	38.00	中国统计年鉴
	农村每万人执业（助理）医师（人）	15.00	中国统计年鉴

（续表）

	项目	2014年	数据来源
社会发展	农村每万人注册护士（人）	13.00	中国统计年鉴
	农村每千人卫生技术人员（人）	6.60	公式10：农村每千人卫生技术人员＝（农村每万人卫生技术人员＋农村每万人执业助理医师＋农村每万人注册护士）/10
	农民技术培训学校毕业生数（万人）	3 207.70	中国农村统计年鉴
	农民技术培训学校毕业生占农村常住人口比重（%）	5.18	公式11：农村技术培训学校毕业生占农村常驻人口比重＝农村技术培训学校毕业生/农村常驻人口
	乡桥梁数（万座）	2.70	中国城乡建设统计年鉴
	村桥梁数（万座）	59.38	中国城乡建设统计年鉴，2003年数据为相邻两年数据均值；1990年数据，2007—2014年数据缺失，是由1991—2006年数据年均增长率推算
	乡村每万人桥梁数（座/万人）	10.03	公式12：乡村每万人桥梁数＝（乡桥梁数＋村桥梁数）/乡村人口×10 000
	乡道路长度（万千米）	7.00	中国城乡建设统计年鉴
	村道路长度（万千米）	234.10	中国城乡建设统计年鉴，2003年数据为相邻两年数据均值；2007—2012年数据缺失，由1990—2006年年均增长率（－0.0047）推算
	乡村每万人道路长度（千米/万人）	0.00	公式13：乡村每万人道路长度＝（乡道路长度＋村道路长度）/乡村人口×10 000
	城乡收入差距	2.97	公式14：城乡收入差距＝城镇居民人均可支配收入/农村居民家庭人均纯收入
	城乡食品消费结构差距	0.89	公式15：城乡食品消费结构差距＝城镇恩格尔系数/农村恩格尔系数
	城乡医疗水平差距	2.65	公式16：城乡医疗水平差距＝城市每千人卫生技术人员/农村每千人卫生技术人员
可持续发展	森林覆盖率（%）	21.63	1990—2003年数据来自国家统计局数据查询，2004—2014年数据根据公式17：森林覆盖率＝森林面积/国土面积计算所得，森林面积来自《中国统计年鉴》
	农用化肥施用折纯量（万吨）	5 995.94	中国农业统计年鉴
	农用化肥单位面积施用折纯量（吨/公顷）	0.36	公式18：农业化肥单位面积施用折纯量＝农用化肥施用折纯量/农作物播种面积
	农作物受灾面积（千公顷）	24 891.00	中国农村统计年鉴

（续表）

	项目	2014 年	数据来源
可持续发展	农作物成灾面积（千公顷）	12 678.00	中国农村统计年鉴
	农作物受灾和成灾面积占农作物播种面积比重（%）	22.71	公式 19：农作物受灾和成灾面积占农作物播种面积比重 =（农作物受灾面积 + 农作物成灾面积）/农作物播种面积

表 4－10　新型城镇化评价指标选取和数据来源（1990—1994 年）

	项目	1990 年	1991 年	1992 年	1993 年	1994 年
投入	城市建成区面积（平方千米）	12 855.70	14 011.10	14 958.70	16 588.30	17 939.50
	城区人口（万人）	32 530.20	29 589.30	30 748.20	33 780.90	35 833.90
	城区暂住人口（万人）	0.00	0.00	0.00	0.00	0.00
	县城建成区面积（平方千米）	5 980.99	6 290.97	6 617.01	6 959.95	7 320.66
	县城人口（万人）	6 193.70	6 408.50	6 630.76	6 860.72	7 098.65
	县城暂住人口（万人）	0.00	0.00	0.00	0.00	0.00
	建制镇建成区户籍人口（亿人）	0.61	0.66	0.72	0.79	0.87
	建制镇建成区暂住人口（亿人）	0.00	0.00	0.00	0.00	0.00
	建制镇建成区面积（万公顷）	82.50	87.00	97.50	111.90	118.80
	建制镇建成区户籍人口（万人）	6 100.00	6 600.00	7 200.00	7 900.00	8 700.00
	建制镇建成区暂住人口（万人）	0.00	0.00	0.00	0.00	0.00
	建制镇建成区面积（平方千米）	8 250.00	8 700.00	9 750.00	11 190.00	11 880.00
	城镇人均建设用地面积（平方千米/万人）	0.60	0.68	0.70	0.72	0.72
	城市维护建设资金支出（万元）	814 901.00	2 442 190.00	3 841 602.00	5 573 279.00	6 583 051.00
	县城维护建设资金支出（万元）	186 318.73	230 190.38	284 392.31	351 356.92	434 089.40
	建制镇建设投入（万元）	5 318 191.79	5 927 104.88	6 605 736.26	7 362 068.39	8 204 997.73
	城镇人均维护建设资金投入（元/人）	140.98	201.88	240.74	273.72	294.82

(续表)

	项目	1990年	1991年	1992年	1993年	1994年
投入	第二产业就业人员比重(%)	21.40	21.40	21.70	22.40	22.70
	第三产业就业人员比重(%)	18.50	18.90	19.80	21.20	23.00
	二、三产业就业人员比重(%)	39.90	40.30	41.50	43.60	45.70
	城乡文化程度差距	3.08	2.87	2.86	2.75	2.68
产出	二产业总产值(亿元)	7 678.00	9 055.80	11 640.40	16 373.00	22 333.50
	第二产业就业人员(万人)	13 856.00	14 015.00	14 355.00	14 965.00	15 321.00
	三产业总产值(亿元)	6 079.30	7 551.20	9 627.90	12 264.10	16 654.70
	第三产业就业人员(万人)	11 979.00	12 378.00	13 098.00	14 163.00	15 515.00
	二、三产业劳动生产率(元/万人)	0.53	0.63	0.77	0.98	1.26
	城乡产出水平差距	1.80	2.04	2.34	2.60	2.48
社会生活	城镇居民家庭人家可支配收入(元)	1 510.20	1 700.60	2 026.60	2 577.40	3 496.20
	城镇化率(%)	26.41	26.94	27.46	27.99	28.51
	城市用水普及率(%)	48.00	54.80	56.20	55.20	56.00
	县城用水普及率(%)	82.04	82.32	82.59	82.87	83.15
	建制镇用水普及率(%)	60.10	63.90	65.80	68.50	71.50
	城镇用水普及率(%)	63.38	67.01	68.20	68.86	70.22
	城市每万人拥有公厕(座)	2.97	3.38	3.09	2.89	2.69
	县城每万人拥有公厕(座)	1.89	1.92	1.95	1.98	2.01
	建制镇公共厕所(万座)	4.90	5.40	6.10	6.80	7.60
	建制镇每万人拥有公厕(座)	8.03	8.18	8.47	8.61	8.74
	城镇每万人拥有公厕(座)	4.30	4.49	4.50	4.49	4.48
	城镇居民人均支出(元)	—	—	—	—	—
	城镇居民食品消费支出(元)	—	—	—	—	—
	城镇居民恩格尔系数(%)	54.20	53.80	53.00	50.30	50.00

（续表）

项目		1990 年	1991 年	1992 年	1993 年	1994 年
社会生活	城市高中	—	—	—	—	—
	城市大专及以上	—	—	—	—	—
	城市 6 岁及以上人口（人）	—	—	—	—	—
	镇高中	—	—	—	—	—
	镇大专及以上	—	—	—	—	—
	镇 6 岁及以上人口（人）	—	—	—	—	—
	城镇高中及以上占比（%）	23.29	23.84	24.40	24.98	25.57
	城市每万人卫生技术人员（人）	66.00	63.40	60.91	58.51	56.21
	城市每万人执业（助理）医师（人）	30.00	28.69	27.44	26.24	25.10
	城市每万人注册护士（人）	19.00	18.36	17.74	17.14	16.56
	城市每千人卫生技术人员（人）	11.50	11.05	10.61	10.19	9.79
	城乡收入差距	2.20	2.40	2.58	2.80	2.86
	城乡食品消费结构差距	0.92	0.93	0.92	0.87	0.85
	城乡医疗水平差距	3.19	3.19	3.19	3.19	3.19
可持续发展	城市人均公园绿地面积（平方米）	1.78	2.07	2.13	2.16	2.29
	县城人均公园绿地面积（平方米）	3.85	4.01	4.17	4.33	4.51
	建制镇人均公园绿地面积（平方米）	1.40	1.60	1.70	1.70	2.20
	城镇人均公园绿地面积（平方米）	2.34	2.56	2.67	2.73	3.00

表 4－11　新型城镇化评价指标选取和数据来源（1995—1999 年）

项目		1995 年	1996 年	1997 年	1998 年	1999 年
投入	城市建成区面积（平方千米）	19 264.20	20 214.20	20 791.30	21 379.60	21 524.50
	城区人口（万人）	37 789.90	36 234.50	36 836.90	37 411.80	37 590.00
	城区暂住人口（万人）	0.00	0.00	0.00	0.00	0.00

（续表）

	项目	1995 年	1996 年	1997 年	1998 年	1999 年
投入	县城建成区面积（平方千米）	7 700.06	8 099.13	8 518.88	8 960.39	9 424.78
	县城人口（万人）	7 344.84	7 599.57	7 863.13	8 135.83	8 417.99
	县城暂住人口（万人）	0.00	0.00	0.00	0.00	0.00
	建制镇建成区户籍人口（亿人）	0.93	0.99	1.04	1.09	1.16
	建制镇建成区暂住人口（亿人）	0.00	0.00	0.00	0.00	0.00
	建制镇建成区面积（万公顷）	138.60	143.70	155.30	163.00	167.50
	建制镇建成区户籍人口（万人）	9 300.00	9 900.00	10 400.00	10 900.00	11 600.00
	建制镇建成区暂住人口（万人）	0.00	0.00	0.00	0.00	0.00
	建制镇建成区面积（平方千米）	13 860.00	14 370.00	15 530.00	16 300.00	16 750.00
	城镇人均建设用地面积（平方千米/万人）	0.75	0.79	0.81	0.83	0.83
	城市维护建设资金支出（万元）	7 578 470.00	8 827 009.00	11 229 697.00	14 374 965.00	16 172 386.00
	县城维护建设资金支出（万元）	536 302.53	662 583.34	818 598.95	1 011 350.86	1 249 489.23
	建制镇建设投入（万元）	9 144 439.33	10 191 443.48	11 358 325.70	12 658 811.58	14 108 198.23
	城镇人均维护建设资金投入（元/人）	317.06	366.27	424.80	496.83	547.32
	第二产业就业人员比重（%）	23.00	23.50	23.70	23.50	23.00
	第三产业就业人员比重（%）	24.80	26.00	26.40	26.70	26.90
	二、三产业就业人员比重（%）	47.80	49.50	50.10	50.20	49.90
	城乡文化程度差距	2.67	2.57	2.88	2.70	2.69
产出	二产业总产值（亿元）	28 536.20	33 665.80	37 353.90	38 808.80	40 827.60
	第二产业就业人员（万人）	15 655.00	16 203.00	16 547.00	16 600.00	16 421.00
	三产业总产值（亿元）	20 573.60	24 028.70	27 810.90	31 456.80	34 812.00
	第三产业就业人员（万人）	16 880.00	17 927.00	18 432.00	18 860.00	19 205.00

（续表）

	项目	1995 年	1996 年	1997 年	1998 年	1999 年
产出	二、三产业劳动生产率（元/万人）	1.51	1.69	1.86	1.98	2.12
	城乡产出水平差距	2.41	2.58	2.74	2.86	3.08
社会生活	城镇居民家庭人家可支配收入（元）	4 283.00	4 838.90	5 160.30	5 425.10	5 854.00
	城镇化率（%）	29.04	30.48	31.91	33.35	34.78
	城市用水普及率（%）	58.70	60.70	61.20	61.90	63.50
	县城用水普及率（%）	83.43	83.70	83.98	84.27	84.55
	建制镇用水普及率（%）	74.20	75.00	76.60	79.10	80.20
	城镇用水普及率（%）	72.11	73.13	73.93	75.09	76.08
	城市每万人拥有公厕（座）	3.00	3.02	2.95	2.89	2.85
	县城每万人拥有公厕（座）	2.04	2.07	2.11	2.14	2.18
	建制镇公共厕所（万座）	8.30	8.70	9.20	9.70	10.10
	建制镇每万人拥有公厕（座）	8.92	8.79	8.85	8.90	8.71
	城镇每万人拥有公厕（座）	4.66	4.63	4.63	4.64	4.58
	城镇居民人均支出（元）	—	—	—	—	—
	城镇居民食品消费支出（元）	—	—	—	—	—
	城镇居民恩格尔系数（%）	50.10	48.80	46.60	44.70	42.10
	城市高中	—	23 387.00	57 802.00	57 585.00	57 072.00
	城市大专及以上	—	70 306.00	23 073.00	22 676.00	24 184.00
	城市 6 岁及以上人口（人）	—	349 769.00	264 517.00	268 759.00	258 946.00
	镇高中	—		22 808.00	27 466.00	25 407.00
	镇大专及以上	—		5 922.00	7 302.00	7 961.00
	镇 6 岁及以上人口（人）	—		99 066.00	118 946.00	117 684.00
	城镇高中及以上占比（%）	26.17	26.79	30.15	29.67	30.43
	城市每万人卫生技术人员（人）	54.00	53.66	53.33	53.00	52.00

（续表）

项目		1995年	1996年	1997年	1998年	1999年
社会生活	城市每万人执业（助理）医师（人）	24.00	23.66	23.33	23.00	23.00
	城市每万人注册护士（人）	16.00	16.00	16.00	16.00	16.00
	城市每千人卫生技术人员（人）	9.40	9.33	9.27	9.20	9.10
	城乡收入差距	2.71	2.51	2.47	2.51	2.65
	城乡食品消费结构差距	0.85	0.87	0.85	0.84	0.80
	城乡医疗水平差距	2.41	3.19	3.19	2.30	2.28
可持续发展	城市人均公园绿地面积（平方米）	2.49	2.76	2.93	3.22	3.51
	县城人均公园绿地面积（平方米）	4.69	4.88	5.07	5.28	5.49
	建制镇人均公园绿地面积（平方米）	2.20	2.30	2.50	2.70	2.90
	城镇人均公园绿地面积（平方米）	3.13	3.31	3.50	3.73	3.97

表4－12　新型城镇化评价指标选取和数据来源（2000—2004年）

项目		2000年	2001年	2002年	2003年	2004年
投入	城市建成区面积（平方千米）	22 439.30	24 026.60	25 972.60	28 308.00	30 406.20
	城区人口（万人）	38 823.70	35 747.30	35 219.60	33 805.00	34 147.40
	城区暂住人口（万人）	0.00	0.00	0.00	0.00	0.00
	县城建成区面积（平方千米）	13 135.00	10 427.00	10 496.00	11 115.00	11 774.00
	县城人口（万人）	14 157.00	9 012.00	8 874.00	9 235.00	9 641.00
	县城暂住人口（万人）	0.00	0.00	0.00	0.00	0.00
	建制镇建成区户籍人口（亿人）	1.23	1.30	1.37	1.40	1.43
	建制镇建成区暂住人口（亿人）	0.00	0.00	0.00	0.00	0.00
	建制镇建成区面积（万公顷）	182.00	197.20	203.20	213.40	223.60
	建制镇建成区户籍人口（万人）	12 300.00	13 000.00	13 700.00	14 000.00	14 300.00
	建制镇建成区暂住人口（万人）	0.00	0.00	0.00	0.00	0.00

（续表）

	项目	2000 年	2001 年	2002 年	2003 年	2004 年
投入	建制镇建成区面积（平方千米）	18 200.00	19 720.00	20 320.00	21 340.00	22 360.00
	城镇人均建设用地面积（平方千米/万人）	0.82	0.94	0.98	1.07	1.11
	城市维护建设资金支出（万元）	18 960 338.00	25 372 970.00	31 780 253.00	42 479 605.00	46 617 124.00
	县城维护建设资金支出（万元）	1 543 701.00	2 336 929.00	3 196 841.00	4 661 734.00	5 077 874.00
	建制镇建设投入（万元）	15 723 534.24	17 523 820.20	19 530 232.17	21 766 370.82	24 258 538.99
	城镇人均维护建设资金投入（元/人）	554.95	783.14	943.14	1 208.06	1 307.55
	第二产业就业人员比重（%）	22.50	22.30	21.40	21.60	22.50
	第三产业就业人员比重（%）	27.50	27.70	28.60	29.30	30.60
	二、三产业就业人员比重（%）	50.00	50.00	50.00	50.90	53.10
	城乡文化程度差距	2.79	2.83	2.71	2.54	2.75
产出	二产业总产值（亿元）	45 326.00	49 262.00	53 624.40	62 120.80	73 529.80
	第二产业就业人员（万人）	16 219.00	16 234.00	15 682.00	15 927.00	16 709.00
	三产业总产值（亿元）	39 734.10	45 507.20	51 189.00	57 475.60	66 282.80
	第三产业就业人员（万人）	19 823.00	20 165.00	20 958.00	21 605.00	22 725.00
	二、三产业劳动生产率（元/万人）	2.36	2.60	2.86	3.19	3.55
	城乡产出水平差距	3.41	3.62	3.83	4.03	3.86
社会生活	城镇居民家庭人家可支配收入（元）	6 280.00	6 859.60	7 702.80	8 472.20	9 421.60
	城镇化率（%）	36.22	37.66	39.09	40.53	41.76
	城市用水普及率（%）	63.90	72.26	77.85	86.15	88.85
	县城用水普及率（%）	84.83	76.45	80.53	81.57	82.26
	建制镇用水普及率（%）	80.70	80.30	80.40	82.00	83.60
	城镇用水普及率（%）	76.48	76.34	79.59	84.14	84.97
	城市每万人拥有公厕（座）	2.74	3.01	3.15	3.18	3.21

（续表）

	项目	2000年	2001年	2002年	2003年	2004年
社会生活	县城每万人拥有公厕（座）	2.21	3.54	3.53	3.59	3.54
	建制镇公共厕所（万座）	10.30	10.70	11.20	11.50	11.80
	建制镇每万人拥有公厕（座）	8.37	8.23	8.18	8.21	8.25
	城镇每万人拥有公厕（座）	4.44	4.93	4.95	4.99	5.00
	城镇居民人均支出（元）	—	—	—	—	—
	城镇居民食品消费支出（元）	—	—	—	—	—
	城镇居民恩格尔系数（%）	39.40	38.20	37.70	37.10	37.70
	城市高中	63 393.00	69 714.00	77 021.00	79 049.00	77 987.00
	城市大专及以上	29 259.00	34 334.00	41 072.00	28 447.00	46 578.00
	城市6岁及以上人口（人）	268 904.00	278 862.00	312 043.00	311 442.00	307 929.00
	镇高中	28 200.50	30 994.00	27 659.00	35 577.00	34 438.00
	镇大专及以上	9 427.50	10 894.00	9 371.00	11 769.00	15 229.00
	镇6岁及以上人口（人）	132 649.00	147 614.00	148 055.00	179 826.00	180 829.00
	城镇高中及以上占比（%）	32.44	34.22	33.72	31.52	35.65
	城市每万人卫生技术人员（人）	52.00	52.00	50.50	49.00	50.00
	城市每万人执业（助理）医师（人）	23.00	23.00	22.00	21.00	22.00
	城市每万人注册护士（人）	16.00	17.00	16.50	16.00	16.00
	城市每千人卫生技术人员（人）	9.10	9.20	8.90	8.60	8.80
	城乡收入差距	2.79	2.90	3.11	3.23	3.21
	城乡食品消费结构差距	0.80	0.80	0.82	0.81	0.80
	城乡医疗水平差距	2.22	2.24	2.25	2.26	2.38
可持续发展	城市人均公园绿地面积（平方米）	3.69	4.56	5.36	6.49	7.39
	县城人均公园绿地面积（平方米）	5.71	3.88	4.32	4.83	5.29

（续表）

	项目	2000年	2001年	2002年	2003年	2004年
可持续发展	建制镇人均公园绿地面积（平方米）	3.00	3.40	3.50	3.85	4.20
	城镇人均公园绿地面积（平方米）	4.13	3.95	4.39	5.06	5.63

表4－13　新型城镇化评价指标选取和数据来源（2005—2009年）

	项目	2005年	2006年	2007年	2008年	2009年
投入	城市建成区面积（平方千米）	32 520.70	33 659.80	35 469.70	36 295.30	38 107.30
	城区人口（万人）	35 923.70	33 288.70	33 577.00	33 471.10	34 068.90
	城区暂住人口（万人）	0.00	3 948.10	3 474.30	3 517.20	3 605.40
	县城建成区面积（平方千米）	12 383.00	13 229.00	14 260.00	14 776.00	15 558.00
	县城人口（万人）	10 030.00	10 963.00	11 581.00	11 947.00	12 259.00
	县城暂住人口（万人）	0.00	934.00	1 011.00	1 079.00	1 120.00
	建制镇建成区户籍人口（亿人）	1.48	1.40	1.31	1.38	1.38
	建制镇建成区暂住人口（亿人）	0.00	0.24	0.24	0.25	0.26
	建制镇建成区面积（万公顷）	236.90	312.00	284.30	301.60	313.10
	建制镇建成区户籍人口（万人）	14 800.00	14 000.00	13 100.00	13 800.00	13 800.00
	建制镇建成区暂住人口（万人）	0.00	2 400.00	2 400.00	2 500.00	2 600.00
	建制镇建成区面积（平方千米）	23 690.00	31 200.00	28 430.00	30 160.00	31 310.00
	城镇人均建设用地面积（平方千米/万人）	1.13	1.19	1.20	1.22	1.26
	城市维护建设资金支出（万元）	52 757 240.00	33 494 964.00	42 473 049.00	50 083 394.00	59 270 667.00
	县城维护建设资金支出（万元）	5 927 238.00	4 971 017.00	6 806 308.00	9 192 126.00	13 182 941.00
	建制镇建设投入（万元）	27 036 051.11	30 131 578.00	29 503 174.00	32 852 391.00	43 563 585.00
	城镇人均维护建设资金投入（元/人）	1 410.95	1 046.75	1 209.37	1 389.26	1 719.96
	第二产业就业人员比重（%）	23.80	25.20	26.80	27.20	27.80

（续表）

	项目	2005年	2006年	2007年	2008年	2009年
投入	第三产业就业人员比重（%）	31.40	32.20	32.40	33.20	34.10
	二、三产业就业人员比重（%）	55.20	57.40	59.20	60.40	61.90
	城乡文化程度差距	2.28	2.35	2.23	2.11	2.01
产出	二产业总产值（亿元）	87 127.30	103 163.50	125 145.40	148 097.90	157 850.10
	第二产业就业人员（万人）	17 766.00	18 894.00	20 186.00	20 553.00	21 080.00
	三产业总产值（亿元）	76 964.90	91 180.10	115090.90	135 906.90	153 625.10
	第三产业就业人员（万人）	23 439.00	24 143.00	24 404.00	25 087.00	25 857.00
	二、三产业劳动生产率（元/万人）	3.98	4.52	5.39	6.22	6.64
	城乡产出水平差距	4.16	4.76	4.91	4.90	5.16
社会生活	城镇居民家庭人家可支配收入（元）	10 493.00	11 759.50	13 785.80	15 780.80	17 174.70
	城镇化率（%）	42.99	44.34	45.89	46.99	48.34
	城市用水普及率（%）	91.09	86.07	93.83	94.73	96.12
	县城用水普及率（%）	83.18	76.43	81.15	81.59	83.72
	建制镇用水普及率（%）	84.70	83.80	76.60	77.80	78.30
	城镇用水普及率（%）	83.62	80.10	83.86	84.71	86.05
	城市每万人拥有公厕（座）	3.20	2.88	3.04	3.12	3.15
	县城每万人拥有公厕（座）	3.46	2.91	2.90	2.90	2.96
	建制镇公共厕所（万座）	12.40	9.40	9.00	12.10	11.60
	建制镇每万人拥有公厕（座）	8.38	5.73	5.81	7.42	7.07
	城镇每万人拥有公厕（座）	5.01	3.84	3.92	4.48	4.39
	城镇居民人均支出（元）	—	—	—	—	—
	城镇居民食品消费支出（元）	—	—	—	—	—
	城镇居民恩格尔系数（%）	36.70	35.80	36.30	37.90	36.50
	城市高中	999 317.00	67 761.00	68 550.00	68 906.00	68 286.00

（续表）

	项目	2005年	2006年	2007年	2008年	2009年
社会生活	城市大专及以上	642 217.00	50 842.00	53 061.00	52 671.00	57 344.00
	城市6岁及以上人口（人）	4 465 477.00	276 581.00	277 433.00	276 093.00	282 566.00
	镇高中	427 479.00	32 216.00	33 482.00	34 201.00	34 953.00
	镇大专及以上	175 055.00	12 646.00	13 489.00	14 478.00	13 833.00
	镇6岁及以上人口（人）	2 721 455.00	214 005.00	226 033.00	235 367.00	235 582.00
	城镇高中及以上占比（%）	31.22	33.32	33.48	33.29	33.66
	城市每万人卫生技术人员（人）	58.00	61.00	64.00	67.00	72.00
	城市每万人执业（助理）医师（人）	25.00	26.00	26.00	27.00	28.00
	城市每万人注册护士（人）	21.00	22.00	24.00	25.00	28.00
	城市每千人卫生技术人员（人）	10.40	10.90	11.40	11.90	12.80
	城乡收入差距	3.22	3.28	3.33	3.31	3.33
	城乡食品消费结构差距	0.81	0.83	0.84	0.87	0.89
	城乡医疗水平差距	2.21	2.32	2.48	2.43	2.56
可持续发展	城市人均公园绿地面积（平方米）	7.89	8.30	8.98	9.71	10.66
	县城人均公园绿地面积（平方米）	5.67	4.98	5.63	6.12	6.89
	建制镇人均公园绿地面积（平方米）	4.60	2.40	1.80	1.90	1.90
	城镇人均公园绿地面积（平方米）	6.05	5.23	5.47	5.91	6.48

表4－14　新型城镇化评价指标选取和数据来源（2010—2014年）

	项目	2010年	2011年	2012年	2013年	2014年
投入	城市建成区面积（平方千米）	40 058.00	43 603.20	45 565.80	47 855.30	49 772.60
	城区人口（万人）	35 373.50	35 425.60	36 989.70	37 697.10	38 576.50
	城区暂住人口（万人）	4 095.30	5 476.80	5 237.10	5 621.10	5 951.50
	县城建成区面积（平方千米）	16 585.00	17 376.00	18 740.00	19 503.00	20 111.00

（续表）

	项目	2010 年	2011 年	2012 年	2013 年	2014 年
投入	县城人口（万人）	12 637.00	12 946.00	13 406.00	13 701.00	14 038.00
	县城暂住人口（万人）	1 236.00	1 393.00	1 514.00	1 566.00	1 615.00
	建制镇建成区户籍人口（亿人）	1.39	1.44	1.48	1.52	1.56
	建制镇建成区暂住人口（亿人）	0.27	0.26	0.28	0.30	0.31
	建制镇建成区面积（万公顷）	317.90	338.60	371.40	369.00	379.50
	建制镇建成区户籍人口（万人）	13 900.00	14 400.00	14 800.00	15 200.00	15 600.00
	建制镇建成区暂住人口（万人）	2 700.00	2 600.00	2 800.00	3 000.00	3 100.00
	建制镇建成区面积（平方千米）	31 790.00	33 860.00	37 140.00	36 900.00	37 950.00
	城镇人均建设用地面积（平方千米/万人）	1.26	1.31	1.36	1.36	1.37
	城市维护建设资金支出（万元）	75 080 799.00	87 390 666.00	101 981 275.00	108 047 393.00	106 589 135.00
	县城维护建设资金支出（万元）	20 451 108.00	24 246 084.00	33 299 318.00	29 418 982.00	29 798 372.00
	建制镇建设投入（万元）	36 185 346.00	50 180 547.00	57 506 956.00	71 480 746.00	71 721 740.00
	城镇人均维护建设资金投入（元/人）	1 883.24	2 239.95	2 579.21	2 721.19	2 638.27
	第二产业就业人员比重（%）	28.70	29.50	30.30	30.10	29.90
	第三产业就业人员比重（%）	34.60	35.70	36.10	38.50	40.60
	二、三产业就业人员比重（%）	63.30	65.20	66.40	68.60	70.50
	城乡文化程度差距	2.23	2.60	2.58	2.55	2.45
产出	二产业总产值（亿元）	188 804.90	223 390.30	240 200.40	256 810.00	271 764.50
	第二产业就业人员（万人）	21 842.00	22 544.00	23 241.00	23 170.00	23 099.00
	三产业总产值（亿元）	180 743.40	214 579.90	243 030.00	275 887.00	306 038.20
	第三产业就业人员（万人）	26 332.00	27 282.00	27 690.00	29 636.00	31 364.00
	二、三产业劳动生产率（元/万人）	7.67	8.79	9.49	10.09	10.61
	城乡产出水平差距	5.33	5.39	5.40	5.49	5.65

（续表）

	项目	2010 年	2011 年	2012 年	2013 年	2014 年
社会生活	城镇居民家庭人家可支配收入（元）	19 109. 40	21 809. 80	24 564. 70	26 955. 10	29 381. 00
	城镇化率（%）	49. 95	51. 27	52. 57	53. 73	54. 77
	城市用水普及率（%）	96. 68	97. 04	97. 16	97. 56	97. 64
	县城用水普及率（%）	85. 14	86. 09	86. 94	88. 14	88. 89
	建制镇用水普及率（%）	79. 60	79. 80	80. 80	81. 70	82. 80
	城镇用水普及率（%）	87. 14	87. 64	88. 30	89. 13	89. 78
	城市每万人拥有公厕（座）	3. 02	2. 95	2. 89	2. 83	2. 79
	县城每万人拥有公厕（座）	2. 94	2. 80	2. 09	2. 77	2. 76
	建制镇公共厕所（万座）	9. 80	10. 10	10. 50	14. 00	11. 40
	建制镇每万人拥有公厕（座）	5. 90	5. 94	5. 97	7. 69	6. 10
	城镇每万人拥有公厕（座）	3. 95	3. 90	3. 65	4. 43	3. 88
	城镇居民人均支出（元）	—	—	—	—	19 968. 10
	城镇居民食品消费支出（元）	—	—	—	—	6 000. 00
	城镇居民恩格尔系数（%）	35. 70	36. 30	36. 20	35. 00	30. 05
	城市高中	93 632 752. 00	78 002. 00	81 535. 00	84 311. 00	86 169. 00
	城市人专及以上	82 609 537. 00	72 403. 00	76 587. 00	81 094. 00	84 200. 00
	城市 6 岁及以上人口（人）	384 147 858. 00	322 218. 00	328 293. 00	333 349. 00	343 164. 00
	镇高中	45 914 114. 00	44 320. 00	44 420. 00	43 504. 00	42 978. 00
	镇大专及以上	23 211 949. 00	23 393. 00	23 473. 00	25 526. 00	24 848. 00
	镇 6 岁及以上人口（人）	248 689 641. 00	235 681. 00	234 122. 00	237 007. 00	241 403. 00
	城镇高中及以上占比（%）	38. 77	39. 10	40. 19	41. 10	40. 75
	城市每万人卫生技术人员（人）	76. 00	67. 00	85. 00	92. 00	97. 00
	城市每万人执业（助理）医师（人）	30. 00	26. 00	32. 00	34. 00	35. 00
	城市每万人注册护士（人）	31. 00	26. 00	37. 00	40. 00	43. 00
	城市每千人卫生技术人员（人）	13. 70	11. 90	15. 40	16. 60	17. 50
	城乡收入差距	3. 23	3. 13	3. 10	3. 03	2. 97
	城乡食品消费结构差距	0. 87	0. 90	0. 92	0. 93	0. 89
	城乡医疗水平差距	2. 63	2. 59	2. 61	2. 63	2. 65

（续表）

项目		2010 年	2011 年	2012 年	2013 年	2014 年
可持续发展	城市人均公园绿地面积（平方米）	11.18	11.80	12.26	12.64	13.08
	县城人均公园绿地面积（平方米）	7.70	8.46	8.99	9.47	9.91
	建制镇人均公园绿地面积（平方米）	2.00	2.00	2.10	2.40	2.40
	城镇人均公园绿地面积（平方米）	6.96	7.42	7.78	8.17	8.46

表 4－15　新型城镇化评价指标的数据来源说明

项目		来源说明
投入	城市建成区面积（平方千米）	中国城乡建设统计年鉴
	城区人口（万人）	中国城乡建设统计年鉴
	城区暂住人口（万人）	中国城乡建设统计年鉴
	县城建成区面积（平方千米）	中国城乡建设统计年鉴，1990—1999 年数据缺失，由 2001—2014 年的年均增长率（0.0518266646811691）推测所得
	县城人口（万人）	中国城乡建设年鉴，1990—1999 年数据缺失，由 2001—2014 年的年均增长率（0.0346809800459562）推测所得
	县城暂住人口（万人）	中国城乡建设统计年鉴
	建制镇建成区户籍人口（亿人）	中国城乡建设统计年鉴，其中 2003 年数据缺失，由相邻两年数据计算均值所得
	建制镇建成区暂住人口（亿人）	同上
	建制镇建成区面积（万公顷）	同上
	建制镇建成区户籍人口（万人）	由上述 3 个指标进行单位变换
	建制镇建成区暂住人口（万人）	由上述 3 个指标进行单位变换
	建制镇建成区面积（平方千米）	由上述 3 个指标进行单位变换
	城镇人均建设用地面积（平方千米/万人）	公式 1：城镇人均建设用地面积＝（城市建成区面积＋县城建成区面积＋建制镇建成区面积）／（城区人口＋城区暂住人口＋县城人口＋县城暂住人口＋建制镇人口＋建制镇暂住人口）
	城市维护建设资金支出（万元）	中国城乡建设统计年鉴
	县城维护建设资金支出（万元）	中国城乡建设统计年鉴，1990—1999 年数据缺失，由 2000—2014 年的年均增长率（0.235465629829602）推测所得

（续表）

	项目	来源说明
投入	建制镇建设投入（万元）	中国建设城乡统计年鉴，1990—2005 年数据缺失，由 2006—2014 年的年均增长率（0.11449626557957）推测所得
	城镇人均维护建设资金投入（元/人）	公式 2：城镇人均维护建设资金投入 =（城镇维护建设资金支出 + 县城维护建设资金支出 + 建制镇维护建设资金支出）/（城区人口 + 城区暂住人口 + 县城人口 + 县城暂住人口 + 建制镇人口 + 建制镇暂住人口）
	第二产业就业人员比重（%）	中国统计年鉴
	第三产业就业人员比重（%）	中国统计年鉴
	二、三产业就业人员比重（%）	二三产业就业比重 = 第二产业就业人员比重 + 第三产业就业人员比重
	城乡文化程度差距	公式 3：城乡文化程度差距 = 城镇居民高中及以上占比/农村居民家庭劳动力高中及以上占比
产出	二产业总产值（亿元）	中国统计年鉴
	第二产业就业人员（万人）	中国统计年鉴
	三产业总产值（亿元）	中国统计年鉴
	第三产业就业人员（万人）	中国统计年鉴
	二、三产业劳动生产率（元/万人）	公式 3：二三产业劳动生产率 =（第二产总产值 + 第三产业总产值）/（第二产业就业人数 + 第三产业就业人数）
	城乡产出水平差距	公式 4：城乡产出水平差距 = 二三产业总产值/农林牧渔业总产值
社会生活	城镇居民家庭人家可支配收入（元）	中国统计年鉴
	城镇化率（%）	中国统计年鉴
	城市用水普及率（%）	中国城乡建设统计年鉴
	DG3 县城用水普及率（%）	中国城乡建设统计年鉴，1990—1999 年数据缺失，由 2000—2014 年的年均增长率（0.0033448957514044）推测所得
	建制镇用水普及率（%）	中国城乡建设统计年鉴，其中 2003 年数据缺失，由相邻两年数据计算均值所得
	城镇用水普及率（%）	公式 5：城镇用水普及率 =（城市用水普及率 + 县城用水普及率 + 建制镇用水普及率）/3
	城市每万人拥有公厕（座）	中国城乡建设统计年鉴
	县城每万人拥有公厕（座）	中国城乡建设统计年鉴，1990—1999 年数据缺失，由 2000—2014 年的年均增长率（0.0160008183165807）推测所得

（续表）

项目		来源说明
社会生活	建制镇公共厕所（万座）	中国城乡建设统计年鉴，其中2003年数据缺失，由相邻两年数据计算均值所得
	建制镇每万人拥有公厕（座）	公式6：建制镇每万人拥有公厕=建制镇公共厕所/（建制镇人口+建制镇暂住人口）
	城镇每万人拥有公厕（座）	公式7：城镇每万人拥有公厕=（城市每万人拥有公厕数量+县城每万人拥有公厕数量+建制镇每万人拥有公厕数量）/3
	城镇居民人均支出（元）	中国统计年鉴
	城镇居民食品消费支出（元）	中国统计年鉴，其中2014年统计口径由变化，包括食品烟酒
	城镇居民恩格尔系数（%）	1990—2013年数据来自国家统计局数据查询；2014年数据根据公式8：恩格尔系数=城镇居民食品消费支出/城镇居民人均支出，计算得出
	城市高中	中国人口和就业统计年鉴，其中2000年数据缺失，由相邻两年数据计算均值所得
	城市大专及以上	同上
	城市6岁及以上人口（人）	同上
	镇高中	同上
	镇大专及以上	同上
	镇6岁及以上人口（人）	同上
	城镇高中及以上占比（%）	1990—1995年数据缺失，根据1996—2014年数据的年均增长率（0.0235774164990938）推算
	城市每万人卫生技术人员（人）	中国统计年鉴，1991—1994年数据缺失，根据1990和1995年数据的年均增长率（-0.03934）推算；1996—1997年数据缺失，根据1995—1998年数据的年均增长率（-0.00621）推算；2002年数据缺失，为相邻年份数据的均值
	城市每万人执业（助理）医师（人）	中国统计年鉴，1991—1994年数据缺失，根据1990和1995年数据的年均增长率（-0.04365）推算；1996—1997年数据缺失，根据1995—1998年数据的年均增长率（-0）推算；2002年数据缺失，为相邻年份数据的均值
	城市每万人注册护士（人）	中国统计年鉴，1991—1994年数据缺失，根据1990和1995年数据的年均增长率（-0.03379）推算；1996—1997年数据缺失，根据1995—1998年数据的年均增长率（-0.00621）推算；2002年数据缺失，为相邻年份数据的均值
	城市每千人卫生技术人员（人）	公式9：城市每千人卫生技术人员=（城市每万人卫生技术人员+城市每万人执业助理医师+城市每万人注册护士）/10

（续表）

项目		来源说明
社会生活	城乡收入差距	公式10：城乡收入差距 = 城镇居民人均可支配收入/农村居民家庭人均纯收入
	城乡食品消费结构差距	公式11：城乡食品消费结构差距 = 城镇恩格尔系数/农村恩格尔系数
	城乡医疗水平差距	公式12：城乡医疗水平差距 = 城市每千人卫生技术人员/农村每千人卫生技术人员
可持续发展	城市人均公园绿地面积（平方米）	中国城乡建设统计年鉴
	县城人均公园绿地面积（平方米）	中国城乡建设统计年鉴，1990—1999年数据缺失，由2000—2014年数据的年均增长率（0.0401660671251793）推算
	建制镇人均公园绿地面积（平方米）	中国城乡建设统计年鉴
	城镇人均公园绿地面积（平方米）	公式13：城镇建成区绿地率 =（城市人均公园绿地面积 + 县城人均公园绿地面积 + 建制镇人均公园绿地面积）/3

有些变量如恩格尔系数为具有负趋势的变量，为了消除不同趋势变化及不同量纲对数据分析的影响，需要首先进行数据进行归一化处理，将各序列化为无量纲值，具体方法如下：

若序列为正向作用指标，则进行如下变换：

$$d = (X_i - X_{min}) / (X_{max} - X_{min}) \quad \text{公式（4）}$$

若序列为反向作用指标，则进行如下变换：

$$d = (X_{max} - X_i) / (X_{max} - X_{min}) \quad \text{公式（5）}$$

经上述转化后新序列包含于区间［0，1］，是无量纲变量。

综合发展水平得分计算

使用加权评分法分别建立两系统发展水平的综合评价公式，并使用该公式计算1990—2013年我国城镇化及农业现代化发展的综合发展水平评分。具体公式为：

$$u_n = \sum_{i=1}^{n} w_i d_i \quad \text{公式（6）}$$

其中 u_i 为城镇化与农业现代化的综合得分，w_i 为两系统内不同指标的权重，将处理完毕的数据带入公式（6）得到不同年份 U_1、U_2 的具体数值（表4-16）。

表4-16　农业现代化与城镇化发展水平综合得分

年份	城镇化水平 u_1		农业现代化水平 u_2	
1990	0.0125	0.2741	1990	0.0125
1991	0.0567	0.1040	1991	0.0567
1992	0.0691	0.1040	1992	0.0691

（续表）

年份	城镇化水平 u_1		农业现代化水平 u_2	
1993	0. 2103	0. 1040	1993	0. 2103
1994	0. 2255	0. 1040	1994	0. 2255
1995	0. 2460	0. 2962	1995	0. 2460
1996	0. 2705	0. 1040	1996	0. 2705
1997	0. 2485	0. 1040	1997	0. 2485
1998	0. 2812	0. 3210	1998	0. 2812
1999	0. 2915	0. 3055	1999	0. 2915
2000	0. 2823	0. 2807	2000	0. 2823
2001	0. 2849	0. 2943	2001	0. 2849
2002	0. 3222	0. 3146	2002	0. 3222
2003	0. 3793	0. 3244	2003	0. 3793
2004	0. 4000	0. 3704	2004	0. 4000
2005	0. 4754	0. 4220	2005	0. 4754
2006	0. 4091	0. 3884	2006	0. 4091
2007	0. 4520	0. 4015	2007	0. 4520
2008	0. 5099	0. 4920	2008	0. 5099
2009	0. 5566	0. 5265	2009	0. 5566
2010	0. 5687	0. 5308	2010	0. 5687
2011	0. 5672	0. 5186	2011	0. 5672
2012	0. 6105	0. 5577	2012	0. 6105
2013	0. 6560	0. 5684	2013	0. 6560
2014	0. 6844	0. 6138	2014	0. 6844

（2）耦合协调度等级划分标准及耦合协调度计算

耦合协调度等级划分

为了更清晰的表现城镇化与农业现代化之间耦合程度与耦合协调度数值之间的对应关系，在借鉴前人研究成果的基础上，将耦合协调度数值与耦合阶段对应等级划分如表4－17。

表4－17 耦合协调度数值与耦合阶段对应等级

耦合协调度	耦合阶段	耦合特征
0～0.39	失调	两化发展不协调，城镇化的发展抢占了大量农业资源，城镇化发展对农业现代化发展有挤出效应
0.39～0.49	濒临失调	两化发展处于拮抗时期，二者均获得发展的同时并没有发挥系统间的互补作用
0.49～0.69	初级协调	两化发展处于初级协调阶段，城镇化对农业现代化的拉动效应开始显现，同时农业现代化提供初级原料的功能明显增强，农业现代化发展加速
0.69～0.89	中级协调	此阶段城镇化已发展到一定阶段，系统之间的互补作用明显，二者均将获得较快的发展
0.89～1	良好协调	两化发展处于和谐阶段，系统之间的差距迅速缩小，二者之间的互补及互动作用达到理想状态

耦合度及耦合协调度数值的计算

将城镇化水平综合得分 u_1 与现代化水平综合得分 u_2 带入公式（2）与公式（3）得到城镇化与农业现代化协调发展的耦合度 C 与耦合协调度 D，列表如表4－18。

表4－18 农业现代化与城镇化协调发展的耦合度及耦合协调度数值

年份	耦合度 C	耦合关联度 D	耦合阶段
1990	0.2043	0.1547	失调
1991	0.4043	0.1947	失调
1992	0.4043	0.1947	失调
1993	0.4043	0.1947	失调
1994	0.4043	0.1947	失调
1995	0.4263	0.2726	失调
1996	0.4043	0.1947	失调
1997	0.4043	0.1947	失调
1998	0.4640	0.3169	失调
1999	0.4760	0.3233	失调
2000	0.4868	0.3258	失调
2001	0.4882	0.3362	失调
2002	0.4920	0.3559	失调
2003	0.4973	0.3781	失调
2004	0.4975	0.4055	濒临失调
2005	0.4966	0.4280	濒临失调

（续表）

年份	耦合度 C	耦合关联度 D	耦合阶段
2006	0.4953	0.4057	濒临失调
2007	0.4975	0.4219	濒临失调
2008	0.4952	0.4561	濒临失调
2009	0.4965	0.4779	濒临失调
2010	0.4987	0.4931	初级协调
2011	0.4999	0.5043	初级协调
2012	0.5000	0.5240	初级协调
2013	0.4999	0.5388	初级协调
2014	0.5000	0.5530	初级协调

（3）结果分析

城镇化与农业现代化互动发展情况

从表4－18可以得出结论，1990—2014年间我国城镇化及农业现代化水平稳步提高，呈现出了良好的发展态势。根据综合得分的不同，可以进一步将两系统间的发展关系分为三类：$u_1>u_2$时，城镇化与农业现代水平的总体关系为农业现代化发展滞后型；$u_1=u_2$时，为城镇化与农业现代化发展同步型；$u_1<u_2$时，为城镇化发展滞后型。由图4－7的农业现代化及城镇化水平发展曲线可以看出，1990—1998年，u_1曲线和u_2曲线各有高于对方的情况，两化关系处于不稳定状态；1998—2002年，两化接近于同步发展的状态；从2003年开始，两化之间的差距逐渐扩大，并在以后的近12年里基本保持了这一态势，1998年为了应对亚洲经济危机，中国开始大幅增加基础设施建设，房地产市场化改革也从1999年起步，受比较收益影响的社会资源更多流向城镇，城镇化建设进入了提速期，而由于城乡二元经济的存在，城镇化的发展在一定程度上挤占了农业现代化发展所需的资源，加上农业发展初期自身积累能力弱的特点，农业现代化的发展受到一定限制，导致了该时期农业现代化虽受益于经济的快速发展而明显提速，但水平长期滞后于城镇化水平。随着城乡二元经济格局的打破以及国家“工业反哺农业，城市支持乡村”战略的提出与实行，城镇化对农业现代化的拉动效应不断增强，特别是自2009年开始中国房地产市场出现了波浪上升的局面，城镇化发展进一步提速，两化之间的差距进一步拉大，但同时农业现代化发展也出现了加速上升的趋势，证明了在特定阶段城镇化发展对农业现代化发展的拉动作用，伴随着该阶段农业现代化自身积累能力的大幅提升，农业经济与城镇经济的的互动与融合趋势开始显现。当前，在我国经济发展进入新常态的大背景下，农业已成为市场经济的价值洼地，作为基础产业的农业占我国巨大GDP体量的比重还不到10%，这与我国农业大国的地位是不相符的，随着社会资本的不断积累，农业比较效益的不断提高，越来越多的城镇资本进入农业，我国将迎来农业大发展的新时期。

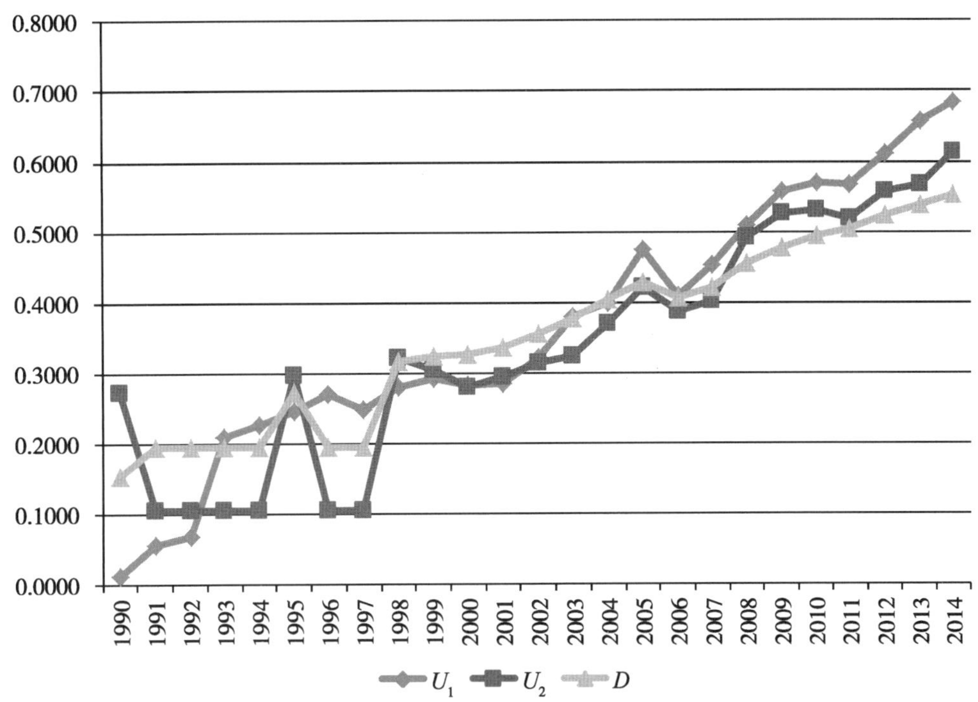

图 4－7 农业现代化、城镇化水平趋势与耦合协调度曲线

城镇化与农业现代化系统发展耦合协调度分析

由图 4－7 可知，我国城镇化与农业现代化的耦合协调度由 1990 年的不足 0.02 达到了 2013 年的 0.55，耦合程度由失调达到了初级协调的水平。

耦合协调度程度的转变可以分为 3 个阶段，第一个阶段为 1990—2003 年，城镇化与农业现代化处于失调阶段，该阶段处于我国城镇化开始加速发展的阶段，城镇化的发展抢占了大量农业资源，城镇化发展对农业现代化发展有明显的挤出效应。第二阶段为 2004—2009 年，该阶段在城镇化发展迅速的同时，农业现代化也开始加速发展，两系统的发展出现拮抗现象，二者均获得发展的同时并没有发挥系统间的互补作用，处于城镇化与农业现代化发展的竞争时期。第三阶段为 2010—2014 年，4 年间耦合关联度由 0.4997 发展到接近 0.5000 的水平，此时城镇化发展与农业现代化发展处于初级协调阶段，城镇化对农业现代化的拉动效应开始显现，农业现代化提供初级原料的功能明显增强，农业现代化发展加速。

由图 4－7 可以看出，耦合协调度 D 曲线的变化趋势比较平稳，年均增长 0.014，按这个趋势估算，到 2025 年左右两化之间的耦合协调度将超过 0.7，达到中级协调的水平，此时城镇化已发展到一定阶段，城镇化与农业现代化经过长时期磨合，二者间要素互补、发展互动、目标互融效应不断增强，两化发展将进入螺旋上升时期。当前应清醒的认识到中国城镇化与农业现代化的耦合协调程度刚刚达到了初级协调水平，远没有达到理想的效果，系统间协同发展的耦合协调度仍有较大的提升空间，应进一步推进机制创新，革除制度障碍，加大政策支持力度，促进两系统的协调发展。

3. 结论

城镇化与农业现代化是我国推动‘四化’同步战略的重要组成部分，二者在发展过程中存在要素、发展互动、目标互融的相互作用关系，本文通过建立评价方程以及计算耦合协调度定量测定了城镇化与农业现代化的发展水平及其协调发展程度。

研究结果表明，1990—2014 年间，我国的农业现代化与城镇化获得了较快的发展，城镇化与农业现代化发展的差距有所增大，城镇化对农业现代化发展的拉动效应开始显现；城镇化与农业现代化的耦合协调度不断提升，当前达到了初级协调的水平，系统间的互动协调作用不断加强，预计 2025 年耦合协调度将超过 0. 7，中国城镇化与农业现代化发展即将进入螺旋上升时期；同时，当前系统的耦合协调度刚达到初级协调水平，两化之间的协调作用还比较弱，城镇化与农业现代化发展的协同促进力度仍有很大的增强潜力。

最后要指出的是，城镇化与农业现代化本身就是复杂的系统问题，窥其一斑尚属不易，要理顺二者之间的作用关系则更是难上加难，本文研究还存在很多不足，将在以后的工作中加以克服。

四、新型城镇化与农业现代化协调发展经验借鉴——中鹤模式

2011 年 9 月，《国务院关于支持河南省加快建设中原经济区的指导意见》中提出“坚持高起点推进工业化、城镇化和农业现代化，把加强生态环境保护、节约集约利用资源作为转变经济发展方式的重要着力点，加快构建资源节约、环境友好的生产方式和消费模式，不断提高可持续发展能力。”明确中原经济区要探索出一条不以牺牲农业和粮食、生态和环境为代价的新型城镇化、工业化和农业现代化协调发展的路径。基于上述背景，河南鹤壁市浚县以大型农业产业化龙头企业中鹤现代农业开发集团有限公司（以下简称“中鹤集团”）结合当地农区实际情况，在新型城镇化建设和农业现代化同步发展方面做出了有益地探索，并取得了显著成效。河南鹤壁市浚县以中鹤集团为依托，引入市场机制，通过政府引导、企业运作、农民参与的方式，创出一个符台传统农区发展实际的农业现代化与新型城镇化协同发展的范例——中鹤模式。

中鹤集团位于鹤壁市浚县北部王庄镇，公司成立于 1995 年，注册资本 10. 28 亿元，正式员工 3 000余人，公司生产基地、工业园区位于鹤壁市浚县，依托国家对农业发展的政策支持，已发展成为一个占地 5. 8 平方千米的粮食精深加工产业园。主营业务涉及农业开发、集约化种养、粮食收储与粮油贸易、小麦加工、玉米加工、豆制品加工、零售业、环保与能源等产业。依托国家对农业产业的政策支持，凭借优良的区位和原料优势，目前已成为国家财政参股企业、国家“十一五”食品安全科技攻关项目示范基地、全国食品工业优秀龙头企业、河南省农业产业化重点龙头企业。

1. 中鹤模式简介

中鹤模式的内在结构在于，本着企业向产业园区集中、土地向农机合作社集中、人

口向新城社区集中地原则，对中鹤集团所在地王庄镇进行了整体规划。以龙头企业为主导，建立产业园区，依托成熟的工业化模块，以解决农业现代化和新型城镇化建设前期的资金问题；以土地流转置换和给付特定指标内的免费住宅或超低价住宅，以解决农民土地的出让问题，流转土地主要由浚县鹤飞农机服务专业合作社管理；通过获得清洁粮源生产基地，实现规模效应，发展现代农业（比如立体化生态农业和循环养殖业等）和基于现代农业衍生出来的服务业（比如有机蔬菜、生鲜肉食的配送等），延长产业链条；进而在耕地资源集中优化的同时，运用政府投资和多元化商业资本，给当地农民提供大量的劳动密集型就业机会、更高品质的住宅和各项基础设施，建设中鹤新城。从而形成一种城镇化助推农业现代化，现代化又促进城镇化发展的良性循环（图4－8）。

中鹤模式在王庄镇初步形成了新型城镇化和农业现代化的有机融合，在提升农业现代化发展水平、农民增收和农村环境改善方面，在新型城镇化社区建设水平、要素保障方面取得了显著成效，对县域经济发展起到了很好地推动作用。

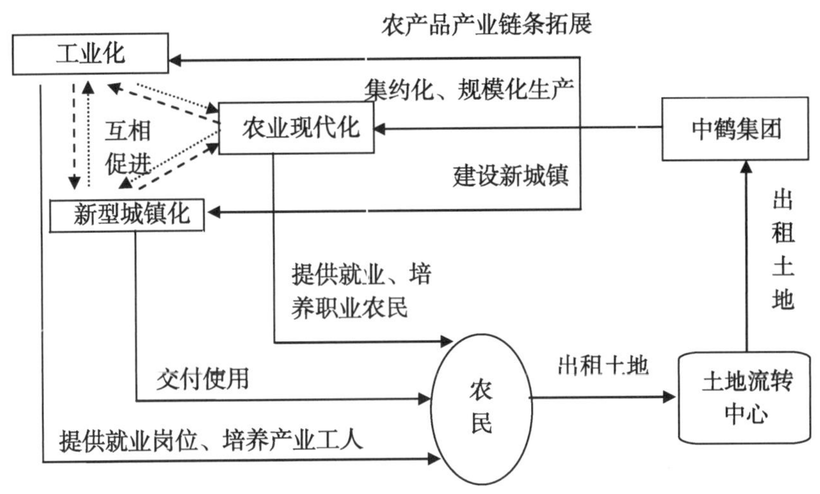

图4－8 中鹤模式的运作示意图

2. 中鹤模式中农业现代化对城镇化的促进

（1）提供优质农产品以及生态观光方面

通过规划建设农业生产和生态观光区，为城镇化提供优质农产品以及满足市民休闲观光的需要。规划面积12万亩，由优质粮食生产区、标准化畜禽养殖区、优势特色经济作物与林果种植区、生态观光休闲农业区四大功能区组成。中鹤集团与农户联合创建的“浚县鹤飞农机服务专业合作社”，利用流转和复耕新增的土地，以6万亩高标准粮田＋鹤飞农机合作社＋青贮玉米＋规模化养殖＋有机肥加工”为产业链正在运行，探索打造种养一体化的现代农业发展新模式，提供优质的农产品资源。合作社用青贮玉米和小麦秸秆发展规模化肉羊、肉牛养殖，大幅提升了牛羊肉的产品质量。无害化处理的牛羊养殖粪污有机肥施，减少化肥的使用，秸秆过腹还田又消灭了虫卵从而减少了害虫进而减少了农药的用量，形成了“地种粮、粮结秆、秆喂羊、羊拉粪、粪还田”的绿色、低碳农业，保证了清洁粮源。

（2）农业现代化为城镇化建设提供土地供给

首先，为城镇工业供给园区用地。当地政府还依托中鹤集团规划了5.8万平方千米的市级特色工业园区——浚县粮食精深加工园区。园区建成区面积2平方千米，中鹤集团8家全资子公司全部布局园区内，初步形成了粮食精深加工产业集群。其次为新城城镇——中鹤新城供给了总规划面积12平方千米的建设用地。

（3）农业现代化为城镇工业发展提供劳动力

据估算，“中鹤模式”通过工业和农业发展、城镇建设等，可增加就业岗位3万多个。其中，“浚县鹤飞农机服务专业合作社”的养殖场已经吸纳周边村民200余人，每人年均收入达3万元，比王庄镇人均年收入高出近2万元。

3. 中鹤模式中城镇化对农业现代化的推进

（1）延伸产业链条促进农业现代化发展

近年来，中鹤集团不断推进规模化生产和产业化经营，农产品加工领域不断拓展，规模迅速壮大，拉长了产业链条，形成了产业聚集。中鹤粮食精深加工产业园区形成了两大功能：一是70万吨的仓储能力；二是75万吨的年原粮加工转化能力，基本形成了以小麦、饲用玉米为主的从田间到餐桌的由两条产业链组成的产业集群。

（2）加速土地流转

出让土地承包权的农户，可以获得中鹤集团提供的每年每亩600千克小麦的租赁土地折合价给予补偿，这一租赁价格比农民自我耕种收益高300～400元，并以合同形式长期固定，这一收益比农户自己从事农业生产能够获得的收益更高、更稳定。同时对于积极转让土地承包权的农户优先雇佣让其进入集团成为工人，增加了农民收入，更加提升了农民土地流转的积极性，促进了农民土地经营权的加速流转。

（3）增加农业现代化的耕地存量和产值

在耕地的利用上，由于农民让渡出了宅基地，增加了耕地存量。首批搬迁后新增土地达到1 500亩，规划后除去工业园区、新城社区和沟塘道路占地，耕地面积将由目前的9万亩增加到12万亩，净增耕地3万亩。目前，针对宅基地让渡形成的新增耕地存量，中鹤建成了3万亩高产创建现代农业示范区，这对解决城镇化发展与耕地保护这一尖锐矛盾做出了突出贡献。

（4）提高农民生活水平

由中鹤集团的工业化版块提供资金，利用农村建设用地增减挂钩政策，推进并村和农民进城（镇），在王庄镇建设农民集中居住社区“中鹤新城”，通过价格优惠、拆迁补贴等方式，农民以较少的成本进新城驻。进城后的农民在农业产业园区、农产品加工园区和城镇社区就地转移就业，实现农民向城镇居民、向产业工人的转变。新城总规划面积12平方千米，总投资59亿元，全部建成后可吸纳近8万人居住，建设共分三期建设。其中，一期工程于2010年8月开工，计划建设占地3 750亩，计划建筑面积110万平方米。可容纳2万人生活居住的一期工程已建成，可容纳4万人的二期工程已开工建设。新城建设过程中，注重完善功能配套，在自来水、天然气、污水处理、幼儿园等配套设施相继投入使用的同时，引进了中鹤集团麦多王庄商业中心，中心由商业街和大型超市组成，总建筑面积1.6万平方米，总投资3 000万元，日均客流量5 000人次。超市内提供食品、生鲜、百货、家电、纺织等五大类、超过1.2万种商品，实现了居民日常生活一站式购物，为中鹤新城和整个王庄镇40余个自然村居民提供完善的生活配套服务。满足了居民的生活需要，提升了居民的生活档次，创造了当地就业的机会，加快了新城人口聚集的速度。

（5）培养新型职业农民

中鹤集团为了加快集团农业现代化步伐，达到农业生产全程机械化，2014年引进了凯斯875联合整地机、凯斯DV90R精良播种机、纽荷兰CX6080联合收割机、纽荷兰FR9040自走式青贮收获机、纽荷兰T2104轮式拖拉机、纽荷兰BB1270大方捆打捆机、海内克5630灭茬聚拢机、凯斯STEIGER450轮式拖拉机以及美国维蒙特公司的指针式电动喷灌机。随着农业机械化的快速发展、农业装备的迅速增高，必然要求农民具备一定的科技文化素养，能够熟练掌握农业机械的操作维修和相关技能。发展农业机械化的过程，也是中鹤集团培养和造就高素质新型职业农民的过程，为培养新型职业农民搭建了重要平台。

4. 关于中鹤模式的几点思考

中鹤集团通过“工业引领现代农业，产业发展和城镇化联动，实现了农民土地有序流转；推进了农业现代化，保障了粮食安全；破解了农村民生难题，加快了城镇化进程。中鹤集团的新型城镇化建设和农业现代化协同发展，不是将两者简单地加总，而是因势利导，有效地化解了推进工业化和城镇化与耕地保护的矛盾，实现了企业自身商业利益与社会效应的高度统一。随着规划的进一步实施和完成，“中鹤模式”的效果将更加凸显，对我国新型城镇化和农业现代化协同推进具有重要借鉴意义。

（1）推进城镇化和农业现代化协调发展，应以维护农民根本利益为前提

一是可以为当地农民提供了充分及相对持久的就业机会。二是将从农户手中承包的耕地使用权转化为农民长期稳定的收入保障，让农地的保障功能以资产收入的形式得以体现。三是新城区的农户依然有机会从事熟悉的农业生产，如承包养殖场、承包葡萄种植，而不是远离农业。四是新城区的硬件设施和服务设施要有较大程度提升，以新城区永久物业对等交换农民宅基地和房屋。让农民成为新型城镇化和农业现代化协同发展的直接受益者，也为推进土地流转、农业现代化和就近就地城镇化提供了成熟的条件。

（2）推进城镇化和农业现代化协调发展，应合理化解城镇化与耕地保护的矛盾

一是要建立健全专业合作社，按照依法、有偿、自愿的原则，坚持通过合作社有序

开展土地流转。二是建立健全土地流转中心的功能和作用，起到土地流转的中间媒介作用。三是加强农村宅基地的复耕，为农业现代化建设增加耕地面积，到2025年全镇46个村全部搬迁和流转后，共腾出可供利用的土地近5万亩，扣除各种必需土地用途外，仍有2.11万亩土地资源盈余，可复垦为耕地。四是，利用生态循环农业模式，保护现有耕地质量。

（3）推进城镇化和农业现代化协调发展，应走一二三产业融合道路

“中鹤模式”构建了种植、养殖、加工、仓储、物流一条龙的现代农业产业体系，在农产品精深加工的同时，向集约化种养、粮食收储、粮油贸易、农产品连锁超市、环保能源等相关产业拓展，三次产业之间形成了相互依存、相互促动格局和协调发展机制，真正实现了“产城共建”，促进农业现代化快速发展，也为城镇化建设提供了资金积累。

（4）推进城镇化和农业现代化协调发展，应以市场为导向，形成内生动力

中鹤模式充分尊重市场的力量，在耕地流转、农户宅基地与新城区物业交换两个方面，达成农民满意、企业认可的条件。使农民获得了耕地承包权转让的稳定收益，也获得以较少成本实现城镇化的超值收益，企业也能够获得由于土地集约利用和综台开发带来的可观回报。

（5）推进城镇化和农业现代化协调发展，应有畅通的资金通道

中鹤集团解决“钱从哪里来”的难题主要依靠多元投资主体来解决：一是集团自身农业工业化的前期积累。二是政府补贴资金，如中鹤集团在产业化经营和现代农业建设中，2010—2012年共得到政府的各类补贴扶持资金36 485万元。三是政府参股，在中鹤新城建设中政府进行了参股投资，同时在学校、医院、养老院、文体设施和行政服务中心等也得到了鹤壁市和浚县政府的支持。四是农业发展银行大量的信贷资金支持，使中鹤集团突破新型城镇化和农业现代化协同发展的融资瓶颈。

（6）推进城镇化和农业现代化协调发展，应走可持续发展道路

一是中鹤模式用养殖场无害化处理的牛羊养殖粪污有机肥施，减少化肥的使用，秸秆过腹还田又消灭了虫卵从而减少了害虫进而减少了农药的用量，发展了绿色、低碳农业。二是充分利用设施农业和养殖场空间建设光伏发电设施，利用农牧业废弃物建设沼气等能源工程，积极探索高效循环经济发展模式。通过积极推进循环经济发展，促进生态型、节约型城乡一体化建设。

第五章　新型城镇化和农业现代化协调推进的影响因素

近年我国农业现代化与城镇化均进入加速发展时期，但无论与发达国家相比，还是与我国整体现代化进程相比，农业现代化发展的程度还远远不够，城镇化进程中还存在诸多问题。当然，影响我国现阶段农业现代化水平和城镇化进程的因素是多方面的，本章将对主要因素进行探讨和分析。

一、影响我国城镇化快速推进的因素

未来，我们将迎来我国城镇化建设快速发展的阶段。据预测，到2020年我国超过一半的人口将居住在城镇地区（United Nations，2002），城镇化率达到56%。尽管我国当前城镇化建设取得了伟大的成就，但是代价不小，问题也非常突出，必须引起我们的高度重视。

1. 我国城镇化水平相对滞后

（1）与世界发达国家相比，我国城镇化发展水平偏低

从图5-1可以看到，2005—2013年我国城镇化率不断提高，在2012年我国城镇化率达到52.57%，与世界平均水平相当，但与发达国家70%以上的城镇化率相比仍有较大差距。与人均收入与我国接近的国家60%以上的城镇化率也有差距，比同等工业化水平下世界平均城镇化水平低20%左右。2014年中国城镇化率达到了54.77%，与差距最小的德国相比，低了21.16%；与差距最大的日本相比，低了38.76%。由此可见，我国要想朝着世界高收入水平国家迈进，城镇化水平依然有很大的上升空间。

2015年《中国人口和就业统计年鉴》有2014年相关国家数据，但是和国家统计年鉴数据偏差较大，故使用国家统计局查询数据。

（2）与非农化水平相比，我国城镇化水平相对落后

新型城镇化建设的过程也是非农化的过程，在这一过程中，农民离开传统的农业生产方式，到城市的二三产业就业是非常有代表性的体现。因此，将二三产业就业人数占全社会就业人员的比重作为衡量非农就业比率的指标，进而和城镇化率进行比较，以反应非农化过程和城市化过程的偏差。本研究采纳简新华、黄锟（2010）的观点，如果非农就业人口比率大大超过城市人口比率，称为城市化滞后，城市化率低于非农就业比率的差值在10%左右、比值基本在1.2内是较为合理的差距，大于这一差值或者比值，

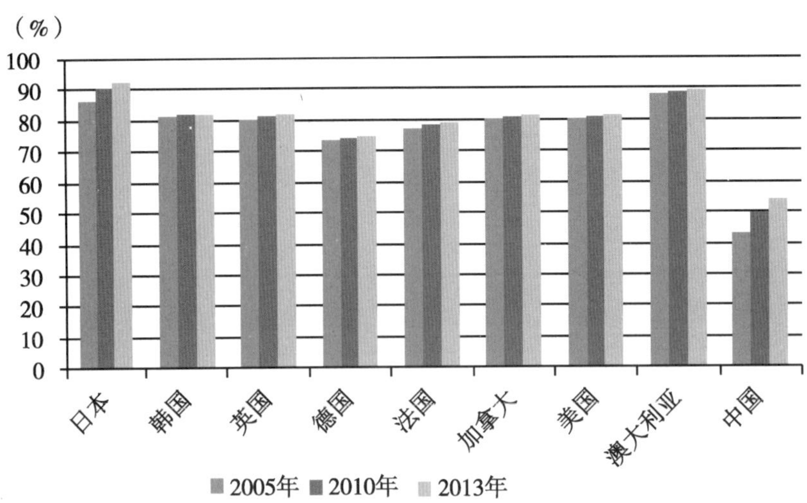

图 5－1　主要发达国家与中国城镇化率比较

资料来源：国际统计局数据查询。

注：由于缺乏发达国家 2014 年城镇化率数据，故最新数据选取到 2013 年。

则认为城镇化水平比非农化水平滞后。

表 5－1 的数据反应了改革开放以来我国城镇化水平与非农化水平的变化特征。总体来看，我国城镇化水平一直滞后于非农化水平，但是城镇化发展速度快于非农化发展速度，2014 年比 1978 年分别上涨了 206% 和 139%。二者的差距呈缩小趋势，城镇化水平从远滞后于非农化水平，到趋近于合理滞后水平。从比值来看，从 1978 年的 1.64 下降到 2005 年的 1.28，之后基本稳定在 1.26～1.29，但是与历史相比，虽然目前城镇化率落后于非农化水平的程度是较小且稳定的，但依然高于 1.2 的合理滞后区间，相对于非农化水平，我国城镇化发展水平是滞后的。

表 5－1　城市基础设施和服务设施变化情况

年份	非农业就业比率（%）	城镇化率（%）	比值
1978	29.48	17.92	1.64
1980	31.25	19.39	1.61
1985	37.58	23.71	1.59
1990	39.90	26.41	1.51
1995	47.80	29.04	1.65
2000	50.00	36.22	1.38
2005	55.20	42.99	1.28
2006	57.40	44.34	1.29
2007	59.20	45.89	1.29

（续表）

年份	非农业就业比率（%）	城镇化率（%）	比值
2008	60.40	46.99	1.29
2009	61.90	48.34	1.28
2010	63.30	49.95	1.27
2011	65.20	51.27	1.27
2012	66.40	52.57	1.26
2013	68.60	53.73	1.28
2014	70.50	54.77	1.29

资料来源：根据国家统计局数据查询中的数据计算。

综上，整体来看，我国城镇化发展水平是滞后的，这种滞后不仅体现在滞后于发达国家城市化水平，也滞后于国外同等发展水平国家或同样发展阶段的城市化水平。还体现在滞后于非农化进程，因此，城镇化水平需要进一步提高。

2. 大量农业转移人口难以融入城市社会，市民化进程滞后

当前城镇化进程的理想状态是主要实现“人的城镇化”，要把常住人口市民化作为首要任务，逐步实现进城务工农民及其家属能享受所在地城镇居民等同的公共服务。目前农民工已成为我国产业工人的主体，但是大量农村转移人口的涌入已经让城市社会面临严峻的挑战，从下图可以看到，2003 年以来，常住人口城镇化率和户籍人口城镇化率的差距逐年加大，这也就意味着越来越多的农业流动人口享受不到城市化的社会保障。2014 年我国常住人口城镇化率为 54.77%，户籍人口城镇化率只有 36.63%（图 5 - 2），被统计为城镇常住人口的 2.44 亿农民工及其随迁家属不具备非农户口，在教育、就业、医疗、养老、保障性住房等方面更不能平等地享受城镇居民的基本公共服务。

3. “土地城镇化”快于人口城镇化，粗放低效用地模式带来耕地面积的减少

在城镇化进程中，很多地区过分追求城市平面扩展，出现建成宽马路、大广场，新城新区、开发区和工业园区占地过大等问题。2007—2014 年，城镇建成区面积增长 39.34%，远高于城镇常住人口 23.56% 的增长速度；农村人口减少 9 630 万人（13.47%），农村居民点用地却在增加。一些地方过度依赖土地出让收入和土地抵押融资推进城镇建设，加剧了土地粗放利用，浪费了大量耕地资源，根据张乐勤和陈发奎（2014）的预测，2012—2020 年，城镇化演进将导致耕地面积净减少 13.81 万公顷，年均减少 1.53 万公顷，2020—2030 年净减少 10.87 万公顷，年均减少 1.09 万公顷。长此下去，势必威胁到国家粮食安全和生态安全，也加大了地方政府性债务等财政金融风险。

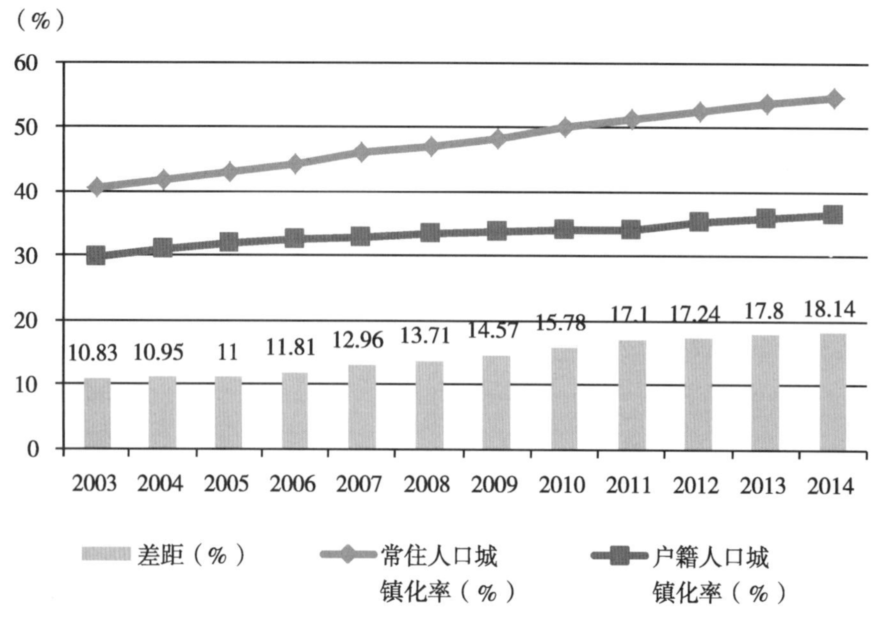

图5－2　常住人口城镇化率与户籍人口城镇化率的差距

4. 城镇化建设水平区域间发展不平衡的问题长期存在

我国新型城镇化建设水平的区域差距主要体现在经济越发达的地区城镇化率普遍越高。从东中西部地区来看，我国城镇化率较高的省份主要是由大部分东部地区构成，尤以环渤海、长江三角洲和珠江三角洲地区显得更为突出，2014 年东部 11 省中 9 省城镇化水平高于全国平均水平，其中，北京、天津、上海 3 个地区城镇化率达到 80% 以上，辽宁、江苏、浙江、福建、广东城镇化率 60% ~70%，山东 55%；中部 8 省份中吉林、黑龙江、湖北三地的城镇化率也超过了全国平均水平，西部地区由于经济发展速度慢，其城镇化水平也相对较低，仅有重庆和内蒙古的城镇化率超过了全国平均水平。从城镇化增速来看，2005—2014 年，我国 31 个省市的城镇化率平均增速为 2.73%，东部地区发展基础好，发展速度放慢；而中西部地区由于城镇化水平起点低，发展速度较快。其中贵州、河南增速最快，年均增速超过 4%，上海和北京年均增速分别为 0.06% 和 0.36%（表 5－2）。从经济带来看，目前我国东部地区的京津冀、长三角、珠三角三大城市群以 2.8% 的国土面积集聚了 18% 的人口，创造了 36% 的国内生产总值。而中西部正在打造的哈长、呼包鄂榆、太原、宁夏沿黄、江淮、北部湾、黔中、滇中、兰西、乌昌石等 10 个区域性城市群，则以 10% 的面积承载全国 1/3 的人口，创造了超过 2/3 的经济总量，这也是区域差距的问题所在。

表 5－2　2005—2014 各地区城镇化水平变化情况

地区		2005 年城镇化率	2014 年城镇化率	城镇化水平年均增长率
	全国	42.99	54.77	2.73
东部地区	北京	83.62	86.34	0.36
	天津	75.07	82.27	1.02
	河北	37.69	49.32	3.03
	辽宁	58.71	67.05	1.49
	上海	89.10	89.57	0.06
	江苏	50.50	65.21	2.88
	浙江	56.02	64.87	1.64
	福建	49.40	61.80	2.52
	山东	45.00	55.01	2.26
	广东	60.68	68.00	1.27
	海南	45.17	53.82	1.97
中部地区	山西	42.12	53.78	2.75
	吉林	52.50	54.83	0.48
	黑龙江	53.09	58.02	0.99
	安徽	35.51	49.15	3.68
	江西	37.00	50.22	3.45
	河南	30.65	45.20	4.41
	湖北	43.20	55.67	2.86
	湖南	37.01	49.28	3.23
西部地区	内蒙古	47.19	59.52	2.61
	广西	33.63	46.00	3.54
	重庆	45.21	59.61	3.12
	四川	33.00	46.30	3.83
	贵州	26.86	40.02	4.53
	云南	29.51	41.73	3.93
	西藏	20.71	25.79	2.46
	陕西	37.24	52.58	3.91
	甘肃	30.02	41.68	3.71
	青海	39.23	49.74	2.67
	宁夏	42.28	53.63	2.68
	新疆	37.16	46.08	2.42

资料来源：国家统计局。

5. 城市管理服务水平不高，“城市病”问题日益突出

第一，目前很多城镇化建设主要是行政主导，这偏离了经济的合理性，利益驱动了“土地革命”“造城运动”的出现，为城市化而城市化，盲目地建设导致了许多地方虽然高楼林立，但人员稀少。

第二，目前许多城镇政府部门重建设、轻管理的倾向比较严重。追求短期功效，关系到长远发展目标和制度建设的基础性工作被放弃了盲目扩张，低水平重复建设。而人口集聚后的公共服务及配套设施却跟不上城镇硬件建设的步伐，城中村和城乡接合部等外来人口集聚区人居环境较差。

第三，城市群布局不尽合理，城市群内部分工协作不够、集群效率不高；部分特大城市主城区人口压力偏大，与综合承载能力之间的矛盾加剧；中小城市集聚产业和人口不足，潜力没有得到充分发挥。如果城市群发展不注重质量，不考虑城市本身的结构和环境的容量，在没有很好的内部结构和各个环境相互协调的作用下，很难得到一个好的发展结果。

第四，制约城镇化发展的制度性障碍依然不少，如户籍制度、就业制度、社会保障制度、土地使用权制度等，这些制度妨碍了城市要素的空间集聚，阻碍了城镇化进程中人口流动加快的趋势。

第五，当前我国城镇空间分布与资源环境承载能力不匹配。城镇建设与生态建设相统一、城镇发展与生态环境相协调，是城镇化道路的重要环节。但是由于急功近利等原因，关系到生产生活环境改善，如卫生、污水处理和垃圾处理等多年才能见效的环境工程、生态建设被忽视了，城镇密集地区资源环境约束加剧情况日益严峻。

第六，自然历史文化遗产保护不力，城乡建设缺乏特色。一些城市景观结构与所处区域的自然地理特征不协调，大部分城市建设过程中，都喜欢模仿国际大都市建设风格，丧失了城市本来的自然和文化个性。农村地区的小城镇建设也是简单照搬城市建设方式，很少兼顾传统民居特色和田园风光，乡土特色和民俗文化不能彰显其中。

以上这些情况严重影响了城镇化发展。

二、影响我国农业现代化建设的制约因素分析

1. 耕地资源总量减少、质量下降

我国耕地面积在世界上排第四，仅次于美国、俄罗斯和印度，但人均耕地面积还不到世界人均耕地面积的一半儿。并且由于受农业结构调整、生态退耕、自然灾害损毁和非农建设占用等影响，耕地资源整体上逐年减少（表 5－3）。2010 年为 13 526. 83万公顷，较上年减少 11. 63 万公顷；2012 年则变为 13 515. 85万公顷，年内净减少耕地面积 8. 02 万公顷。2013 年耕地面积略有增加，达到 13 516. 34万公顷。但是整体上减少大于增加的力度。另外，据第二次全国土地调查的耕地质量等别成果显示，全国耕地平均质量总体偏低。优等地和高等地占全国耕地评定总面积的 29. 4%；中等地和低等地占全

国耕地评定总面积的70.6%。

表5-3　耕地面积变化　（单位：万公顷）

年份	年内增加耕地面积	年内减少耕地面积	年末耕地面积	比上年减少面积
2010	31.49	42.92	13 526.83	-11.63
2011	37.73	40.68	13 523.86	-2.97
2012	32.18	40.20	13 515.84	-8.02
2013	35.96	35.47	13 516.34	0.50

资料来源：《国土资源年鉴》，2014。

（1）耕地有机质含量下降

土地有机质含量下降的趋势也未停止。在东北黑土区，耕地土壤有机质含量大幅下降，每千克平均含量26.7克，与30年前相比降幅达31%（光明日报，2014），黑土层已由开垦初期的80厘米至100厘米下降到20厘米至30厘米，而每生成1厘米黑土地需要200~400年的时间，按这样的流失速度，50年后该区1 400万亩耕地的黑土层将流失掉，粮食产量将降低40%、280亿千克左右，大约是全国1亿多人口1年的口粮（蓝颖春，2012）。黄淮海平原次生盐渍化严重，西北地区由土壤侵蚀导致的农田土壤退化、中南红壤贫瘠、酸化以及土壤重金属污染较为严重，新增耕地质量低下。

（2）化肥、农药的长期低效利用对耕地造成的面源污染

我国不但是世界最大的化肥、农药使用国，而且存在严重的过度施用、低效利用的问题。从全球范围来看，我国化肥的平均施用量已经达到世界第一位，2009年氮肥、磷肥、钾肥施用量合计5 372.3万吨。其中，氮肥施用量是美国的3.34倍、法国的19.35倍、德国的23.52倍、日本的85.62倍，相应地只产出了美国1.15倍、法国6.90倍、德国9.71倍、日本42.16倍的粮食。可见，我国化肥的利用效率较为低下，刘北桦（2014）的研究也指出，我国化肥单季利用率仅为30%左右，低于发达国家20个百分点以上。我国农药的使用量也很大，2012年和2013年分别达到180.6万吨和180.2万吨，单位播种面积农药使用量为11.05千克/公顷和10.95千克/公顷（约0.75千克/亩）。利用率仅为33%左右，低于发达国家20%~30%（刘北桦，2014）。化肥、农药的过量低效使用，带来了严重的面源污染问题。土地、水体、空气乃至整个生态系统的氮、磷、钾富集污染现象不断出现，对耕地可持续利用产生了巨大的负面影响。

（3）地膜的大量残留对耕地的白色污染

地膜由于积温、水分保持、除草、杀虫等作用，可以有效提高单产，得到了大力推广和应用，2013年和2014年地膜使用量分别为136.2万吨和144.1万吨，增加了3.5%。表面看地膜的使用是节约劳动力、提高生产效率的好事儿，但农户使用的大部分是对于提高农作物产量作用显著的不可降解地膜，难以进行有效地回收利用，这样的地膜大量残留在土壤中会影响作物的出苗率、根系发育、对水分及矿质元素的吸收，根据刘北桦（2014）提出的每年不到60%的地膜回收率计算，有约55万吨的地膜碎片残

留在地里，造成“白色污染”，让耕地付出了沉重的代价，无异于在加速耕地的“死亡”。据2014年《全国土壤污染状况调查公报》结果显示，耕地土壤环境质量堪忧，耕地土壤点位超标率为19.4%。这无疑给国家粮食安全问题敲响了警钟。国家提出的控制耕地面积不少于18亿亩红线的数量概念是远远不够的，守住耕地质量底线意义更加重大。

2. 淡水资源约束持续加大，时空分布不平衡

我国人均可再生淡水资源也不足，2007年仅为世界平均水平的32.73%，分别为美日的22.84%、63.42%，尽管我国节水灌溉面积近年来有所提高，但是占农作物播种面积的比重依然不足20%。且水资源分布极不均衡，水土资源很不匹配。我国北方地区水资源短缺矛盾突出。

3. 农业基础设施和物质装备水平低

近年来，随着农业结构调整和产业化经营的深入推进，农业基础设施建设和物质装备水平低的问题，已经由农业生产环节向农业产前、产中和产后各个环节。我国很多水利设施，不仅多年来没有新发展，而且不断老化失修。每遇到严重灾害，单产和总产都要下降，加剧了农产品价格波动的风险和拓展农产品市场的风险，导致农民来自农业的收入容易出现较大波动。

4. 农业科技进步难以满足农业现代化发展的需要

中国农业科技为农业生产做出巨大贡献，但是农业科技投入不足、科技人员数量不多、科技成果转化推广力度不够的问题制约农业科技对现代农业的推进，农业科技推广、应用落后于农业科学研究，许多农业科研成果还没有转化为现实生产力。农业科技人员少，组织机构不健全。很多村尚未建立基层农业技术推广组织。

5. 农业生产成本持续提高

农业现代化生产要素越来越广泛渗透到农业生产领域，农业生产成本的持续提高，对农业的影响是深刻的。一方面，高成本导致农业比较利益下降；另一方面，农业经营成本高导致农业生产方式和农业政策不断调整。

以粮食生产为例，粮食生产成本不断上涨，无论是物化投入，还是人工成本、土地租金，都日益显现出“高扬”特征。从表5-4数据特征来看：水稻、小麦和玉米三种粮食每亩总成本在不断上升，由2003年的377.03元上升到2014年的1 068.57元，是2003年的2.83倍。其中，生产成本增加了1倍多，而土地成本增加了约3倍。生产成本中的物质与服务费用、人工成本无一例外地呈现上涨趋势，人工成本中，特别是雇工成本上涨明显，由每亩9.4元上涨到32.57元，是2003年的3.46倍。土地成本中的流转地租金上涨趋势也很明显，由3.74元/亩上涨到32.46元/亩。

表 5-4　三种粮食亩均平均成本收益情况　（单位：元/亩）

项目	2003 年	2005 年	2010 年	2011 年	2012 年	2013 年	2014 年
总成本	377.03	425.02	672.67	791.16	936.42	1 026.19	1 068.57
生产成本	324.3	363	539.39	641.41	770.23	844.83	864.63
物质与服务费用	186.64	211.63	312.49	358.36	398.28	145.12	417.88
人工成本	137.66	151.37	226.90	283.05	371.95	429.71	446.75
家庭用工折价	128.26	140	206.27	259.48	342.33	397.32	414.18
雇工费用	9.4	11.37	20.63	23.57	29.62	32.39	32.57
土地成本	52.73	62.02	133.28	149.75	166.19	181.36	203.94
流转地租金	3.74	5.8	15.37	17.75	21.81	26.28	32.46
自营地折租	48.99	56.22	117.91	132.00	144.38	155.08	171.48
净利润	34.21	122.58	227.17	250.76	168.40	72.94	124.78

资料来源：《全国农产品成本收益资料汇编》2004—2015。

6. 农民素质不能满足农业现代化发展的需要

特别是随着农村大量青壮年劳动力流向城市和非农产业，农民队伍结构急剧变化，留在农村的大多是老人、妇女和儿童，农业劳动者素质呈现出结构性下降趋势。一方面，务农劳动力老龄化、低素质化、女性化、兼北化现象日益严重，务农劳动力短缺问题日益突出。2006 年第二次农业普查时，我国 50 岁以上农业从业人员比重达到 32.5%，较 1996 年上升了 14.4%，据预测，到 2016 年我国 50 岁以上的农业劳动力所占比重将会超过 50%，农业从业人员老龄化趋势严重。难以想象，一个农业大国面临“农业劳力荒”的挑战，不少地方出现“空心村”，从事农事活动的大多是“6038 部队”，我国农业现代化减少将面临“后继无人”的窘境。

7. 生态环境的恶化是标准化农业的制约症结

因人口的压力，对资源的开发盲目无度，使近些年来中国的生态环境受到了严重破坏。水土流失、土壤肥力衰退，森林减少，草原沙化、荒漠化，且退化面积不断扩展。城市工业、乡镇企业“三废”倾倒严重，农村污染有增无减。动植物品种灭绝迅速，病虫、杂草灾害猖獗，生物多样性有丧失的趋势。

8. 政府对农业的投入有待继续增加

长期以来，我国非常重视农业的发展，财政支农资金不断增加，但是农业农村资金投入落实中仍存在如下问题：一是农业农村资金投入不足，农业发展资金短缺情况仍未改变。二是资金投入结构不合理，对制约农业发展薄弱环节的支持力度不够。三是资金投入监管力度不都，资金使用效率不高。

三、我国新型城镇化和农业现代化协调发展影响因素分析

1. “土地城镇化”快于人口城镇化，耕地面减少与建设用地不足的问题同时存在

当前虽然总体城镇化比率上升了，农业现代化也在加速发展，但我们应当清醒地看到，从2007年至2014年，由于城镇化的演进和城区的扩张，全国城镇建成区面积从7.74万平方千米发展到10.785万平方千米，年均有0.435万平方千米的农村土地甚至是上好的耕地被占用。当前虽然总体城镇化比率上升了，但是城镇的人口密度并没有随着进城人口的增加而增加。2007—2014的7年时间，全国城镇建成区面积增长39.34%，但城镇常住人口增加仅为23.56%（表5－5）。这个情况表明，这些年来，城镇化的比率虽然提高了，一些城镇人口的密度却没能相应得到提高，甚至是下降。由此可以得出结论：一是中国的城镇化是土地的城镇化快于人口的城镇化，已建城区土地的挖潜改造、集约利用尚有很大的空间。二是中国的城镇化需要占用土地，但是怎么占用、占用多少、以什么方式占用土地？需要认真研究，也需要对现行土地政策进行适应性调整。中国人多地少，特别是耕地资源十分短缺的国情所决定，城镇化进程不可敞口用地，特别是不可无节制地占用耕地。

表5－5　全国城镇建成区面积及城镇人口变动情况

项目	2007年	2014年	2014年较2007年增加幅度（%）
全国城镇建成区面积（万平方千米）	7.74	10.785	39.34
其中：			
城市建成区面积	3.5	4.98	42.29
县城建成区面积	1.4	2.01	43.57
建制镇建成区面积	2.84	3.795	33.63
城镇人口（万人）	60 633	74 916	23.56

资料来源：《2007年城乡建设统计公报》和《2014年城乡建设统计公报》

这个情况表明，2007年以来，城镇化率虽然有所提高，一些城镇人口的密度却没能相应得到提高，甚至是下降。而反观城镇化的建设用地指标问题，当前建设用地指标不能满足项目建设的需要。特别是遇到农户本身搬迁意愿不强，使得农户搬迁效率低，土地无法及时置换出来，建设用地指标十分紧缺。由此可以得出结论：一是整体上中国的城镇化是土地城镇化快于人口城镇化的城镇化，已建成的城区还有很大的吸纳农村劳动力非农转移的空间条件。二是中国目前城镇化对农地的过度侵占值得思考，人多地少，耕地资源稀缺已经是我国不得不面对的农业现代化建设难题，城镇化进程应当探索土地的立体空能，不可以无节制地占用耕地。三是新型城镇化建设的建设用地指标稀缺

问题依然存在，拓展立体空间可能是未来城镇化建设发展的一个思路。

2010—2013 年我国耕地面积减少了 10. 50 万公顷，人均占有耕地面积已经不足世界平均水平的一半。按照这样的使用管理，当城镇化比率达到 70% 时，届时人均占有耕地将下降到 1. 26 亩，人均耕地下降到联合国粮食组织规定的警戒以下的省份，将由目前的浙江、上海、广东、福建等七省市扩大到广大的中部和东部地区。如果耕地继续减少，即使是城镇化建设取得更加明显的进展，随之而来的粮食安全问题、生态安全问题会积重难返，那样的城镇化必将是付出沉重代价的城镇化，是失败的城镇化，也是“国人悔之晚矣”的城镇化。

2. 建设资金渠道单一，国家发展资金的配置难以做到充分满足新型城镇化和农业现代化建设的资金需求

新型城镇化，需要在提高社会保障能力和加强基础设施建设方面不断增加投资；农业现代化，需要在提高农民的管理素质和农业基础设施建设方面不断增加投资，两件大事都需要多元化资金投入的不断倾注，但是目前主要依托国家财政的大力支持。

从国家角度来说，在综合国力一定的前提下，在众多建设项目都需要分一杯羹的情况下，发展资金的配置难以做到充分满足新型城镇化和农业现代化建设的资金需求。根据《中国农村统计年鉴》数据计算，2000—2012 年，中央财政用于“三农”的支出是 62 976. 3亿元，2012 年中央财政“三农”支出就达 12 387. 6亿元，仅这一年的支出就超出了“十五”期间 5 年的总投入。再从国家财政用于农林水事务各项支出来看，2010 年到 2014 年之间金额不断增加，2014 年较 2010 年增加了 70. 30%，达到 13 489. 1亿元（表 5 -6）。尽管如此，仍然没有改变农业基础设施薄弱、农村社会发展滞后的局面。2014 年，国家完成城市市政公用设施固定资产投资 16 246. 9亿元，县城市政公用设施投资 3 571. 0亿元，建制镇建设总投资 7 172亿元，较 2000 年均有大幅增加，但是新型城镇化建设依然在呼吁加大国家投入，据国家新型城镇化规划统计，仅安徽全省农业转移人口市民化的人均公共成就在 10 万元左右，数字是否科学可以我们可以慢慢讨论，但是至少说明如果要彻底实现理想中的新型城镇化，确实需要政府加大投入。

表 5 -6　国家财政用于农林水事务各项支出　（单位：亿元）

年份	农业	林业	水利	南水北调	扶贫	农业综合开发	农村综合改革	合计
2010	3 949. 4	667. 3	1 856. 5	78. 4	423. 5	337. 8	607. 9	7 920. 8
2011	4 291. 2	876. 5	2 602. 8	68. 9	545. 3	386. 5	887. 6	9 658. 8
2012	5 077. 4	1 019. 2	3 271. 2	45. 9	690. 8	462. 5	987. 3	11 554. 3
2013	5 561. 6	1 204. 3	3 338. 9	95. 6	841	521. 1	1 148	12 710. 5
2014	5 816. 6	1 348. 8	3 478. 7	69. 6	949	560. 7	1 265. 7	13 489. 1

资料来源：《中国农村统计年鉴》，2015。

对于地方政府来说，除了东部发达省份，大都面临二三产业滞后，发展资金不足的

困境。对于社会资本来说，融资机制不健全、融资难度大的问题短期内难以有效解决。因此未来很长一段时间，我们将很大程度上依然以来国家的财政投资。

而财政部发布 2015 年财政收支情况：1 ~ 12 月累计，全国一般公共预算收入 152 217亿元，比上年增长 8.4%，同口径增长 5.8%。1 ~ 12 月累计，全国一般公共预算支出 175 768亿元，比上年增长 15.8%，同口径增长 13.17%。支出比收入多 23 551 亿元。我国财政下行压力较大，未来随着经济增速回落，预测财政供给形势不容乐观。随之而来的问题是，在未来新型城镇化和农业现代化将加速推进的十年乃至更长一个时期，在方方面面纷争建设资金的情况下，中央财政对两者的投入能力是否会相应增加，是否能保持适度向农业倾斜的配置原则，这确实是对中央政府宏观调控能力的一个严峻考验。

3. 大量农业转移人口难以融入城市社会，市民化进程滞后

尽管 2014 年，按照国家统计局提供的权威数字，我国城镇化率已经达到 54.77%，但是中国的城镇化是“不完全城镇化”。

一是在已经进城的人口中，很多都不是家庭的进城，而是劳动力转移式、甚至是候鸟式的进城，他们期望远离农业生产，甚至改变农民身份，获得更多的收入改变。但与城市劳动力相比，他们教育水平仍然较低，更缺乏继续教育和技术培训所需要的时间和经济承受力，再加上户籍制度的限制、低工资和社会保障的缺乏以及高房价让他们无法在城市安身立命。同时，由此衍生出农村留守儿童、妇女和老人问题日益凸显，给经济社会发展带来诸多风险隐患。根据 2013 年 5 月全国妇联发布《我国农村留守儿童、城乡流动儿童状况研究报告》全国有农村留守儿童 6 102.55万，占农村儿童 37.7%，占全国儿童 21.88%。与 2005 年全国 1% 抽样调查估算数据相比，5 年间全国农村留守儿童增加约 242 万。农村留守儿童广泛分布于劳务输出主力的中西部省份，同时也分布于江苏、广东等二三产业发达的东部发达省份，成为城镇化进程中的普遍问题。这种城镇化是抑制人生本性、牺牲家庭团聚为代价的不情愿的进城，这样的状态是与城镇化造福人民的初衷背道而驰的，因而是迫切需要解决的。

二是 2.44 亿农民工及其随迁家属不具备非农户口，在教育、就业、医疗、养老、保障性住房等方面更不能平等地享受城镇居民的基本公共服务。

三是失地农民就业难。城镇化进程中涌现出大量失去土地的农民，突然到来的补偿款财富给很多失地农民带来不知所措的喜悦的同时，他们开始将补偿款用于建房、还贷、医疗消费、治病和消费，甚至是赌博。当补偿款所剩无几的时候，谋生问题又现实的摆在他们面前，很多失地农民农业生产技能失去了用武之地，在城市寻求工作又面临很大困难，某种程度上说，失地就等于失业。因此如何让众多失地农民稳定就业自然成为中国城镇化进程中亟需解决的难题之一。

造成这些困境的主要原因是由于长期以来受到现行户籍管理、土地管理、社会保障、财税金融、行政管理等制度方面的约束，在一定程度上固化了已经形成的城乡利益失衡格局，制约了农业转移人口市民化和城乡发展一体化。首先，许多城市的新区建设是人为拉动，产城融合不紧密，产业集聚与人口集聚不同步，产业支撑不力，城镇化发

展不能满足非农化发展的需求，近年来进城农民工及家属数量巨大，我国每年增加城镇人口1 800万人，但每年新增就业岗位不到1 200万个。特别要提到的是过去对劳动力吸纳最多的制造业，正由过去的劳动密集型转向现在的知识密集型，农民工进入该行业的门槛越来越高，加上东南亚国家开始和中国争夺劳动密集型产品的市场，这些外围因素均导致未来我国制造业的吸收能力大幅下降。其次，解决好农民工在城市的发展和生活保障问题的成本不菲，超过了许多城市的财政承受能力。据国家新型城镇化规划统计，仅安徽全省农业转移人口市民化的人均公共成本在10万元左右，个人成本超过1.5万元，不含购房成本，安徽城乡居民的社保差距在5：1以上。这对于地方政府来说，是难以承受之重，因为，城镇化和农业现代化协调发展在人力资源问题方面任重而道远。

4. 户籍政策的制度障碍

2011年开始我国对原有的户籍制度做了很大的调整，进一步放宽了农民进城入户的限制，让符合条件的农民转为城镇户籍，为城镇化的发展注入新的活力。2011年2月26日我国出台了《国务院办公厅关于积极稳妥推进户籍管理制度改革的通知》，2014年7月30日公布的国务院《关于进一步推进户籍制度改革的意见》，内容包括调整户口迁移政策、创新人口管理等内容，将建立城乡统一的户口登记制度。

但是我国一方面从2013年开始依然“民工荒”现象频繁出现，另一方面实现农业现代化建设依然面临农民太多的问题，农业的现代化势必导致大量剩余劳动力，这些人的就业将成为难题。造成这一矛盾的影响因素是多方面的，但和我国的户籍制度不无关系。

新型城镇化主要要实现“人的城镇化”，把常住人口市民化作为首要任务，逐步实现进城务工农民及其家属能享受所在地城镇居民等同的公共服务。目前农民工已成为我国产业工人的主体，但是大量农村转移人口的拥入已经让城市社会面临严峻的挑战，2003年以来，常住人口城镇化率和户籍人口城镇化率的差距逐年加大，这也就意味着越来越多的农业流动人口享受不到城市化的社会保障。2014年我国2.44亿农民工及其随迁家属不具备非农户口，在教育、就业、医疗、养老、保障性住房等方面更不能平等地享受城镇居民的基本公共服务。在这部分劳动力老龄化加剧，又得不到城镇居民公共服务保障，或者感觉农村过的更舒服，自然就选择返回到农村。因此，如何破解城镇化进程中人口流动的户籍门槛问题成为城镇化和农业现代化协调发展要解决的重要议题。

5. 新增就业能力是制约协调发展的最大瓶颈

（1）需转移农业劳动力人数众多

在新型城镇化进程中，我国农村剩余劳动力占比逐年下降，这是一个可喜的趋势，也是一个了不起的成就。我国每年新增就业岗位达1 200万个，即使如此高的就业，依然不能完全解决农村剩余劳动力的问题，因为我国每年增加城镇人口数量为1 800万人，同时农村依然有8 000多万农村剩余劳动力有待转移。

（2）就业岗位增幅困难

特别要提到的是过去对劳动力吸纳最多的制造业，正由过去的劳动密集型转向现在的知识密集型，农民工进入该行业的门槛越来越高，加上东南亚国家开始和中国争夺劳动密集型产品的市场，这些外围因素均导致未来我国制造业的吸收能力大幅下降，今后大幅度增加就业的困难很大。

（3）产业支撑能力不足

目前我国企业发展形态各异，能力和层次不齐，大部分企业的硬实力不足。每年的税后利润对于企业自身项目建设和再生产的资金需求来说，已经是杯水车薪，因此无法提供更高的工资来增加对劳动力的吸引能力，更无法扩大规模提高劳动力的容纳能力。

中国经济规模决定着中国不可能在城镇化问题上大跃进，而是要踏踏实实一步步来，城镇化的速度必须和新增就业的规模匹配，要意识到就业是城镇化推进的绝对瓶颈，切切不可掉以轻心。如果盲目地一拥而上，大批农村人口涌进城镇，却不能为他们提供充足的就业岗位和满意的收入水平，势必给社会造成极大的安全隐患。如果不考虑这个问题而盲目推进城镇化，贪大求快，可能导致战略性失误，中国的城镇化发展任重道远。

6. 二元经济结构阻碍资源双向流动的流畅性

现代化、集约化、规模化的城市工业、现代服务业与较为落后的乡村农业长期并存，使农村与城市之间形成了巨大的鸿沟——农村经济与城镇经济脱节、农业与现代工业和现代服务业脱节、农民与城镇市民脱节的二元经济结构暂时难以得到缓解。城镇的工业、现代服务业与农业之间缺乏产业联动，现代工业和服务业的技术外溢、管理经验等对于传统农业的影响也缺乏应有的转换机制和有益的桥梁。

基于此，新型城镇化和农业现代化互动中，城镇较高的收入及较为完善的公共产品供给，吸引着农业劳动力离开收入较低的农业生产，劳动力资源的单向流动成为最为突出的标志。而且随着户籍的松动、土地流转制度的完善，城市就业及保障能力对农民的吸纳和吸引力不断增强，城镇对土地资源的需求也在不断扩大，农村土地单向贡献给城镇化建设中。可以说在一定的时期里二元经济结构正在固化由于城乡差距形成的资源单向流动。对于资本要素，农业现代化建设目前以国家投资为主体，来自城镇的资金并非是主体，只占很小的部分，而且主要是以企业的行为、产业链带动的方式，间接促进农业现代化发展。由此产生了以下问题。

第一，城镇工业和服务业发展需求的劳动力类型主要是青壮年劳动力，有一定知识和受教育水平的劳动力，他们中很多也可以成为农业生产的中坚力量，也可以说是推进农业现代化的中坚力量，但是在资源的单向流动中转移出来这些中坚力量成为建设城镇的主力军。以至于从事农业生产的多数为留守老人，这样的农村人力资本基础，即使投入足够的技术和补贴也很难实现农业的现代化，缩小与城镇化的巨大差距。

第二，农业规模化水平较低，农产品的利润微薄，无法吸引资金、技术和人才的进入农业，农业的现代化更是无从谈起。与此同时，农业生产成本不断上升、工农产品比价不合理等问题，进一步恶化了农业收入。市场的选择最终将导致农业资源的持续外流形成城镇化对农业经济的剥夺模式，以及对立、竞争的关系威胁耕地的数量和粮食安全。

所以，统筹发展城镇化与农业现代化的前提还是要立足改变二元经济结构的模式，实现城镇化与农业现代化的统筹发展、实现城乡的平等，要有鼓励资源双向流动的政策导向。尤其要以鼓励“人力资本反哺”的政策先行，以劳动力的流动推动技术的流动、资金的流动，这样城镇化的工业才能真正带动农业的专业化及现代化。

第六章　科技创新创业在农业现代化与新型城镇化协调发展中的作用

科学技术是第一生产力，在促进我国新型城镇化发展和农业现代化发展发挥了重要作用，本部分将重点研究以下几方面的内容：

一、科技创新创业的定位

1. 科技创新的内涵和特点

科技创新在我国改革开放实践层面是在对推动中国经济社会发展的贡献度视野下，将科技与创新的内涵进一步整合为一个新兴词汇提出的。学术界对科学创新概念作了以下归纳：“科技创新是贯穿于整个科学技术活动过程中的所有创造新知识、产生新技术、应用新知识和新技术的科学技术活动和经济活动。科技创新是将科学发现和技术发明应用到生产体系，创造新价值的过程”。从微观上讲，科技创新有助于企业占据市场并实现市场价值，从而提升企业核心竞争力乃至区域竞争力；从宏观上讲，能推动技术的创新发展，促进整个社会生产力的提高，同时减少环境污染，满足社会需求，解决社会问题。

按钱学森开放的复杂巨系统理论的分类，科技创新包括三类：知识创新、技术创新以及现代科技引领的管理创新。知识创新的核心是科学研究，主要形式是产生新的思想观念和公理体系，其功能是通过界定新概念范畴和提出理论学说为人类认识世界和改造世界提供新的世界观和方法论；技术创新的核心内容是科学技术的发明、创造和价值实现，其功能是通过推动技术进步与应用创新的双螺旋互动提高社会生产力的发展水平和提升经济增长质量与效率；管理创新由以社会政治、经济和管理等宏观管理层面的制度创新和单个经济决策主体微观管理层面的创新构成，其核心内容是通过宏观层面的制度引导与规范，以及微观组织与管理方式的变革，激发创新生产要素的潜力和使用效率，促使社会创新资源的优化配置，为最终实现知识创新与技术创新创造良好的条件。到目前为止，科技创新这一概念的探讨，还处于仁者见仁、智者见智的阶段，国内还没有明确的、统一的提法。从上述对科技创新概念的分析看，我国学术界对科技创新概念的界定在延续了先前“科学”与“技术”的两分法，遵循了创新经济学表现形式的基础上，也呈现出一些新的特点：一是为使“科学”与“技术”更好地进行并取得新成果，将管理创新纳入科技创新的概念内涵；二是将“科学”与“技术”及其与之相适应的管理变革功能及其表现形式进一步整合到其创新应用性用途上，突出了“科技创新”在经济发展中的作用及方式，彰显了科技创新的经济学功能；三是强调了三种科技创新类型之间的协同演进。

近现代世界历史表明，科技创新是现代化的发动机，是一个国家的进步和发展最重要的因素之一。重大原始性科技创新及其引发的技术革命和进步成为产业革命的源头，科技创新能力强盛的国家在世界经济的发展中发挥着主导作用。自然，一项新技术的诞生、发展和应用，最后转化为生产力，离不开观念的引导、支持和制度的保障，可以说，观念创新是建设创新型国家的基础，制度创新是建设创新型国家的保障。但发明一项新技术并转化为生产力，创造出新产品，占领市场取得经济效益，这是只有科技创新才能实现的。随着知识经济时代的到来和经济全球化的加速，国际竞争更加激烈，为了在竞争中赢得主动，依靠科技创新提升国家的综合国力和核心竞争力，建立国家创新体系，走创新型国家发展之路，成为世界许多国家政府的共同选择。纵观当今世界创新型国家，他们的共同特征是，科技自主创新成为促进国家发展的主导战略，创新综合指数明显高于其他国家，科技进步贡献率大约都在70%以上，对外技术的依存度都在30%以下（我国的对外技术依存度达50%以上）。因此，科技自主创新方能体现出国家的创新能力，只有不断提升自主创新能力，才能使经济建设和社会发展不断迈上新的台阶，真正实现可持续发展。

从各国的经验看，科技创新能力的形成有赖于如下因素：

一是一种良好的文化环境。例如，有一种尊重知识、尊重人才的社会氛围，有热爱科学的社会风气，有百花齐放、百家争鸣、追求真理、实事求是的学术教养和规范等。没有一个良好的软环境，就很难形成科技创新能力生长的土壤。当前，世界各国都出现了一些科技诈骗、学术腐败的案例，尽管这类事在急功近利的风气下难以避免，但必须加以有效地扼制。二是一个较强的基础条件。在科技创新的基础条件中，最重要的恐怕是教育体系。中国的传统教育体系偏重于知识传授，厚重有余，活力不足，在某种意义上不利于创造能力的形成。中国的教育在课程设置、教授方式、考评方式等方面均有诸多待兴待革之处。三是一种有效的制度支持。国家对自主科技创新的制度支持应是全面而有效的。例如，有有效的项目评估和资金支持体系，有有利于自主创新的政府采购制度，有明智的产业政策，有合理的知识产权制度，有有利于科技创业的社会融资系统，等等。

在人类社会中，做成一件事的条件无非是人、财、物。在三个条件中，人是主体、是最活跃的因素。在科技创新中，人的因素第一，人才第一，体现得更为突出。当然，人的因素并不仅仅指个人的才智，也包括人的社会组织水平。另一方面，有人而无财、物，便是英雄无用武之地，也是做不成事。因此，所谓科技创新的环境创造，就是让人、财、物能自然地结合、有效地结合，实现一种“人能尽其才，物能尽其用，货能畅其流”的和谐状态。

2. 科技创业的内涵和特点

关于科技创业的定义有多种提法，约瑟夫·熊彼特认为，创业是新产品、新的生产方式、开拓新市场、利用新材料及经济部门新组合的“五新”活动；杰弗里·A·蒂蒙斯认为，创业是一种思考、推理和行为方式，创业导致价值的产生、增加、实现和更新；我国专家郁义鸿提出：创业是一个发现和捕捉机会并由此创造出新颖的产品或服务，实现其潜在价值的过程。总之，创业是把新技术、新知识通过商业化运作转化为可供社会需求的产品或服务的创新过程。综上所述，科技创业则是创业者利用商业机会，组合社会资源，把新技术、新知识转化为市场需求的产品或服务，以实现其应用价值和创造物质财富的科技创新活动。

科技创业是创业者利用各种商业机会，组合社会资源，把新知识、新技术转化成为市场需求的产品或服务，从而以实现其应用价值和创造物质财富的科技创新活动。科技创业限定在利用自己拥有技术（发明专利或非专利的自有技术）或购买专利许可，去创办企业的活动类型。创业的核心要素包括以下方面：

（1）创业者或创业团队

创业者或创业团队是创业的主体，在创业过程中起着关键的推动和领导组织作用。包括创业机会的识别、创业机会窗口的选择、创业企业的建立、企业的生产经营的管理及市场开拓等。创业团队应当具有共同的创业目标和组织才干的互补性。除了应具备相应的专业技术技能之外，还应对经济、法律、社会学方面有相应必备的知识。

（2）创业机会

创业依赖商机。特定的机会能否为创业者带来期望的利益，既取决于这个机会有多大的前景和利己性，又取决于创业者是否去抓住这个机会。创业机会包括创业的技术机会和创业的机会“窗口”。创业的技术机会是指技术变化带来的创业机会，最常见的是高技术创业机会。它主要源自新的科技突破和社会科技进步。其表现形式是：第一，实现新功能的新技术的出现。例如，计算机出现之后，人们可借此进行数据和信息的自动化处理，继而开发出了商业化的信息管理系统；而计算机网络技术的出现，导致了网上交易这种全新的电子商务营销方式的问世；第二，新技术替代旧技术。当在某一领域出现了新的科技突破或技术进步，足以替代既有的某些技术时，创业的机会就到了。例如，若干年前当不少电脑商濒于倒闭时，微软的 Windows 平台技术出现了，使不少濒于倒闭的电脑公司起死回生。能源的短缺和环境污染对人类社会的影响，促使了电动汽车的研发和生产；第三，新技术带来的新问题。不少新技术从诞生之日起就是一把“双刃剑”，对人类社会利弊皆俱。如原子能技术的突破，为人类找到了巨大的能源，但又能制成超大规模的杀伤性武器。网络技术的发展使信息系统的网络化、公众化、国际化变成现实，极大提高了人类生产、工作效率和改善了生活环境，但也给信息安全留下了隐患。因此，兴利除弊的需求提供了新的创业机会；第四，国家或区域间的“技术势差”引发的“技术转移”，技术转移的结果就会导致技术势差处于较低位置的国家和地区形成创业机会。

（3）创业的机会窗口

创业的“机会窗口”即特定的商机存在于市场之中并有一定的时间跨度。创业者只有抓住这个时段创业才有可能获得预期目标，否则会“血本无归”。正如卫星发射要选择发射的时间和气候窗口一样。错过了这个窗口期，就错过了发射机会。一般而言，随着时间的变化，市场会以不同的速度增长，随着市场的扩大，往往会出现很多的创业机会。但当市场变得更大并趋于稳定时，市场条件就不那么有利了。因而，当一个市场开始变得足够大，并显示出强劲的增长势头，机会窗口便打开了；而市场趋于成熟时，机会窗口便开始关闭了。

（4）创业资源。技术、资本、劳动力既是三大生产要素，也是创业三大资源

具体而言，主要指创业必需的技术（专利）、管理等无形资产，也包括资金、场地、设备等有形资产。创业资源的获取除创业者自己所有的外，还要通过运用市场机制对社会资源进行组合，为我所用。因为创业者在创业阶段不可能拥有全部的创业资源。因此，创业者组合资源的能力便显得特别重要。当然，政府要营造好的创业环境，使资源组合更为方便。

科技创业的特点可以概括为高难度、高投入、高风险、高收益。高难度，指科技创业通常是核心竞争力是知识的独创性或独占性，同传统产品相比有着本质区别，局密集的，产品附加值局，价值难以精确测量，企业的成长及发展都需要持续的支持。高投入，指创办同样规模的企业，科技企业通常需要较高的资金投入。高科技成果市场化、产业化程度越高，其资本投入量越大。高风险，指科技企业创业者通常会遇到高技术开发、生产的探索性所引起的技术风险，由科技产品市场的潜在性引起的市场风险，由需要持续的资金投入引起的财务风险，由国家法律、政策“事后规制”引发的制度风险等。高收益，指科技创业如能成功，三五年之后，通常可以得到数十倍、上百倍于原始投入的巨大收益。其收益主要来自风险投资带来高收益、超额的垄断利润、政府对企业扶持所产生的效益。正是因为科技企业的高收益性，越来越多的企业以及企业家走上了科技创业的创业之路。

科技创业在国民经济发展中的作用。

首先，科技创业是建立在科技与经济结合的基础上，突出把科技成果和知识以产业化，进而实现其价值并成为经济新的增长点。科技创业主要是一种把科技成果和知识产业化的方式，可以解决科技与经济脱节，促进科技与经济紧密结合。科技创业经济是技术创新型经济，工业革命以来，科学技术发展与进步一直以来都是人类社会与经济发展的重要力量。与此同时，人们发现，一个地区、一个国家或者是一个行业，科技潜力和实力虽然是社会、经济发展的必要条件，但这种科技实力和潜力却不能自然而然地导致社会、经济的发展和形成竞争优势。科技创业是技术创新型的经济活。技术创新包括三个层面的创新，即科技成果的产品化、商品化和产业化。产品化就是生产活动，是生产技术的形成和演化过程；商品化是基于商业目的的活动，是生产技术成果的商业运作过程；产业化是产业活动，是产业技术的形成和演化过程。而这种科技创业正是技术的发展、技术的社会应用以及由此带来的经济、社会效益的技术创新活动。这种兼顾科技与经济共同发展的观点，提供了一种从根本上解决科技与经济脱节，进而促进两者的紧密结合。

其次，科技创业可以创新出许多知识、技术和经营管理的新理念。科技初创企业是创业经济发展的重要源泉，没有大批敢为天下先的科技创业者的创业精神，没有大批不

断成长的科技创业企业的成功，科技创业经济也成为无米之炊和无源之水。创业者们往往除了拥有技术和知识外，面临着资金匮乏、人才缺失、市场不足、管理经验肤浅等一系列问题。从经济学的观点出发，资金、人才、市场固然是影响企业发展的重要因素，但关键还在于创业者的观念和学习能力。因为资金不足可以筹措，人才不足可以招聘，市场不足可以开拓，而唯有观念是需要不断创新的。尤其是在当代信息化和知识化的社会背景下，在这个经济高速发展的时代，企业创建和发展唯一持久的竞争力是比竞争对手具有更快和更有效的学习能力，因为任何组织，其行动是有一定的理论为指导的。作为一个科技创业企业的创业家，除了拥有筹措资金的能力、招聘人才的渠道和开拓市场的能力外，还要具有创新新知识、新技能和适应新的科技创业企业的管理理念的能力。因此，科技创业能创新出许多新的知识、技术及管理理念，从而完善现如今的经济知识体系结构。

第三，科技创业还是高度专业化的一种经济，它不但把技术发明转化成产业技术，还在专业分工的基础上，充分发挥企业自身的技术优势，使产品向高精度、系列化和标准化的深度不断发展，确立了自己的不可动摇的市场地位，从而形成高收益、高额的垄断利润。科技创业企业获得这种高收益后可以为国家解决部分就业岗位，增加财政收入，最主要的是可以把这部分收益投入到企业的技术创新当中，“只有不断创新，才能保证企业旺盛的经济活力，不至于被市场竞争所淘汰，”从而提高科技创业企业的自主创新能力。一方面来看，科技创业企业根据资金、设备、人才、技术的不同，实行专业化的研发、生产和经营，并把自己的技术产品做到专、精、细、深，从而为提高我国综合技术实力打下基础；另一方面来看，技术发明被产业化，创建企业可以缓解现阶段的部分就业压力，获得高额的利润后，又可以返补企业的持续技术创新。因为企业要在市场竞争中求生存与发展，只有依靠持续技术创新战略。

二、科技创新创业在推进新型城市化进程中的作用

1. 科技创新促进城镇化的基本规律

从世界各国城镇化的经验看，科技创新促进城镇化发展具有一定的规律性特征。

科技创新决定了城镇化发展的速度和水平。在第一次工业革命之前，全球城镇人口占比仅为3%。以蒸汽机、电力和计算机技术为主要标志的三次科技与产业革命，催生了现代工业，推动城镇规模迅速扩大。目前全世界50%以上人口生活在城镇，70%的GDP来自城镇。由于科技进步和工业化进程的飞速发展，城镇化也表现出加速推进的特征。英国城镇化率从26%提高到75%用了100年，而韩国城镇化率从28%提高到75%用了30年。

科技创新在城镇化不同阶段的作用存在差异。在城镇化初级阶段，农业在社会经济生活中占主导地位，城镇化过程表现为人口和其他经济要素的自然集聚，科技创新作用较小。在城镇化高级阶段，科技创新成为城镇化发展的主要动力。科技创新在推动城镇产业发展、改善城镇基础设施、提升城镇规划和管理水平方面都具有重要作用。

科技创新引领城镇化需要发挥政府与市场的协同作用。创新要素面向城镇集聚和创新成果在城镇应用扩散的过程，既受市场因素影响，也具有明显的外部性特征。从许多国家的实践来看，政府和市场合作在推进城镇科技创新方面发挥着重要作用。比如，日本政府加强城镇科技创新的规划引导，鼓励企业积极参与城镇化科技创新；欧盟实施智能城市与社会创新伙伴计划，鼓励社会力量参与智能城市建设。

2. 城镇科技创新发展的现状

诺贝尔经济学奖得主、美国经济学家斯蒂格利茨预言，中国的城镇化与美国的高科技发展将是影响 21 世纪人类社会发展进程的两件大事。

改革开放以来，中国城镇化进程不断加速，但城镇化质量和水平与发达国家相比还有很大距离，特别是科技创新对城镇发展的支撑作用尚未得到充分发挥。

传统城镇化模式对科技创新的需求不足。过去我们走了一条低成本、粗放型的城镇化道路，突出表现为过度依赖土地扩张、人口红利和能源资源的消耗。这种传统的城镇化发展模式对创新资源的集聚吸纳能力比较弱，对先进科技成果的需求也不足。

面向新型城镇化的科技创新供给不足。由于城镇企业的科技创新能力不足，以及面向城镇科技服务体系不健全，使得我国城镇发展的科技支撑能力依然薄弱，特别是支撑智能基础设施、环境、能源、交通以及城镇管理的先进技术的集成应用尤为缺乏。

有利于城镇科技创新的政策亟待完善。城镇基础设施的标准可操作性不高，绿色建筑、新能源、环境保护等与城镇化相关的技术和产品的开发缺乏补贴和信贷优惠等措施，在很大程度上制约了新技术面向城镇的扩散应用。

有数据显示，城镇化率每提高 1 个百分点，直接消费可拉动 GDP 增长 1.5 个百分点；每增加 1 个城镇人口，可带动 10 万元的建设投资。城镇化因此成为经济发展的最大“发动机”。而伴随着每年上千万的农民进入城市，我国正在经历着人类历史上最为浩大的城镇化运动，并且从中不断获益。

在当前我国内需外需失衡、投资消费失衡的背景下，城镇化可通过促进基建投资，创造强大的内需，进而实现经济发展与内需持续扩大的良性互动，成为我国经济可持续发展的又一驱动力。据麦肯锡全球研究院预测，按照目前中国城镇化的发展趋势，到 2025 年中国城镇化率将达到 66%，带来的城市消费增量足以创造相当于 2007 年德国市场总规模的新市场。

城镇化还有利于优化城乡结构，推进城乡一体化。计划经济时代形成的城乡分割二元结构体制，使我国乡村成了落后、贫穷的代名词。而推进城镇化、发展中小城镇，相当于在城乡之间增加一个中间层次，有助于确立城乡互补机制，将农业融入现代产业体系，进而加速矿产、能源、人力等诸多资源要素在城乡间的流动，最终实现工业反哺农业、城市资源辐射农村，使城市和农村逐渐融为一体。

如果城镇化能带来城乡一体化，则还能从根本上解决“三农”问题。据统计，城镇化率每提高 1 个百分点，意味着每年有 1 000多万农民进入城镇。因此，城镇化为农民提供了广阔的就业空间，使他们从面朝黄土背朝天的传统农业耕作中解放出来，在第二、第三产业中寻求更多的发展机会。而且，由于部分农民转移到城市，使得留守农民人均耕地面积增加，间接促进了农业规模化和集约化生产，并提高耕地农民的收入。

3. 科技创新创业在推进新型城市化进程中的作用

（1）科技创新是经济社会发展的生产力，也是新型城镇化发展的强大软实力

几乎每一次科技革命的到来，都会催生一批以相关产业为依托的新兴城市。最典型的便是以微电子和计算机技术为代表的第三次科技革命发生时，美国新技术的发源地——硅谷随之兴起，从一个世纪前的果园和葡萄园，变成了当今世界最为知名的电子工业集中地。当前，全球正处在新一轮科技革命的前夜，3D 打印、新能源、物联网、云计算等新一代信息技术产业正在崛起。这与我国正在进行的城镇化不谋而合。最大程度地释放科技创新的潜能，因地制宜合理布局相关产业，必将带动一批城市的兴起。

（2）科技创新推动转型发展，新型城镇化的新，新在发展方式

在城镇化发展的过程中，人口过快增长、环境污染、资源承载力有限等各种矛盾也会伴随而来。解决这些深层次问题，必须依靠科学的力量。目前，相关部门已启动城镇功能提升与空间节约利用、绿色节能与绿色建筑、城镇生态居住环境质量保障等一系列研究项目，为城镇化的健康发展起到了支撑作用，也为如何利用先进科技解决发展难题做出了良好表率。

（3）加快科技成果转移转化，才能推动产业升级和城镇化加速

科技创新是产业健康发展的基本保障，通过加快科技成果转化和产业化，促进产业升级和经济结构调整，能够有效推动我国工业化水平的提高和城镇化水平的加速。例如，依靠科技创新驱动，建立现代农业，将农产品绿色供应链产业化，在提升我国农产品在国际市场上的竞争力的同时，也提高了农民收入，促进了城乡一体化发展。

三、科技创新创业在推进农业现代化发展中的作用

1. 科技创新与农业现代化的关系

农业现代化是传统农业向现代农业转变的过程。舒尔茨在《改造传统农业》中明确指出，由于农业生产要素供给和技术条件保持不变，导致传统农业发展一直处于“低水平重复均衡”状态，农业生产力水平和发展能力停滞不前。为此，要实现传统农业向现代农业转变，需要投入新的科学技术和生产要素，加快农业科技创新及成果转化应用力度。同时，农业现代化的实现过程是资源利用率、劳动生产率和土地产出率快速提升的过程。按照生产理论的观点，农业产出水平与投入要素的数量、质量以及配置比例密切相关，只有加快农业科技创新，才能实现农业现代化过程中农业生产要素更新换代、农业资源组合优化和农业内涵式发展水平不断提升的目标。总之，从理论上看，农业现代化的实现过程关键在于科技创新。

从世界范围来看，农业现代化的发展建立在科学技术不断突破和广泛应用的基础

上，农业现代化的发展过程，实质上是先进科学技术在农业领域广泛应用的过程，是现代科技改造传统农业的过程。美国的资源条件是土地丰富而劳动力供给短缺，所以美国的农业现代化从机械化技术开始，走的是以节约劳动为特征的机械化技术农业现代化道路，20 世纪 40 年代，美国农业现代化基本实现。日本的资源条件是土地稀缺而劳动力丰富，由此诱导农民更多地选择多用劳动型技术和节省土地型的技术。所以，日本农业现代化是从生物技术开始，走的是以节约土地为主的生物技术农业现代化道路。日本政府对品种技术、操作技术、栽培技术、土壤培肥技术特别重视，到 20 世纪 70 年代中期基本实现了农业现代化。当前，发达国家农业科技贡献率一般都在 70% 以上，随着新的农业科技革命的兴起和发展，信息、生物、设施、加工、节水、生态等高新技术在农业领域全面渗透、广泛应用、快速产业化，加快了农业现代化进程。各国针对本国国情，重点研究适用的农业现代化技术和设施，如美国主要是高度机械化及良种化，荷兰是工厂化设施，以色列是温室和滴灌技术，加拿大是畜禽胚胎移植及杂交育种技术，日本突出了生物化学、机械技术等，最终实现了农业生产过程的现代化。

我国农业发展史，就是一部农业科技进步史。科学技术的每一次突破与应用，都带来了农业生产力的飞跃。农作物品种高秆变矮秆，化肥、农药、农膜的普遍应用，耕作制度变革，良种培育与杂交优势利用，杂交水稻、杂交玉米和超级稻的大面积推广，节水技术、集约化养殖技术和现代造林技术等创新应用，农业综合生产能力明显提高，粮食等主要农产品实现由长期短缺到总量平衡、丰年有余的历史性转变，人民群众的粮食消费已由满足温饱升级为追求营养和品质，有效推动了中国农业现代化的发展。

2. 科技创新创业在推进农业现代化发展中的作用

（1）农村劳动力持续大量转移，必须依靠科技创新推进农业生产方式转变

如果说之前“谁来养活中国”的悲观论调已经被事实否定，而如今“谁来种地”已然是摆在我们面前的现实问题。江苏社会经济发达，工业化、城镇化发展水平高，吸引了大批农村劳动力向城镇和非农产业转移，随着这种转移速度和规模的持续，江苏现代农业发展面临着农业劳动力数量和质量双重下降的影响，农业兼业化、副业化、农民老龄化、妇幼化问题日渐显现。江苏要率先实现农业现代化，“谁来种地，如何种地”已成为迫切需要解决的现实问题。只有依靠农业科技创新，加快推进农机与农艺融合，推动农业生产过程机械化，才能实现农业生产方式根本转变。

（2）资源约束和生态负荷日益加重，必须依靠科技创新构建资源节约型和环境友好型生产技术体系

长期以来，以“米袋子”“菜篮子”为纲的增产中心论，通过高水平投入、高强度利用实现高产出，造成了农业资源的过度开发、生态环境的污染破坏。据调研，目前我国单位面积化肥、农药使用量分别是世界平均水平的 5 倍和 3 倍，每年使用的 65 万吨农膜回收率只有 60% 左右，农业投入品使用量超出合理水平，造成较为严重的环境污染问题。我国每年产生 4 000万吨农作物秸秆，约有 1/3 被丢弃和焚烧，每年产生 5 000

万吨畜禽粪便等农业废弃物，约有30%～40%未经处理直接排放，造成了巨大的资源浪费和严重的环境污染。因此，必须依靠农业科技创新，大力发展节水、节肥、节药等资源节约和循环高效利用技术，加快构建农田养分循环利用技术体系，实现农业可持续发展。

（3）农产品质量安全关注程度提升，必须依靠科技创新实现农产品安全生产

农产品质量安全事关全国居民身体健康，事关经济社会稳定发展。近年来，苏丹红、三聚氰胺、瘦肉精等食品质量安全事件频频发生，社会公众对农产品质量安全问题关注度不断提高，容忍度不断降低，对食品添加剂、饲料添加剂、植物生长调节剂等产品的信任危机日益加重。针对人民群众日益提高的农产品质量安全要求，必须依靠科技创新，开发安全种植、健康养殖等标准化生产技术，研发高效、低毒、低残留、生物质、植物源绿色农业投入品，建立农产品从田头到餐桌全程质量追溯体系，提高农产品质量安全监管技术水平，全面保障农产品质量安全。

（4）农产品自然市场风险频发，必须依靠科技创新实现农业产业安全发展

农业生产既是自然再生产也是经济再生产的过程，既容易遭受自然灾害导致农作物减产甚至绝收的风险，也容易遭受市场价格波动带来的农业生产效益的大幅波动。如受天气连绵阴雨的影响，我国2014年部分地区爆发了小麦赤霉病，不少农户因此遭受了严重的减产损失。又如最近发生的“倒牛奶”事件表明，潜在的市场风险对农产品生产具有毁灭性的影响。因此，必须加快科技创新，将信息技术引入农业产业链，开发利用现代物联网信息技术，构建基于自然灾害和市场风险的农产品预警大数据平台，开展农业产业发展的风险预警与防范，有效降低灾害和市场风险对农业产业发展的负面影响。

（5）新型农业经营主体不断涌现，必须依靠科技创新满足适合规模化经营的品种和技术

当前，我国农地流转规模不断扩大，新型农业经营主体如专业大户、家庭农场、合作社、农业产业化龙头企业等不断涌现。与以往小规模分散农户相比，在现代农业生产各个环节，新型农业经营主体的技术需求内容、方式均存在较大的不同，必须依靠科技创新，研究形成符合新型农业经营主体需求特征的品种、技术和科技服务方式，已成为当务之急。

四、发达国家科技创新创业政策体系特点

各个经济发达国家都投入了大量的资金和精力建立了比较完善的科技创新创业政策体系。其创新创业政策体系具有以下共性：

一是都由政府牵头组建了独立的中小企业管理机构，例如美国的小企业管理局（SBA），英国的中小企业委员会（SBC）等，这些机构无论是政府性质的，或是非政府

组织，都发挥了向中小企业提供创新创业咨询，信息收集整理和技能培训等服务的作用。

二是在任何国家，中小型企业的融资难问题都严重的阻碍其发展。因此，发达国家政府都会积极出资为中小型企业进行贷款担保，或者使用税收优惠、创业引导资金等方式为中小型企业提供资金帮助。

三是为中小型企业的创新行为或研发投入提供资金帮助，促进其专利在市场上的流通和转让，提升中小型企业的科技创新能力。

四是在政府采购上给中小型企业以帮助，支持中小型企业积极开拓国内外市场。

五是鼓励国内有经验的企业家或者大型企业高官给中小型企业提供咨询服务。

五、科技创新创业存在的问题

1. 科技创新创业政策体系存在的问题

一是政府部门优惠的创业政策宣传并没有做到位。不少创业者对创业政策的解读并没有深入的了解，对于重大项目的立项申请等，存在盲点。二是创业者的融资渠道仍然狭窄。大多数创业者的融资渠道仍然偏向于向熟人以及亲朋等筹措，由于大型金融机构担心小型创业者存在的道德风险和逆向选择问题，不愿意为小型创业者承担创业投融资担保业务，或者要求十分苛刻，极大打击了创业者创业的积极性和可操作性。三是创业人才的缺乏。尽管有些创业项目存在资金技术上的支持，但是因为创业者很难招聘到或者吸引有能力的人才，并且留住相应的人才，导致人才紧缺或者流动性较大；单方面靠企业制定相关政策并不能有效满足创业企业的用人计划。

2. 科技创新创业人才队伍建设存在的问题

(1) 人才结构性矛盾比较突出

科技创新创业人才总量还不够大，与许多省市加快转变发展方式的要求还不相适应。同时，还存着结构性矛盾，具体表现为“四多四少”：一是一般性创新创业人才较多，突破重大关键技术、攻克重大技术难题的高层次领军人才偏少；二是传统产业人才多，新兴产业高层次创新创业人才少，特别是先进制造业、高新技术产业、现代服务业等领域人才缺口较大，六大新兴产业、金融产业、文化产业人才尤为紧缺；三是经济发达的地区高层次创新创业人才多，经济发展一般的地区和经济发展较为落后的地区高层次创新创业人才少，人才区域分布不平衡状况仍在进一步加剧；四是高校、科研院所高层次人才多，企业高层次创新创业人才少。大部分科技人才集中在高校、科研机构等事业单位，企业科技人才相对较少。人才培养与社会需求有所脱节，人才配置缺乏有效的激励和保障措施是导致人才结构性矛盾难以解决的主要原因。

(2) 科技人才创新创业的活力不够强

各省份高校、科研院所科技人才数量众多，但如何打破身份束缚，激发科技人才的创新活力，鼓励他们面向经济发展一线创新创业，还缺乏更具吸引力、更加有效的激励保障措施。企业是人才开发主体，但如何降低企业用人成本，激发企业人才开发的内生动力，同时鼓励和引导更多优秀人才到企业工作，还缺乏更加有力的政策举措。一些如税收减免奖励等鼓励人才创新创业的政策措施没有得到有效落实。特别是青年人才创业培养薄弱，创业意识不足的问题也较为严重。

近年来，各省市的各级党委、政府对加强高层次创新创业人才队伍建设重视程度高，行政化推动力量比较大，但从适应社会主义市场经济体制的要求看，政府部门宏观调控、市场主体公平竞争、中介组织提供服务、人才自主择业相配套的人才流动配置机制还不够完善，没有建立起统一规范、与国际接轨的人力资源市场体系。在强化政府人才公共服务职能，完善政府购买公共服务制度，鼓励支持民营资本投资人才公共服务平台建设、实现人才公共服务投入多元化等方面的探索还不够。

六、科技创新创业促进农业现代化与新型城镇化协调发展的政策措施

1. 科技创新创业促进农业现代化的主要政策措施

农业现代化是一个动态的过程，需要不断开发并应用科技科研方法，同时完善农业各种基础设施建设。这一过程的成功实现，事实上就是将先进的科学技术运用到农业发展中的过程。

（1）加强对农业科技工作的领导，完善农业科技管理体制

加强政府对农业科技工作的领导。各级党委、政府要充分认识农业科技工作在推动农业结构战略性调整、发展农村经济、增加农民收入中的重要作用，进一步增强抓好农业科技发展的责任感和紧迫感，切实把加强农业科技工作作为实现农业现代化的切入点。要进一步配备好农业科技工作领导力量，除充分发挥好市区和乡镇两级政府的力量外，还可借鉴兄弟城市经验，从高等院校、科研机构选派选聘专家担任农业科技特派员，指导当地的农业科技工作，把农业科技工作绩效作为考核涉农部门工作业绩的重要内容，建立激励机制，促进农业科技工作再上新台阶。

创新农业科技管理体制。根据农业现代化的发展要求和农业科技结构调整的方向，进一步完善农业科技管理体制，优化农业科技资源在全市各区县、各环节、各领域间的配置。统筹科研项目管理，形成区域化科技研发布局。改变科研项目管理政出多门、各自为政的现状，下达项目单位要相互协调，加强沟通，避免重复研究，提高科研效能；承担项目单位要明确本地区自然优势、市场劳动力等区位优势以及专业人才等科研优势。

（2）加大农业科技投入，建立政府主导型的多元投入机制

加大农业科技投入，提高科技资源利用效率，直接关系到农业科技成果产出能力的提升，是提高农业科技创新能力的关键。

发挥政府主导作用，加大农业科研投入。农业科研工作，在一定程度上具有公共产品的特性，而且农业科研活动又是一项探索性活动，具有很大风险性，因此必须确立以政府为主体的农业科研经费筹措机制，使公共投资活动更加侧重于基础科学研究和对农业发展具有全局性、前瞻性的农业科研项目。一方面，进一步落实好促进农业科技发展的各项经费，建立健全财政对农业科技发展资金的稳定增长投入机制；另一方面，要做好农业科技投入的宏观规划、组织，资金使用的检查、监督，投入效果的评价、鉴定等，把握科研发展方向。

形成多元投入格局。在稳定政府对科技活动投资的同时，利用市场机制，通过制订有效的税收和价格政策，鼓励企业对农业科技活动投资，鼓励农口企业、涉农企业增加农业科技创新投入，鼓励大中型工商企业进入农业科技创新领域。通过调动企业、个人等社会力量投入农业科技活动的积极性，形成多元投入的利益格局，实现公共农业科研开发投资和私人农业研发投资的有机结合和相互补充。

建立健全农业科技创新的风险投资机制和保险机制。鉴于农业科技创新存在高风险性，必须建立健全农业科技创新的风险投资机制和保险机制，鼓励农业科技风险投资公司及相应的投资基金或保险基金，将风险投资机制和保险机制运用到农业技术创新活动中，降低农业科技创新的风险。

（3）明确农技推广工作重点，完善农业科技转化推广体系

明确各级农技部门推广的工作重点。市一级农业技术推广部门的工作重点，在于推广重大农业技术。县级农业技术推广部门应立足于服务乡镇，加强先进适用技术引进、试验和示范工作。定期择优选择县、乡农业技术推广机构和单位，在项目、资金上给予扶持，使其逐步成为具有地方特色和区域优势的农业技术推广中心。

明确不同类型的农业技术推广组织的工作重点。对于基础性、公益性的农业技术服务，需由政府主导的农业技术推广部门来承担。相反，对于科技含量高、市场价值大的蔬菜、水果、园艺产品、畜牧和水产品与农产品加工品等，可以由市场来配置农业技术推广资源，特别是利用“农业龙头企业＋农户”的产业化模式进行推广，让龙头企业和科技企业出资购买农业技术成果，与农民进行对接，鼓励龙头企业通过其生产基地向当地农户推广新技术或新产品。

建立竞争、有序、高效的农技推广工作机制支持各级农业推广机构从事农业技术示范推广与技术的二次创新，积极引进国外农业先进实用技术，改变科研、推广与生产脱节的现状。

（4）完善农业科技人员培训机制，努力提高农民科技素质

加大农业科技创新人才的培养力度。依托重点农科研究所或实验室建设以及重大农业科技项目，以任务带动人才培养。成立农业科技人员的专业合作交流组织，如常州农业科技工作者之家等，凝聚他们的聪明才智。进一步明确科技人员拥有技术成果知识产权的主体地位，坚决查处和制裁各种知识产权侵权行为，切实维护农业科技人员的合法权益。

重视农业科技推广人员的继续教育。进一步完善农业技术推广人员深造学习、进修

培训的制度，使推广人员的原有知识得到及时更新、技能得到定期提升。针对不同地区不同的产业布局，对农业技术推广人员开展有计划的培训，从而提高农业技术推广人员与农民沟通、交流的能力和水平，让农民在生产、生活中的需求得以发现和有效满足，让农技推广人员真正做到为农民提供和筛选有效信息，为农民决策提供帮助。

加大高端农业科技人才引进。进一步完善人才引进政策，积极倡导留学人员、市外人员长期或短期来常工作，鼓励通过项目合作、兼职、考察讲学、学术休假、担任业务顾问等多种形式开展农业科技创新活动。

健全农业科技人才市场体系。加快农业科技人才供求信息网络和高级人才数据库建设，提高人才市场的信息化水平，建立起机制健全、运行规范、服务周到、监督有力的农业科技人才市场体系。

切实提高农民科技素质。要多形式、多途径提升农民对产业技术的承接、应用和转化能力。发挥示范户、示范村、示范企业的引导作用，让农民从科技成果的学习运用中得到实惠，激发农民自觉学习和运用科技的热情，辅以多种渠道的科普宣传教育和科技部门的应用指导和咨询服务，全面提高农村劳动力素质。

(5) 加大产学研合作力度，实现农业科技成果转化的无缝衔接

政府要加强对农业产学研合作的积极引导要通过强有力的政府引导帮助企业以技术参股、技术转让、建立企业研发中心以及博士工作站等形式加强与市内外农业科研院所、大专院校的合作，建立从事农业科技成果转化的中试基地、示范基地，推进农业科技成果产业化。

加强农业科技中介服务体系建设。加快建设行政性政府协调服务组织、公益性社会公共服务组织以及政府科研院所、高校、企业共建的各类农业科技中介服务机构和民办的农业科技中介服务机构等多层次的科技中介服务体系。鼓励建立技术评估机构、技术经纪机构和信息咨询服务机构等企业性科技中介服务机构，为企业提供经营管理、市场营销、技术、人才、信息、财会、金融、法律等方面的服务。大力发展农业科技企业孵化网络，切实加大孵化器建设投入，扩大孵化面积，增强孵化功能，使孵化器成为孵化企业、孵化人才和促进产业发展的温床。

扩大对外农业科技合作。要采取多元方式，扩大产学研合作范围，在高校、科研机构、国家各部委、跨国公司研发中心之间，深入开展农业科技合作的沟通与联络。充分利用国内外的科技资源，开展多种形式的科技合作和科技成果转化及产业化活动。探索通过农业科技园区建设，以农业科技园区为技术源和辐射源，加强农业科技的试验、示范和推广。

建立利益和风险共担的责任机制。可尝试采取提成、技术入股、技术持股等利益挂钩的分配方式，把合作各方应得的报酬与农业项目的产业化成功率、企业的经济效益挂钩。推进高校和科研机构转向农业生产和市场领域，推进农业企业成为研究开发的主体，进而促进风险多方承担、利益各方共享的分配机制的建立。

(6) 加快农业信息化改造，提升信息化服务水平

发挥政府的资金和政策保障作用。一方面，政府应加快农业信息标准的制定和实

施，把分割在不同部门的信息资源、技术手段以及技术人员进行有效的整合，促进农业信息资源的综合及高效利用，提高农业信息的权威性与准确性。另一方面，政府相关部门应对农业信息化建设提供一套健全的制度保障和充足的资金支持。

积极创建农业信息市场。把创建农村信息市场作为突破口，以建立多元复合的农村信息服务市场为主要内容，允许各种经济实体进入农业信息服务领域。加大与各类信息传播机构如广播电视台、报刊杂志社等的合作，在农村开辟新的传媒市场。引导农业电子商务的发展，培育农业电子商务市场。

创新农业信息服务模式。在现有的诸如建立信息服务中心、信息服务站及信息服务点、“农技 110”电话语音、卫星接收、电视、视频等服务模式的基础上，进一步完善行业协会、合作经济组织、龙头企业一体化等先进模式，或者探索专业信息公司和网站的有偿服务模式，科技户和经纪人的示范模式，不断改进信息服务体系。农业能否持续、健康、稳定发展，直接关系到社会的稳定和国家现代化的进程。发达国家和地区农业发展的道路表明，技术对农业生产的贡献是巨大的，没有技术的进步，就没有农业产量的大幅增加，农业发展方式转变就没有基础，实现农业现代化就可能变得渺茫。

七、科技创新引领新型城镇化的主要措施

当前，新一届政府正在大力推进新型城镇化。新型城镇化更加强调内在质量的全面提升，强调从外延式扩张向内涵式发展转变。实现这一重大转变，必须加强体制、政策、经济、社会等各方面的协调和配合，其中科技创新的作用尤为重要。建议在借鉴国际经验的基础上，加强系统部署，发挥市场和政府的协调作用，切实增强科技创新对新型城镇化的引领作用。

1. 加强新型城镇化科技创新的总体设计

摸清我国城镇科技的基本情况，加强新型城镇化发展的科技需求分析。启动编制国家城镇化科技发展规划，明确城镇化科技发展的目标、任务和措施。鼓励地方结合实际编制城镇化科技专项规划。加强城镇化总体规划、土地利用规划、产业发展规划与科技规划的有机衔接，在各类城镇化规划中要进一步明确科技创新的要求。

2. 构建引导新型城镇化相适应的技术体系

大力发展城镇互联网、物联网，推进智能交通、智能建筑、智能电网等先进基础设施。健全城镇民生科技研发体系，加强涉及城镇发展的人口健康、防灾减灾、公共安全等领域科技开发。推进建筑业、住宅产业、建材产业的技术更新，加大新型废弃物资源化技术的开发力度。加强城镇管理科技开发，加强城镇能源和土地利用等瓶颈技术研发。

3. 加快科技成果面向新型城镇化的转化应用

以创新型城市（区）、可持续发展实验区、高新区、农业科技园等为载体，加快科

技成果推广应用，尽快形成产业集群，支持城镇可持续发展。重点推进新能源、信息网络、新型智能交通、生态宜居、环境保护与资源综合利用等的应用示范。针对科技基础较好的城镇或园区，探索推进科技新城建设。

4. 建立有利于城镇科技创新发展的政策体系

强化财政资金和政策引导作用，通过财政奖补、以奖代补、贷款贴息等方式调动社会资本参与城镇科技创新。建立和完善促进城镇科技型中小微企业发展和城镇产业集群集聚发展的财税激励政策。推进建筑节能标准、环境标准等的推广应用，加强政策衔接协调，将科技创新政策纳入新型城镇化配套政策体系。

5. 充分发挥基层科技部门在新型城镇化中的作用

发挥基层科技部门在发现城镇化技术需求、促进成果转化、传播先进科技理念和知识方面的作用。把国家科技计划资源向基层倾斜，帮助基层科技管理部门引导科技、管理、资金、信息等要素更多地向城镇集聚。支持城镇化科技队伍建设，加大基层科技管理人员和高素质实用技术人员的培训力度。科技创业过程中主要培育科技人才和提高劳动者素质。大力发展科技创新创业有利于建立和完善各种要素市场，如建立城乡一体的劳动力市场，促进城乡市场统一，实行城乡劳动力就业机会均等、同工同酬、待遇同等，大力发展劳动力就业中介组织，促进农村富余劳动力顺利转移。根据不同行业划分的科技创新创业，对于劳动力的数量和素质要求也不一样，例如传统行业的科技创新创业，需要数量较多但是能力不需要太强的劳动力支撑，高新技术行业如金融行业、电力行业等行业的科技创新创业则需要受过培训和教育的高素质人才，因此对于各个层次的劳动力需求都较大，利于劳动力集中和转移，为城市化进程带来人力和人才资源。

第七章　我国新型城镇化与农业现代化协调推进思路

由于中国人口众多，在相当长的历史时期中，中国仍将有大量人口在农村生活，中国需要协调发展新型城镇化和农业现代化。在新型工业化、信息化和新型城镇化的过程中，要不断优化经济结构和产业布局，一方面为农民向中小城市、小城镇就地转移创造必要条件，另一方面逐步扩大农户的经营规模、发展农民专业合作社和农业生产的社会化服务，使中国农业走上现代化的道路。十八届三中全会也明确提出，城乡二元结构是制约城乡发展一体化的主要障碍。2015 年党的十八届五中全会提出："坚持协调发展，必须牢牢把握中国特色社会主义事业总体布局，正确处理发展中的重大关系，重点促进城乡区域协调发展，促进经济社会协调发展，促进新型工业化、信息化、城镇化、农业现代化同步发展，推动城乡协调发展，健全城乡发展一体化体制机制，健全农村基础设施投入长效机制，推动城镇公共服务向农村延伸，提高社会主义新农村建设水平。"因此，必须健全体制机制，形成以工促农、以城带乡、工农互惠、城乡一体的新型工农城乡关系，让广大农民平等参与现代化进程、共同分享现代化成果。要加快构建新型农业经营体系，赋予农民更多财产权利，推进城乡要素平等交换和公共资源均衡配置，完善城镇化健康发展的体制机制。

为进一步推进我国经济社会又好又快发展，农村改革应根据党的十八届三中、五中全会精神，通过推进新型城镇化和农业现代化的协调发展，解决"三农问题"，在农民市民化过程中，调整产业结构，实现经济社会的可持续发展。

一、科学统筹城乡发展，构建新型城乡关系

在实施新型城镇化和农业现代化过程中，要加大统筹城乡发展力度，增强农村发展活力，逐步缩小城乡差距，促进城乡共同繁荣。坚持工业反哺农业、城市支持农村和多予少取放活方针，把国家基础设施建设和社会事业发展重点放在农村，深入推进新农村建设和扶贫开发，全面改善农村生产生活条件。加快完善城乡发展一体化体制机制，着力在城乡规划、基础设施、公共服务等方面推进一体化，促进城乡要素平等交换和公共资源均衡配置，形成以工促农、以城带乡、工农互惠、城乡一体的新型工农、城乡关系。

在构建新型城乡关系过程中，必须要处理好中央政府和地方政府之间的关系、地方政府和农民之间的关系。市场在资源配置中起决定性作用的基础上，调整国民收入分配格局，协调政府与农民之间的利益关系，坚决破除体制机制弊端，坚持农业基础地位不

动摇，加快推进农业现代化，让农民分享改革红利。

二、大力实施农村土地产权改革，建立城乡土地资源双向流动的机制

在新型城镇化过程中，进一步深化土地产权改革，其主线是“还权赋能”，首要在于“还权”，如颁发集体土地使用权、农村房屋所有权、土地承包经营权、林权的确权颁证，明晰了农村产权关系，奠定了土地资源按照市场化原则进行优化配置的制度基础。通过农村产权改革一方面促进了农村集体土地与国有土地“同地，同权、同价”，通过建立统一、开放、竞争、有序的城乡一体化土地市场，可以有效缓解城镇建设用地资源瓶颈性问题。另一方面通过将土地产权明晰界定给农户，从根本上克服现行土地征用制度中赔偿对象不明确、分配方式不公平等弊端，可以实现对农民利益的有效保护。

一是在依法办理农用土地转为建设用地后，允许农村集体土地进入土地一级市场。

二是建立土地承包经营权交易市场。首先，强化农民的土地承包权益，使农户真正享有承包土地的占有权、使用权、收益权和处置权。其次，在明晰土地产权的基础上，完善土地流转制度，促进土地适度规模经营的形成。可以选择以下流转方式：转包，即承包人把自己承包的土地的部分或全部，以一定的条件发包给第三者，有利于促进土地适度规模经营；出租，指原承包人将自己承包的农地出租给他人或公司；入股，即土地承包者将承包权作为无形资产，以股份的形式加入到龙头企业，并按照股份的比例进行分红；抵押，即农户以农地承包经营权为抵押进行融资，体现农地承包经营权的用益物权的价值。

三是完善农地征用和补偿制度，保障农民的土地权益，使农民从征地中获得公平合理的补偿。

四是是通过集体建设用地使用权流转成果筹集农业现代化发展所需资金。土地因为位置的不同，会有很大的市场价差。通过农村国土整治所增加的农地和农村建设用地指标，经由“占补平衡”和“增减挂钩”，就可以将城市级差地租转移到农村。充分利用级差土地收益规律，合理利用建设用地指标，不但可以更合理地配置城乡空间资源，而且可以提供农业现代化发展筹集所需要的部分资本。

五是实施土地承包经营权流转，解决农村人口向城镇集中后的土地经营问题，增加农民收入。土地承包经营权流转制度的重建促进了土地资源的合理利用以及农业生产的集中化和规模化，将为农业的快速发展注入活力。

六是成立产权流转服务机构，推进集体建设用地和土地承包经营权流转。为了服务广大农民，保证土地流转的有序和合法，应该专门成立城乡产权交易中心和农村产权流转服务中心，各乡镇成立了农村产权交易服务站，搭建农村进行集中土地流转的渠道，开展农村产权交易意向信息的收集和发布工作。

三、发展多种形式规模经营，构建新型农业经营体系

随着新型城镇化不断推进，我国农业规模经营程度不断提高，农业经营体系不断发展，由专业大户、家庭农场、农民合作社和农业龙头企业等组成的新型农业经营体系逐渐开始发挥作用。当前，为进一步发展现代农业，需要发展多种形式规模经营，创新农业生产经营体制，构建新型农业经营体系，建立以专业大户、家庭农场、农民合作社和农业龙头企业等为主体的多元经营模式，促进农业生产经营的集约化、专业化、组织化和社会化，让现代农业的发展为同步推进的新型城镇化建设提供坚实基础。

一是大力发展家庭农场和农民合作社。2013 年中央一号文件首提“家庭农场””概念，主要是指以家庭成员为主要劳动力，从事农业规模化、集约化、商品化生产经营，并以农业收入为家庭主要收入来源的新型农业经营主体。农民合作社则主要是指是在家庭联产承包经营基础上，同类农产品的生产经营者或者同类农业生产经营服务的提供者、利用者，自愿联合、民主管理的互助性经济组织。农民合作社以其成员为主要服务对象，提供农业生产资料的购买，农产品的销售、加工、运输、贮藏以及与农业生产经营有关的技术、信息等服务。政府应鼓励建立家庭农场注册登记制度，对达到一定规模的家庭农场，农业财政应加大补贴力度，并提供相关指导服务，提升市场竞争力。同时，进一步支持、引导农民合作社的发展，规范农民合作社的组织行为，保护农民合作社及其社员的合法权益，在规范运作基础上，创新合作社形式，形成股份多元化、形式多样化的新模式。

二是创建农业示范基地、促进农业龙头企业加速发展。在新型城镇化过程中，坚持城市和乡村、工业和农业合理布局，着力打造一批区域布局合理、专业化分工明确、品牌竞争力较强、适度规模经营的特色农业示范基地。进一步完善相关政策措施，鼓励农业龙头企业不断完善公司治理，通过资本市场，形成具有相当规模的企业集团。同时，充分发挥农业龙头企业的示范效应和规模经济，推动龙头企业与专业大户、家庭农场、农民合作社建立多元共赢的合作机制。

四、合理公平配置基础教育资源，完善农业职业教育、培育现代农民

一是强化政府教育责任。基础教育办学的主体是政府，政府在基础教育发展中承担第一责任，要更加突出教育的公平性，合理分配城乡之间的教育资源，缩小城乡差距，实现基础教育均衡发展。要明确各级政府的事权财权，按照“一级政府、一级事权、一级财权”的原则，合理划分中央和地方支出的责任和范围，特别是统一县及县以下财权与事权。

二是深化教育投入体制改革。政府财政投入的数额是否充足，对城乡基础教育的均衡发展具有举足轻重的作用。确保国家教育投入的主体作用，按照建立公共财政的要求，不断增加基础教育的投入，把教育作为财政支出重点领域予以保障。尤其是加大对

农村地区的教育投入，使教育政策向农村倾斜，优先保证农村教育发展的资金需要，努力缩小农村教育与城镇教育的差距。

三是优化城乡基础教育资源。改造薄弱学校，加大各级政府部门的财政经费支出，用于薄弱学校硬件建设和软件建设；在教师资源配置上的倾斜，通过激励鼓励优政策，鼓励大学生和优秀的城镇教师下乡支教。调整农村学校的布局，既要考虑农村人口居住分散的特点，多布点以满足偏远地区儿童接受教育需要，又要适当集中教育资源，使有限的教育资源得到最大的发挥。随着教育信息技术和远程教育网络的发展，教育资源可以通过网络来实现资源的共享，发挥其最大的效益，弥补基础教育资源短缺的难题。以信息化带动教育现代化，提高农村地区的教育质量和师资水平，缩小教育发展水平在城乡之间的差距，为实现区域内义务教育的均衡发展提供新的思路。

四是加强基础教育教师队伍的建设。教师资源的均衡是义务教育资源均衡配置的关键。制定专门针对农村地区和薄弱学校教师的培训政策，设立农村教师培训专项基金，提高学校现有教师业务水平和综合素质。中小学校自身利用邀请名师授课、说课、评课的方式，集中对教师进行培训，积极建立城乡中小学教师健康发展的平台。提高农村教师的工资待遇，确保其收入水平不低于城市，可参照对农林和卫生等行业的优惠政策，设立农村教师特殊津贴制度，特别是在贫困和自然条件恶劣的农村地区任教的教师增发艰苦岗位津贴。引入竞争激励机制，促进学校、教师之间的竞争，激发教师热情，提高教学质量。

五是完善农业职业教育、培育现代农民。在新型城镇化过程中，培养现代农民、保障粮食安全一直是学术界和实务界关注的重点。2014 年中央一号文件将完善国家粮食安全保障体系放在首要位置，强调粮食安全战略是治国理政必须长期坚持的基本方针。当前，随着人口老龄化的加速和农村外出打工人口的增多，农业专业人才的缺失及农业技术推广的困难，逐渐成为制约我国经济社会长期发展的瓶颈。农业职业教育的完善、现代专业化农民的培养，是当前农业现代化的一个重要方面，也是稳健推进新型城镇化建设的重要保障。

要实现农村人口向城镇迁移，就必须打破封闭的传统农业经济形态，实现农业现代化。这就内在要求各级政府必须加大对农村基础教育和职业教育的投资力度，重视农民的学习和教育，不断提高农民的文化素质和技能素质。例如，加快完善农业职业教育，不断拓宽各种类型培养渠道，开展现代农业职业教育，在完善农业职业培训体系过程中，强化农民农业技能。同时，将返乡创业的农民工作为培养新型职业农民的重要对象，为农民工返乡创业提供相关政策措施，完善相关机制，加强返乡农民工新型职业培育。

五、促进公共资源均衡配置，提供全方位信息化服务

公共产品在城乡存在的供给总量不均衡、供给结构失衡、供给效率低下问题，是导致农村劳动生产率偏低、影响城镇化与农业现代化协调发展的重要原因。公共产品供给短缺和不均衡，直接影响城乡居民生产、生活条件的改善，间接制约劳动者素质的提高

和市场主体的投资、消费等经济活动的正常进行。

在新型城镇化过程中努力实现城乡基本公共服务均等化。实现公共基础设施服务设施向农村延伸、公共服务向农村拓展，引进市场机制实行分类供给。对于公共服务供给和社会管理实现多重监督，充分发挥媒体和群众的监督作用，实行严格的问责制度，确保公共服务均等化的顺利实施。推进城乡社会保障一体化，推广新型农村合作医疗和新型农村社会养老保险，为生活贫困的农民提供最低生活保障金。同时积极推进户籍制度、社保制度、教育制度等相关配套改革，将有条件的农民转为市民，在促进农业现代化发展过程中，不断降低农民的比率，提高城镇化率。

此外，政府应加大农业科技创新平台基地建设和技术集成推广力度，推动发展国家农业科技园区协同创新战略联盟，支持现代农业产业技术体系建设。并提供全方位社会化服务，实施农业信息服务全覆盖工程。在农村加大信息技术推广应用，有利于实现对农业生产各种要素、各个环节的智能化控制、规模化管理和科学化决策，促进农业生产方式切实转变，加快现代农业发展步伐。

六、建立城乡间生产要素双向自由流动机制

已有的城市化是以城市发展为中心，以农村的人口、资金、土地等要素向城市集聚为主要特征，城市化得到了农村的支持，既有转移劳动力的支持，又有农村土地的支持。这种城市化忽略了农村的现代化问题，是一种不完全的城市化。城乡产业合作要求城市集聚的先进要素和生活方式向广大的农村地区辐射和扩展，强调城市对农村的反哺，使生产要素在城乡空间范围内自由流动与合理配置，使农村居民能够享受到城市居民的物质和文化生活方式。

一是建立城乡人力资源双向流动的机制。建设社会主义新农村，发展现代农业，其关键是促使农业人口向城镇转移，并且使转移出来的人口和土地脱离关系，真正成为城镇居民。现实情况是大多进城务工人员不一定愿意轻易放弃土地变为城镇居民。首先，城镇就业的不稳定和社会保障的不健全使他们不会轻易地割断同承包土地的关系。这些农民工大多想的是趁年轻力壮时在城里多挣些钱，将来年老体衰时再回农村种地，土地是他们最后的生活保障。另外，城市的医疗、教育、保险、社会保障等福利政策将他们排斥在外，更不用说购买城市住房，融入城市生活了。因此，要充分发挥市场配置劳动力资源的功能和作用，消除农村劳动力向城市转移的各种政策性障碍，构建城乡公平统一的劳动力市场；加快户籍制度改革，逐步消除依附在户籍制度之上的各种福利制度，建立城乡居民平等的劳动力就业制度和社会保障制度，让农村劳动力平等的参与就业竞争，真正实现农民市民化。另外，还应该鼓励城市居民或进城务工人员到乡村创业，让人力资源在城市和农村双向流动。一是制定优惠政策，鼓励城市科技人员、大中专毕业生以及其他城市投资者到农村创业，提高到农村工作人才的工作和生活待遇；二是引导农村外出务工人员返乡创业。人力资源从城市向农村的流动，一方面，可以起到传播现代化城市文明的作用，带动其周围农民整体素质的提高，另一方面，可以带动城乡工农业产品、信息、技术、资本等生产要素的流动，促进城乡资源合理配置。

二是建立城乡金融资源双向流动的机制。目前，农村金融资源严重不足，城乡金融资源分布状况极不均衡。应加大农村信用社等金融机构的改革力度，为农村发展提供信贷支持。同时，还要通过政策支持和财政转移，促进城市金融资源向农村流动，以支持农村相关产业发展。加强政府调控力度，构建为“三农”服务的金融支农体系，积极引导农村信用社、农业银行、农业发展银行、邮政储蓄银行等金融机构进一步增加对农民和农业生产经营组织的信贷投放，解决农村融资难的问题。适度放宽农村金融的市场准入条件，引导和规范农村非正规金融组织发展。其次，积极推广农村地区的小额信用贷款，扩大小额信贷的范围，鼓励民营资本进入农村小额信贷市场以提高金融市场的供给。最后，积极完善农业保险制度，对农业保险给予优惠政策，扩大农业保险保费补贴范围，以增强农民对保费的支付能力，鼓励农民积极投保。

三是建立城乡科技资源双向流动的机制。我国目前的科技人才和科研机构主要在集中在城市，农业技术大都是在城市中研制出来的。乡村产业的发展需要科技的支撑，因此，要促进现代科学技术更大范围地进入乡村、进入农户，可采取以下三种形式：一是技术协作，如转让科技成果，接受委托，研究新产品，进行技术沟通，组织技术培训等；也可由城市科研单位、大专院校和农村挂钩，建立长期的协作关系。二是城市的科研院所、大专院校与农村结合，建立科研生产联合体，承担科学探索、农业新技术开发、生产应用等任务。三是科技人员向农村流动，可采取调、离、停、兼职的方法进行，以技术入股的方式参与农业经营。

四是建立城乡信息资源双向流动的机制。信息鸿沟是城乡产业效率差距扩大的一个重要影响因素，应加快建立城乡互动的信息网络，优先建立农业信息网等专业性网站，充分利用网络、报纸、广播、电视等各种媒体向农村发布信息，为农村企业和农民生产经营决策提供信息源，减少农民生产，销售和购买的盲目性。

七、健全基本医疗卫生保障体系

一是整合城乡医疗保险制度。现行的基本医疗保险制度，分别为城镇职工基本医疗保险、城镇居民基本医疗保险、新型农村合作医疗保险制度。因为地域、户籍、就业等因素的影响，从统筹层次、政府补助到补偿水平都有很大不同。继续做好城镇职工基本医疗保险、城镇居民基本医疗保险和新型农村合作医疗扩大覆盖面工作，提高新型农村合作医疗保险制度的补偿水平。在基本完成医疗保险覆盖面的情况下，将城镇居民基本医疗保险制度和新型农村合作医疗保险制度整合为居民医疗保险制度，与城镇职工基本医疗保险制度并行。

二是改善农村基本医疗卫生服务。健全以县级医院为龙头、乡镇卫生院和村卫生室为基础的农村医疗卫生服务网络。大力推进县级医疗卫生机构建设，努力办好县人民医院，发挥其主导基本医疗服务的功能；以镇医院为主体，精心谋划，分类指导，不拘形式，因地制宜办好农村社区卫生服务中心；加强村级公共服务中心建设，在行政村和大的自然村建立比较规范的社区卫生服务站，全面提升村级医疗卫生服务机构的整体水平。

三是建立医疗卫生人才保障机制。根据农村群众的医疗卫生需求，合理配备县、乡、村卫生服务机构人员。扩大乡镇卫生院招聘执业医师试点，采取有效的措施鼓励服务期满后扎根基层。加强农村卫生人员在职在岗培训，提高乡镇卫生院的管理水平。建立合理的人才引进机制，吸引、鼓励高等医学院校公共卫生专业毕业生到基层公共卫生机构工作，充实基层医疗卫生人员队伍。

四是建立信息平台，加强长效管理机制。加强信息标准化和公共服务信息平台建设，以居民电子健康档案、电子病历和远程会诊系统建设为切入点，整合各种卫生信息资源，建设统一规范、统一标准的电子居民健康档案与电子病历基础数据库，方便信息共享和对接。建设集临床远程会诊和培训教育为一体的数字化远程系统，成立远程会诊中心和培训中心，实现全省各级医疗卫生机构之间的远程会诊和培训教育对接服务。

第八章　我国新型城镇化与农业现代化协调推进政策建议

一、加快科技创新创业

1. 构建支撑创新型企业发展的科技金融环境

增加政府科技投入，科技计划项目向高层次创新创业人才、创新型企业倾斜，给予符合条件的创新创业企业适当的优惠政策，例如减少税收，降低企业初始投资金额门槛等，同时政府需要扶持建立公益性引导、市场化运作的科技担保公司。其次应进一步完善相关政策和公共服务体系，建立有效的投入机制，政府通过政策引导和科技型中小企业创新创业基金资助，鼓励相关机构为创新创业型科技人才提供技术开发、创业辅导、信息服务和融资支持等定向服务，设立“科技人才奖励专项基金”、“科技人才培养专项基金”、“高层次、紧缺型科技人才引进专项基金” 等方式，协助初创期的科技人才解决各种困难，提高科技创新创业的成功率。科技活动经费投入增大，特别是企业科技活动经费筹集的额度增大，大大提高了我国以企业为主体的自主创新体系的建设，也大大带动了我国科技人员素质的提升。

除了科研院所等为科技人才提供的创新创业环境之外，还应着眼于推动企业成为技术创新的另一载体，重点扶持一大批拥有创新创业能力的优秀科技人才创办科技型企业，培养造就一批创新型企业家。工作环境性质的改变，会促使科技人才萌生更多的创新观念，吸引、鼓励和支持国内外优秀科技人才来此进行创新创业活动，通过示范引导，吸引更多的社会投资，形成多方投入机制和格局，使更多的科技人才转化出科技成果。

2. 加强科技创新创业投资高新人才队伍建设

人才是国家发展的战略资源，是大力发展创业投资、促进科技创新创业的第一资源。创业投资活动是一项创造性活动，对人才综合素质要求很高，不仅需要金融、财务、管理、谈判等多种能力和知识的支撑，而且要对产业技术领域有着独到的见解和眼光，同时还需要有创业投资理念、团队合作精神和广泛的案源渠道。国家应大力支持民营特色研发机构建设，凝聚和培养科技创新人才。为鼓励民营特色研发机构的创新创业，提供科技人才作为智力支持的同时，拨款资金作为助推剂，对其实行税收优惠，以科研开发推动、引进专家带动、市场需求拉动、加强交流互动的形式，培育一批具有较强创新能力的专业科技人才研发队伍，促进民营企业创新创业队伍素质的提高。

同时高校是科技人才诞生和成长的摇篮，通过启动实施科技服务社会“校企联盟”行动，引导高校、院所科技人才走向社会，帮助企业解决技术难题，研发具有市场竞争力的新产品，推动经济结构调整和发展方式转变，逐步建立高校、院所与企业双向流动服务社会的长效工作机制，将产学研合作向纵深推进，在社会各层面创造创新创业的机会，扩大科技人才的工作范围。

3. 创新完善人才工作体制机制

落实人才优先发展战略，加强人才投入考核，建立市。县财政人才投入优先保证、稳定增长的机制，引导全社会增加人才发展投入。深化高校科研体制改革，借鉴国际先进经验，探索灵活高效的高校教学、科研人员分类评价考核办法，鼓励支持更多的优秀人才走出高校院所，到企业开展联合攻关、转化科技成果或创办科技型企业。探索国际通行的产权、期权、股权激励制度，建立人才与资本结合、技术与贡献结合的分配导向，实现产学研各方合作共赢的最佳效应。加强对科技创新创业人才和重点发展的新兴产业的税收激励奖励力度。创新完善人才培养、选拔、评价、激励、流动、保障机制，以制度创新引领人才开发。整合教育资源，优化教育结构和布局，加大政府对人才教育培训投入力度，完善各类人才培养体系和教育配套政策，建立人才培养结构与经济社会发展需求相适应的动态调控机制。以岗位为基础，以品德、能力、业绩为导向，完善体现各类人才特点的能力素质指标体系，建立科学的人才评价选拔激励机制。坚持市场配置的基础性地位，建立健全统一有序的人才市场体系，促进各类人才的优化配置和合理流动。

4. 积极营造激励创新创业的社会环境

积极营造支持创业、崇尚创新、宽容失误的创新创业社会氛围，使创新创业的重大意义得到充分领会，创造动力得到充分增强，创造活动得到充分鼓励，创造才能得到充分发挥，创造成果得到充分转化。充分整合现有公共服务资源，创新与社会合作提供人才公共服务的运作模式，建立完善以科技中介服务机构为主的人才服务体系，解决高层次创新创业人才的后顾之忧。设立实施住房福利、继续教育、定期医疗检查、额外保险、健康咨询、心理咨询、健身运动、旅游等福利项目。切实解决好创新创业人才的落户、配偶工作安置、子女教育等实际问题。进一步健全人才权益保护、人才市场监管和人才资源开发管理各个环节的法律法规，完善科技人才创新创业的法治环境。

二、加快新型农业经营体系构建

1. 培育新型农业经营主体

多元化新型农业经营主体的培育是构建新型农业经营体系的关键，是对原有农业经营主体的发展和完善，有利于实现主体之间的优势互补和系统集成。近年来，我国优势农业产区的专业大户、家庭农场、龙头企业、专业合作社等新型农业经营主体的培育虽然有了很大的进步，但其中还存在着一些问题，突出表现在主体数量仍然较少，很多农户还存在着单打独斗的现象。培育新型农业经营主体首先要在现代农业产业园区和基地中大力引进产业化龙头企业，培育家庭农场、专业大户等新型农业经营主体。为此，应积极探索新型农业经营主体认定标准，鼓励各区域的产业基地按照“生产有规模、产品有品牌、设施有配套、管理有制度”的要求，探索不同领域内的农业经营主体。其次，以基地建设为载体、主导产业为指向，加大对农村专业人才的培育，这是壮大新型农业经营主体的关键。当前，农民的科学文化素质和技术水平低，农村中种植、养殖、加工等方面的专业人才紧缺，因此各地要根据区域产业发展和生产结构情况，利用和整合各类培训资源，加强对新型农业经营主体的技能培训，提高他们的新技术应用能力、经营管理能力、品牌意识、抗风险意识等，使农户接受现代化的生产模式，加入到现代农业产业基地建设中，成为新型职业农民。第三，加大各种强农惠农支持政策向新型农业经营主体倾斜的力度，如设立专款专用资金，金融部门适当降低门槛、创新信贷方式，土地流转优先向种养大户集中等。

2. 创新农业经营组织模式

我国现代农业的发展是一项复杂的系统工程，农业产业化经营组织将各种农业生产者、经营者有机地联合起来，以市场信息为依据，指导生产者采用先进生产技术进行农业规模生产，规范统一农产品的技术标准，扩大农产品在区域之间以及国际市场的流通范围，从而提高农产品的市场竞争力。在现代农业发展过程中，农业经营组织模式应该多样化，既包括龙头企业牵头的企业组织，也包括专业合作社为核心的合作组织，只要有利于农民增收、企业增效、产业发展、运转有效的组织模式都鼓励尝试。要因地制宜地在现代农业产业园区和基地率先发展“龙头企业 + 专业合作组织 + 基地 + 农户”、“大园区 + 小业主”等模式，实现龙头企业、基地和农户的产业联动。要提高农户的组织化程度，增强农民的主体地位，特别要重视农业专业合作社的规范运作和政策扶持，激发农户探索新型农业经营组织模式的积极性，强化其动力机制。完善利益联结机制，推动龙头企业与专业合作社之间的深度融合。

3. 完善农业专业服务体系

专业化服务组织把各种现代生产要素注入家庭经营之中，提高了家庭经营的集约化程度，推进了农业的标准化生产、提高了农民组织化程度、实现了管理的专业化水平、保障了产品安全。因此，新型农业经营主体的培育需要专业化服务体系作为支撑。发展和完善专业化服务体系要瞄准现代农业产业园区和基地的需求，加强农技推广体系建设，积极实施“大推广、大示范、大培训”的行动，通过建立专家大院、专家下乡入户、科技大篷车、产学研相结合、科技特派员等科技推广创新服务，构建起“科技人员直接到户、良种良法直接到田、技术要领直接到人”的农业科技推广机制。构建发达的农机专业化服务体系，是促进新型农业经营主体扩大经营规模、提高经营效益的重要环节，应通过政策扶持，加大购机补贴力度，引导农机人员通过机械联合或股份合作等方式，创办各类合作组织、专业公司等新型服务组织，并且以农机跨区作业为重点不断扩宽农机服务领域，促进农机作业向农业生产的产前、产中、产后延伸。应在有计划发展农产品大中批发市场的基础上，大力发展农超对接、连锁经营、农产品的电子商务等新型农产品流通模式，支持和鼓励专业合作社进社区、校区等直销农产品，支持龙头企业与农户通过发展订单农业等方式形成紧密相连的利益关系。要注重农产品质量标准监管体系和品牌建设，实现农产品真正由小餐桌走向大市场。

三、构建城乡规划一体化

1. 构建城乡一体的资源要素市场

按照统一、开放、竞争、有序的现代市场体系的要求，加快发展和培育城乡统一的商品市场和要素市场，建立健全城乡一体化的市场体系。要打破城乡市场体制条块分割的状况，充分发挥市场在资源配置中的基础性作用，促进商品和各种要素在城乡范围的自由流动和公平竞争，使城市和乡村通过统一的市场发挥各自的比较优势，享受市场带来的利润。同时建立城乡一体的土地市场，城乡一体的土地市场有利于保护和实现农民的土地财产权益，提高土地资源的利用效率。要积极探索农村集体资产社区股份制改造和承包地、宅基地有偿流转的办法，逐步探讨解决农民承包地、宅基地的产权认定和抵押问题，促进土地资源优化配置，加快资金、技术和信息市场建设。目前，农村金融、技术和信息市场的发育相对滞后于城市，造成农村的资金、技术和信息资源十分稀缺。因此，必须完善农村金融体系、建立健全农村技术和信息市场，引导城市资金、技术和信息资源向农村流动。

2. 深化城乡一体化体制机制改革

鼓励符合条件的中心镇探索区镇合一的管理体制，提高区镇合一的科学布局和规划建设水平，打破原来的地域界限，在更大范围内搞好规划、整合资源。率先进行镇级行政体制改革，赋予部分县级经济社会管理权限。遵循客观规律，加快推进农转城保步伐，尽快实现城乡保障的接轨，推进农民向市民的转变。加快提升土地集中流转和向种植大户集中的水平，使农业成为一个现代产业，农民成为产业工人和现代新型农民。加快建立农村集体产权交易市场，推动农村集体资产股权等各类产权进入市场。

3. 政策规范城乡一体化运作水平

规范农民拆迁安置用房办理国有土地使用权证管理工作，明确范围、办法和程序。加强土地周转指标的规范管理和使用，使土地周转指标发挥最大效益。积极推进户籍制度改革，妥善处理好依附在户籍制度上的各种利益和权利，加快推进农民进城进镇落户，农民转为市民过程中可以保留农民在集体经济组织中的股权、继续享受农村计划生育政策。加快建立耕地保护基金和粮食保障基金，完善耕地保护和粮食保障机制。积极推进农民居住向社区集中、工业企业向园区集中、农业用地向规模经营集中。鼓励农户将集体资产所有权、土地承包经营权、宅基地及住房置换成股份合作社股权、城镇保障和住房，实行换股、换保、换房进城。

四、加快促进城乡社会保障体系建设

近年来，不少省份城镇化和农业现代化快速发展，劳动力和居民在城乡之间流动规模扩大、速度加快，突显出城乡社会保障制度供给不足的矛盾，给社会稳定以及经济社会健康协调发展带来较大压力，需要在政策、制度、体制等方面加快建立覆盖城乡的基本社会保障制度。

1. 推进统筹城乡居民的社会保障体系的立法工作

目前，覆盖城乡的社会保障法律体系建设有了很大的发展，诸多方面都基本做到了有法可依。但还存在许多不足：一是虽然我国这些社会保障法律框架已经建立，但具体到每一个子体系都显现明显不足缺项太多。目前，我国除出台制定了中华人民共和国社会保险法外，其他如社会救助法、社会福利法、社会优抚法和社会互助法都没有出台。即使是已出台的社会保险法，也存在不少问题，如农村养老保险问题、农村合作医疗问题、农民工社会保险问题等都没有解决好，只是作了原则性的规定。二是目前生效执行的社会保障法律制度的法律效力等级不高，大多是部门规章。这些部门规章很多带有部门利益色彩，不利于社会保障制度的长足发展、实施与推进。三是已出台的法规及规章相互之间不衔接不配套，有的相互冲突，整体功能没有得到充分的发挥。这主要是因为长期以来我国社会保障管理体制是由不同的部门组成的一个分散的相互之间配合不畅各负其责的状况造成的。

要解决好上述问题，首先要逐步理顺社会保障管理体制问题，明确社会保障管理相关部门之间的职权范围，逐步建立科学、规范、有序、高效的社会保障管理体制。其次具体到立法上，修改立法或国务院《行政法规制定程序条例》、《规章制定程序条例》，明确规定有关覆盖城乡社会保障法律制度立法的由全国人大或国务院制定。第三，由全国人大法工委或国务院法制办牵头制定覆盖城乡社会保障法立法规划，对社会福利法、社会救助法、社会优抚法制定工作作出规划。第四，加快制订当前亟须出台的有关覆盖城乡社会保障法法规，待时机成熟后再上升为法律。

2. 扩大统筹城乡居民的社会保障体系的覆盖范围

按照广覆盖、保基本、多层次、可持续的原则，逐步建立覆盖城乡居民的社会保障体系，稳步提高保障水平。加快实现新型农村和城镇居民社会养老保险制度全覆盖，稳步扩大农村低保覆盖面。迁移到城市但未就业家庭成员，可按有关规定自愿选择参加城镇或农村社保。扩大社会保障覆盖范围，以非公经济从业人员、农民工、灵活就业人员、城镇居民为重点，全面扩大社会保险覆盖面。支持灵活就业人员以个人身份参加城镇职工养老和医疗保险。在城镇单位就业的进城务工人员与城镇职工享受同样的工伤保险、失业保险、生育保险等。建立健全低收入困难群体基本生活保障体系，及时将符合条件的转户农民纳入城镇低保范围。完善农村养老保险制度，完善农村合作医疗制度，完善农村最低生活保障制度，提高农村社会保障覆盖范圈。同时研究制定城乡、区域之间养老、医疗等社会保险的制度衔接和关系转移办法，实现进城落户农民养老和医疗保险的顺畅转移和有效衔接。农村低保与新农保的衔接，应遵循叠加实施原则，努力实现政策效应最大化。

3. 完善社会救济援助以及推进住房保障体系建设

完善社会福利和养老机构基础设施，建立健全城乡困难群体、残疾人和优抚对象等特殊群体的社会保障机制。加强社会救济援助体系建设。转户进城农民在劳动年龄内有就业愿望无业的免费办理失业登记，符合就业困难人员认定条件的享受公益性岗位安置等就业援助服务。同时加强以公共租赁住房为重点的保障性安居工程建设，建立健全廉租房、公租房建设、分配、管理机制，将有稳定职业并在城市居住一定时间年限的务工人员纳入城镇住房保障体系。支持开展利用住房公积金贷款支持保障性住房建设试点，增加中低收入居民住房供给。

4. 加快推进城乡居民基本养老保险制度衔接工作

重点推进新型农村养老保险制度与城镇居民养老保险制度合并工作，做好两项制度合并实施的方案，以及合并实施的政策如何进一步优化完善问题。解决好城乡居民养老保险与企业职工养老保险制度间的衔接问题。提高养老保险基金管理层次，明确养老保险基金省级管理的目标任务、制度模式、支撑条件及责权利划分、逐步做实养老保险个人账户，逐步实现基础养老金全国统筹。建立并强化城乡居民参保的激励机制，进一步完善并落实多缴多补、长缴多得等参保缴费激励机制。提高保障水平，让城乡居民共享国家发展进步的成果。

5. 强化社会保障基金的征缴、筹措、管理和运营

强化社会保险基金的征缴，做到应收尽收。调整财政支出结构，加大社会保障的投入，逐步提高社会保障支出占财政支出的比例。积极稳妥地变现部分国有资产，补充社会保障基金，并运用税收、债券等方法来增加社会保障资金来源。

6. 加快统筹城乡社会保障体系的信息化建设工作

一是建立中央及地方数据中心，实现地级以上城市全市范围的数据集中，建立全国地市级异地数据交换平台，扩大采集数据的覆盖面，基本养老保险和医疗保险采集及监测数据要覆盖到全部参保人员，失业登记和失业保险监测覆盖到全部失业人员；二是加快中央、地方、中央与地方、地方与地方之间社会保障网络建设工作，并向街道、社区和农村乡镇行政村延伸；三是建立多层次、全方位的信息化公共服务体系，构建统一的劳动保障信息化公共服务平台，构建信息系统安全诚信体系；四是实现异地保险缴纳业务，加强跨地区业务协作，开展异地业务联网应用等，提高社会保障制度运行管理的效率和质量，确保社会保障制度运行有序通畅快捷。

五、构建城乡产业结构一体化

1. 统筹制定城乡产业发展规划

鼓励和引导城市中失去比较优势的劳动密集型产业有计划地向农村地区转移。一是引导城市产业向农村工业园区集中。为了防止转入农村地区的产业造成土地资源浪费以及妨碍环境治理，农村应把工业园区作为承接产业转移的重要载体和平台，加强园区交通、通信、供水、供气、供电、防灾减灾、污水处理等配套基础设施建设，提高园区吸纳功能和承载能力，引导转移出来的产业向工业园区集中，形成各具特色的产业集群。发挥园区已有重点产业、骨干企业的带动作用，吸引产业链条整体转移和关联产业协同转移，促进专业化分工和社会化协作。二是注重资源节约和环境保护。从城市转移出来的产业大都是技术含量低、污染比较大、高耗能的产业，极易造成环境污染、资源耗竭等生态环境问题，损害农村地区的可持续发展。因此农村要正确把握产业发展与环境保护之间的关系，政府不能片面追求 GDP 的增长，应加强承接产业的筛选和取舍，提高农村工业环保准入门槛，严格执行污染物排放总量控制制度，实现污染物稳定达标排放，完善节能减排指标、监测和考核体系。同时政府也可以通过税收减免、融资支持、财政补贴、出口退税等方式促进城乡产业进行合作，从而形成城乡分工合理、生产要素和资源得到优化配置的产业发展格局。

2. 建立城乡一体的市场管理体制

我国作为一个城乡要素结构相对失衡的国家，在资金、劳动力、技术等要素方面城乡存在明显的差别，要在整个城乡系统内实现资源优化配置，就必须在产业结构一体化的过程中充分发挥市场的基础性作用，实现城乡市场的协调发展，有效引导城乡生产要素的合理配置。通过深化体制改革，改变长期以来实行的城乡二元管理体制，消除限制资源、要素和产品在城乡之间自由流动的各种体制性政策性障碍。按照市场经济的要求，实行城乡统一的价格制度，消除阻碍市场竞争的限制性因素，打破不合理的垄断定价，加快要素价格市场化，让价格正确反映市场信息，引导资金、劳动力、技术等生产要素自由流动和优化配置，实现城市与农村产业之间的良性互动，推动城市和乡村的协调共进。

六、构建城乡基础设施一体化

基础设施建设对城镇化与农业现代化协调发展具有重要的基础性和保障性作用，要按照统筹规划、合理布局、适度超前的基本原则，加强交通、能源、水利和信息等基础设施建设，构建功能完善、协调配套、结构合理、高效便捷、对接互补的现代化基础设施支撑体系。

1. 加强现代综合交通体系建设

以枢纽设施和综合运输通道建设为重点，着力构建网络完善、衔接高效、覆盖全省、辐射周边的现代综合交通体系，吸引生产要素向通道、枢纽集聚。强化综合交通运输通道建设，依托现有运输通道，根据区域运输需求新的要求，针对公路、铁路、民航、水运、管道等运输方式的发展特点和发展规划，重点推进综合运输大通道建设。完善高速公路网，改造国道省道，提升农村干线路网。强化公路交通优势地位，推进客运专线、城际铁路、干线铁路、支线铁路建设，围绕巩固提升铁路枢纽地位；实施民航优先发展战略，强力推进航空枢纽与支线机场建设；推进长江、黄河等河流的航运开发，形成通江达海、干支联网、畅通高效、公铁水联运的新局面。

2. 加强水利基础设施建设

有重点、分步骤加强区域水利基础设施建设，提高防洪和抗旱能力，有效解决洪涝灾害、水资源不足和水环境恶化等问题，努力实现水资源的可持续开发利用，支撑城镇化与农业现代化协调发展。加强城市供水设施建设，推进城市水源地保护工程建设，加大管网改造提升力度。加快推进农业水利设施建设，完善一批重点水利工程的配套工程项目，加快推进大中型灌区节水改造和病险水库除险加固，突出抓好田间配套，加快小型农田水利设施建设，因地制宜大力发展节水灌概，推进农村安全饮水工程建设。

3. 加强信息基础设施建设

加快推进经济社会各领域的信息化，提升服务城镇化与农业现代化协调发展的能力和水平。加快推进电信网、互联网、广播电视网融合发展。大力推进农业物联网发展，加快建设一批重点领域物联网应用示范工程。健全农村信息服务体系，加强农村远程网络建设，实现城乡信息资源共享。加强基础设施联网对接，实现一体化发展，突出重大交通设施和信息化基础设施的布局衔接和功能互补，形成网络完善、布局合理、运行高效的一体化基础设施体系。推进水利、能源、生态、环保等基础设施联网对接建设，加强水源涵养区、自然保护区等重要区域和生态敏感区、生态脆弱区的生态建设与保护。

参考文献

蔡　键，张岳恒. 2012. 农业现代化发展的内在动力：工业化与城镇化，福建农林大学学报，15（2）：38－43.

曹俊杰，刘丽娟. 2014. 新型城镇化与农业现代化协调发展问题及对策研究［J］. 经济纵横（10）：12－15.

陈基纯，陈忠暖. 2011. 中国房地产业与区域经济耦合协调度研究［J］. 商业研究（4）：112－117.

陈江龙，高金龙，卫云龙. 2013. 工业化、城镇化和农业现代化"三化融合"的内涵与机制—以江苏省为例［J］. 农业现代化研究，34（3）：274－278.

程　丹. 2013. 城镇化与农业现代化的耦合关系研究［J］. 安徽农业科学（41）：1359－1361.

崔　凯，冯　献. 2013. 建国以来工业化、信息化、城镇化和农业现代化同步推进的历史进程与发展趋势探析［J］. 广东农业科学（16）：201－206.

董　伟. 2013. 城镇化与农业现代化相互协调发展研究［J］. 山东省农业管理干部学院学报，30（6）：41－43.

董自光，徐　玲. 2015 服务业视角下中心镇城市化的路径模式——浙江小城市试点镇案例分析［J］. 浙江树人大学学报（5）.

范　辉，刘卫东，吴泽斌，等. 2014. 浙江省人口城市化与土地城市化的耦合协调关系评价［J］. 经济地理，34（12）：21－28.

冯海发. 2001. 论我国农村城镇化与农业的协调发展［J］. 学习与探索（4）：90－93.

何　平. 2012－08－30. 开辟三化协调新境界［N］. 河南日报.

赫修贵. 2013. 城镇化和农业现代化协同推进研究［J］. 理论探讨（6）：96－99.

衡　杰. 2013. 安徽省新型城镇化与农业现代化关系研究［D］. 安徽财经大学.

洪业应. 2014. 新型工业化、城镇化和农业现代化的互动关系研究——基于重庆市的实证检验［J］. 农业经济与科技（10）：137－139.

胡守勇. 2014－7－30. 新型城镇化与农业现代化的内在逻辑［N］. 农民日报.

华兴顺. 2013. 推进新型城镇化与农业现代化互动协调发展［J］. 理论建设（4）：70－73.

霍利斯·钱纳里. 1989. 发展的格局：1950—1970［M］. 北京：中国财政经济出版社.

蒋和平，蒋辉. 2013. 粮食主产区规模化经营的有益探索——河南省鹤壁市"中鹤模式”的解读与启示［J］. 农业经济问题（5）：10－14.
柯福艳. 2011. 统筹城乡背景下城镇化与农业现代化互促共进长效机制研究［J］. 农村经济（5）：36－39.
李　静，高继宏. 2014. 城镇化与农业现代化协调发展研究［J］. 理论与改革（2）：62－66.
李文学，魏登峰. 2013 统筹兼顾同步发展——城镇化与农业现代化系列研究之一［J］. 农村工作通（17）：37－40.
理查德·多布斯，希里什·桑科. 2010－05－24. 中国和印度的城市化［N］. 金融时报.
刘　敏. 2012－09－27. 美国城市化反思“城郊分化”［N］. 解放日报.
刘　玉. 2007. 农业现代化与城镇化协调发展研究［J］. 城市发展研究，14（6）：37－40.
刘海兵，刘丽. 2014. 工业化、城镇化与农业现代化互动关系实证研究［J］. 统计与决策（22）：98－101.
刘亮明，刘文波. 2011－02－27. 工业化农业现代化统筹发展　吉林城镇化向纵深推进［N］. 人民日报.
刘西涛，赵田，王炜. 2013. 促进城镇化与农业现代化协调发展的政策建议［J］. 经贸管理（12）：92－94.
毛智勇，李志萌，张宜红. 2013. 工业化、信息化、城镇化、农业现代化同步发展研究“——基于中部地区“四化”发展的分析［J］. 农业考古（4）：312－318.
钱亚仙. 2001. 农村城镇化与农业现代化建设［J］. 中共宁波市委党校学报，23（3）：41－44.
苏发金. 2012. 工业化、城镇化与农业现代化：基于 VAR 模型的分析［J］. 经济实证（2）：147－150.
王　贝. 2011. 中国工业化、城镇化和农业现代化关系实证研究［J］. 城市问题（9）：21－25.
王　毅，丁正山，余茂军. 2015. 基于耦合模型的现代服务业与城镇化协调关系的量化分析—以江苏省常熟市为例［J］. 地理研究，34（1）：97－108.
王春丽. 2013. 城镇化与农业现代化协调发展的机理与实证检验［J］. 江汉论坛（2）：60－64.
王喜明. 2007. 论城镇化与农业现代化的协调发展［J］. 理论导刊（4）：73－75.
王永明，马耀峰. 2011. 城市旅游经济与交通发展耦合协调度分析——以西安市为例［J］. 陕西师范大学学报（自然科学版）（1）：86－90
吴振明. 2012. 工业化、城镇化、农业现代化进程协调状态测度研究——以中国西部地区为例，27（7）：101－105.
伍国勇. 2011. 基于现代多功能农业的工业化、城镇化和农业现代化“三化”同步协调发展研究［J］. 农业现代化研究，32（4）：385－389.
夏春萍，刘文清. 2012. 农业现代化与城镇化、工业化协调发展关系的实证研究—基于 VAR 模型的计量分析［J］. 农业技术经济（5）：79－85.
夏显力，郝晶辉. 2013. 陕西省工业化、城镇化与农业现代化互动关系的实证研究［J］. 华中农业大学学报（社会科学版）（1）：19－24.
辛 岭，蒋和平. 2010. 我国农业现代化发展水平评价指标体系的构建和测算［J］. 农业现代化研究（11）：646－650.
徐丽华，王 慧. 2014. 区域农业产业集群特征与形成机制研究——以山东省寿光市蔬菜产业集群为例［J］. 农业经济问题（11）：26－32.
伊 敏. 2011－01－24. 新型城市化生活更美好——浙江新型城市化进程回眸与展望［N］. 浙江日报.
殷久勇，杨百路. 2012. 传统农区实现"三化"协调发展的有益探索——"中鹤模式"的调查与思考［J］. 银行家（5）：119－120
翟雪玲，赵长保. 2007. 巴西工业化、城市化与农业现代化的关系［J］. 世界农业（5）.
张 丽. 2014. 城镇化与农业现代化统筹发展的障碍分析［J］. 经济研究导刊（29）：5－7.
张 萍. 2011－07－22. "两化互动"担起时代新使命［N］. 四川经济日报.
张乐勤，陈发奎. 2014. 基于 Logistic 模型的中国城镇化演进对耕地影响前景预测及分析［J］. 农业工程学报（2）：1－11.
张卫民，安景文，韩朝. 2003. 熵值法在城市可持续发展评价问题中的应用［J］. 数量经济技术经济研究（6）：115－118.
周 迪，程慧平. 2015. 中国农业现代化发展水平时空格局及趋同演变［J］. 华南农业大学学报（社会科学版）（1）：25－34.
Ebenezer Howard. 1965. Garden Cities of Tomorrow［M］. MIT Press.
Frank Lloyd Wrigh. 1999. Broadacre City：A New Community Plan［J］. Architectural Record.
Gurmar Myrdal. 1957. Geographical Dual Economy［M］. Economic Theory and Underdeveloped Areas.
Lewis Arthur. 1989. Two Yuan Economic Theory［M］. Beijing：Beijing Institute of Economic Publishing Press. 143－144.
Mesbah M. 2014. Agriculture，Transportation and the Timing of Urbanization：Global Analysis at the Grid Cell Level［J］. Journal of Economic Growth，19（3）：339－368.
Naghun Song，Ashok K. Dutt. 1994. The Nature of Urbanization in South Korea//The Asian City：Processes of Development，Characteristics and Planning［M］. Springer Netherlands. 127－144.
Sir William Arthur Lewis. 1994. The theory of economic growth［M］. Shanghai：People's Publishing House.
Theodore W. Schultz. 1983. Transforming Traditional Agriculture［M］. Univ of Chicago

Pr (Tx).

Thomas More. 2001. Utopia [M]. Yale University Press.

Todaro M P. 1983. Economic Development in the Third World Countries [M]. Associated Pub. House.

Todaro M P. 1991. The economic Development of the Third World [M]. China Renmin University Press. 192 – 195.

Walter Christaller. 2010. Die Zentralen Orte in Süddeutschland [M]. The Commercial Press.

Yang Dennis Tao, Zhu Xiaodong. 2013. Modernization of agriculture and long-term growth [J]. Journal of Monetary Economics (4): 367 – 382.

附　录

调研报告1：科学推进新型城镇化的积极探索——河南省中牟县

习近平总书记指出："城镇化是现代化的必由之路。推进城镇化是解决农业、农村、农民问题的重要途径，是推动区域协调发展的有力支撑，是扩大内需和促进产业升级的重要抓手，对全面建成小康社会、加快推进社会主义现代化具有重大现实意义和深远历史意义。"为贯彻落实习近平总书记讲话和中央城镇化工作会议精神，推动我省新型城镇化科学有序、积极稳妥发展，河南省委九届六次全会通过了《中共河南省委关于科学推进新型城镇化的指导意见》，明确指出科学推进新型城镇化是实现中原崛起河南振兴富民强省的必然选择，并为全省科学推进新型城镇化作出了全面部署，努力以科学推进新型城镇化带动全省经济结构转型、需求动力再造、发展方式转变、人民生活水平提升。近年来，中牟县从当地实际情况出发，采取切实有效措施，大胆实践，勇于探索，通过科学推进新型城镇化，牵一发而动全身，实现了全县经济社会的快速发展，也给全省其他地区科学推进新型城镇化提供了有益的启示。

一、河南省中牟县新型城镇化概况

中牟县位于河南省中部，郑州东部，东接开封，西临郑州，是目前郑州市所辖6县（市）中唯一的一个"县"，也是郑州市唯一的平原县和传统农业大县，全县地势平坦，土地肥沃，大蒜和西瓜长久以来成了中牟县的代名词。相对于郑州其他县（市）而言，由于一度缺少发展机遇和资源少，中牟县农业比例高，工业经济薄弱，工业化和城镇化水平不高，素有"农业薄弱，工业矮小，城镇落后，吃饭财政"之称。多年来，在郑州市6县（市）中，中牟县除了农业GDP排第一位外，经济总量和增速、财政收入、全社会固定资产投资总额、全社会消费品零售总额、金融机构存款余额、城乡居民储蓄存款余额等各项主要经济指标及人均指标均排在末位，其中多项指标的差距还在数倍以上。由于工业化发展滞后，城镇化水平低，直接导致全县财政收入少、居民收入水平低，城乡二元结构矛盾突出，对全县经济社会发展和人民生活水平进一步提高形成了较强约束。长期以来，中牟县几乎成了郑州周边地区发展的一个洼地。

近年来，随着中原城市群的发展壮大，郑汴一体化的加速推进，特别是中原经济区和郑州航空港经济综合实验区上升为国家级发展战略规划后，处于郑州都市区核心区的中牟县"近水楼台先得月"，得天独厚的区位优势得以凸显，面临着难得的历史性发展机遇，成为郑州经济快速发展的“桥头堡、核心区、主战场”，呈现了喷薄而出的发展趋势和气势。

县委县政府充分利用中原经济区、郑州都市区、郑州航空港经济综合实验区三区叠加建设的机遇，发挥比较优势，创新思路，大胆探索，致力于建设郑州都市区核心增长板块，打造郑汴牵手的“中原明珠”。全县重点围绕汽车产业、时尚文化旅游产业、都市型现代农业三大主导产业，着力打造千亿元产值的汽车产业，构建千万人次的旅游目的地，打造国家级的都市型现代农业。

城镇化是实现中牟县快速发展和现代化的必由之路，城镇化水平低、质量不高是制约全县经济社会发展的症结所在，只有充分发挥新型城镇化“牵一发而动全身”的综合带动作用，才能突破各种瓶颈制约，实现中牟县经济社会更好更快地发展。因此，中牟县把推进新型城镇化作为带动全县经济社会快速发展的关键举措，突出中牟县新城建设，突出产业集聚区发展，突出社区建设，突出民生优先，突出城乡一体，突出省市重点项目推动，确立了以新型城镇化建设的“十大切入点工程”，发扬“不服输，拼命干，一年干几年活，一人干几人活”的拼搏精神，抢抓机遇，科学推进新型城镇化建设。

通过新型城镇化建设，全县城镇面貌焕然一新，交通道路等基础设施日益完善，产业集聚区快速发展，主导产业不断发展壮大，已吸引16家央企和上市公司来中牟县投资，70%以上的农民实现了就近转移就业，同时也带动了物流、住宅、金融、教育等现代服务业的发展，人民群众的生活水平得到了大幅度提高，全县经济社会发展呈现出如火如荼的良好发展态势。

2013年，区划调整后，在县内发展较好的1/3区域划归郑州航空港经济综合实验区的情况下，全县生产总值完成240亿元，同比增长9%；地方财政总收入完成39.3亿元，同比增长41.1%；地方公共财政预算收入完成29.9亿元，同比增长54.1%；固定资产投资达到260亿元，同比增长30%；城镇居民人均可支配收入20 900元，同比增长12%；农民人均纯收入13 000元，同比增长12%。2013年，县重点项目共214个，省、市重点项目56个，全年完成总投资189亿元，占计划投资的125%。全县主要经济指标增长速度在郑州市名列前茅。

二、中牟县科学推进新型城镇化的主要做法及特点

在推进新型城镇化实践中，中牟县从本地实际出发，充分发挥区位、资源等比较优势，勇于探索，大胆实践，走出了一条符合自身实际的、独特的新型城镇化发展道路。其主要做法和特点如下。

1. 高起点科学规划

科学推进新型城镇化，必须遵循城镇化发展规律，必须以科学规划为前提。中牟县按照“人口向城镇及社区集中，产业往园区布局”的要求，先后聘请10家甲级规划设计单位，按照“国内一流、国际知名”的标准，高质量编制完成了25项总体规划、34

项分区规划、28项控制性详细规划、58项专项规划，确立了“一带一轴四组团五中心”的基本构架（“一带”即郑汴融城发展带；“一轴”即省道223线发展轴；“四组团”即中心城区和汽车、绿博、官渡3大产业发展板块；“五中心”即雁鸣湖、万滩、姚家、黄店4个新市镇和大孟镇示范区），实现了从城市功能组团到社区规划全覆盖，以及产业发展、土地利用、城乡总体规划的“三规合一”和社区从修规到施工图的全链接。形成科学完善的城镇体系和新型城镇化发展格局，为科学推进新型城镇化奠定了坚实的基础。

2. 全域推进新型城镇化

中牟县处于郑汴一体化的中间地带，地理位置优越，区位优势突出，郑州、开封辐射带动效应明显，具有巨大发展潜力。中牟县紧紧围绕这一优势，抓住中原经济区、郑州都市区、郑州航空港经济综合实验区三区叠加的机遇，跳出县域看县域，自觉置身于全省新型城镇化发展战略格局之中，提出并实施了县域区划范围内的全域城镇化战略，把整个县域当作一个城市来打造，全域规划、全域启动、全域推进。在全域规划中，把郑州市“三大主体”工作和“六个切入点”细化为中牟县新型城镇化建设“10+2+1”工程（“10”是指“十大切入点工程”即城乡快速路网建设工程、生态廊道绿化工程、县城规划区绿化全覆盖工程、产业集聚区标准化厂房建设工程、都市型现代农业示范区建设工程、新型城镇化建设“一改四合”工程、县城基础设施完善改造提升工程、都市区现代水城建设工程、黄河滩区生态再造产业转型工程、土地集约节约有效利用工程；“2”是指城乡环境卫生大整治大提升和违法建设治理两项重点工作；“1”是指网格化社会管理工作），注重在增加城镇数量、适度扩大城镇规模的同时，把城镇做强，充分发挥城镇的聚集功能和规模效益。

3. 高度重视产业集聚发展

坚持“组团发展、产业集聚、产城融合”的指示和“搞好都市型现代农业”及“打造生态水系”的要求，中牟县强化以产业的发展支撑新型城镇化进程，大力发展汽车产业、时尚文化旅游、都市型现代农业三大主导产业，努力实现千亿元产值的汽车产业、千万人次的时尚文化旅游产业、国家级都市型现代农业示范区“两千一国”的目标，“三驾马车”协力驰骋，支撑新型城镇化发展，成为中牟华丽转身的“破壳”之举。

2012年中牟县确立汽车产业发展实现产值“三年倍增、五年超千亿”目标，着力打造“21+50”中原汽车名城（即21平方千米省级汽车产业发展集聚区，50平方千米的郑州汽车城汽车服务博览园），建成全国最大的汽车及汽车后市场集聚区。目前，汽车生产制造已拥有郑州日产、海马商务、河南红宇等整车生产企业，规模以上零部件、内饰件等多种类型零部件生产企业40多家。预计到“十二五”末，汽车年产量突破40万台，实现销售收入400亿元。文化旅游产业以华强文化科技产业基地为龙头，推进华夏历史文明传承创新示范区建设，着力打造国家级文化产业集聚区。都市型现代农业依靠中牟县农业生态优势，着力建设“两区一城一滩五大产业”（“两区”即县北部180

平方千米的旅游观光农业示范区、县南部450平方千米的现代生态农业示范区；“一城”即河南万邦国际农产品物流城；“一滩”即黄河滩区生态再造、产业转型升级工程；“五大产业”，即蔬菜、花卉、渔业、林果、畜牧产业），致力于打造全省乃至全国一流的都市型现代农业。

4. 多元化筹集建设资金

为了保证新型城镇化建设资金的需要，中牟县采取措施多渠道多元化筹集资金。一是政府投资，包括上级政府投资，特别是政府性投资工程、公益事业、基础设施。如，整合各类资金，集中力量办大事（每年30亿元左右）；采用政府控股，社会参与模式建成政府融资平台，发行委托贷款、信托产品、城投债等，可融100亿元左右；与河南省中行等金融单位进行实质性战略合作，筹集资金140多亿元；与中水、中建等央企以BT模式进行规模融资，用于城市、园区基础设施建设（融资100亿元以上）。二是实现存量土地和节约土地的增值，搞好市场运作。三是政策激励，发挥群众的主体作用。如，群众自建或联户自建，由政府负责设计并提供奖补资金；政府主导、开发商参与施工，政府负责设计并和群众共同监督；开发商建设，政府核清利润，不能超出群众承受的范围。

5. 交通路网建设先行

中牟县在新型城镇化实践中，以交通路网建设为先导，先后设计各类道路228条、1134千米（区划调整后750千米），覆盖全县所有产业集聚区、乡（镇、街道）和社区。县城通往新市镇道路按双向6车道、132米绿线控制，新市镇通往社区道路按双向4车道、60米绿线控制。着力构筑“城市组团——产业集聚区和新市镇——社区”相互沟通联系的网络化道路交通体系。目前，全县已建成骨干道路514千米，完成投资95亿元。现在的中牟县全域内，可以说道路纵横交错，交通四通八达，路网密布，建设质量较高，交通道路等基础设施建设走在了前面，发挥着先导的作用，吸引着众多投资者。

6. 生态文明建设

科学推进新型城镇化的基本要求之一，就是要走环境友好的城镇化道路，保护和改善生态环境，突出城市生态建设，推动城市与自然、人与城市环境和谐相处。中牟县在推进新型城镇化建设中，依托现有的生态资源和农业优势，科学规划，造山、蓄水、扩绿、建园，高标准塑造生态景观、建设高标准农田、打造田园风光、建设田园城市。一是实施生态廊道建设。有道路就建生态廊道，全县凡是道路在6车道以上的，道路两侧全部建设50米生态廊道，4车道的建设17.5米生态廊道，2车道的建设9米生态廊道。着力打造生态路网体系。二是实施生态水系建设。按照郭庚茂书记在中牟县调研时指出的“中牟要打造生态水城”的要求，谋划了投资55亿元推进雁鸣湖滨湖生态水系、中牟国家农业公园生态水系、鹭鸣湖生态水系、贾鲁河生态水系等8大水系工程。同时对全县60万亩林地、5万亩水面、16万亩黄河湿地实施公园式保护，改善区域生态。三是推动产业转型。中牟县用两年的时间，拆除了黄河滩区全部380座砖瓦窑厂，实施生态再造、产业转型工程，淘汰了县域内包括养殖在内的落后产业，保护生态环境，取得了很好的效果，推动城镇化向绿色、智慧、生态、宜居方向发展。

7. 始终坚持以人为核心

中牟县在新型城镇化实践中，始终把保护农民切身利益放在首位，采取综合开发、统规统建、统规联建、统规自建、整合帮建等建设模式，调动群众参与新型城镇化建设的积极性。一、奖补政策。出台了《关于加快推进新型城镇化工作的实施意见》，从保护农民利益出发，明确规定拆迁安置政策、奖补措施，农民不仅每人有免费的住房面积、成本价优惠面积，还有商业用房面积，不仅可以从不断翻新建房的负担中解脱出来，也为以后生活水平的不断提高奠定了良好的基础。老百姓通过算账明白了政府的良苦用心，得到了实实在在的好处。二、配套政策。按照“六通十有两集中”（六通即通公路、自来水、天然气、电、有线电视、宽带；十有即有社区综合服务中心、标准化卫生室、连锁超市商场、邮政网点、金融网点、治安管理室、文化活动室、科技文化活动中心、幼儿园和小学、养老院；两集中即垃圾集中收集、污水集中处理），对社区进行配套，在全省率先实现了全部社区通天然气。有人形象地说：“只要有米在，不愁没鸟来。”三、就业政策。大力发展汽车、时尚文化旅游、都市型现代农业三大主导产业，做大做强四大产业园区，优先安置入住社区农民。同时，以生产半径不超过3千米为原则，建立农民创业园，通过技能培训，实现农民就近就业。预计未来3～5年，三大主导产业和农民创业园就业岗位年均增长将达20%以上。四、保障政策。制定《中牟县被征地农民就业培训和社会保障办法实施细则》，明确规定城市组团和产业园以外的农民在不放弃土地的条件下，享受城市政策和城市公共服务。

三、中牟县科学推进新型城镇化探索的启示

中牟县在科学推进新型城镇化进程中，虽然得益于三区叠加的区位优势，有其得天独厚、不可复制的特殊条件，但是其实践中的一些探索和措施，对于我省其他地区科学推进新型城镇化具有一定的启示。

1. 科学推进新型城镇化必须遵循规律因地制宜

遵循城镇化发展规律，从本地实际出发，因地制宜地进行城镇化建设，这不仅是中牟县在新型城镇化实践中的探索，更是科学推进新型城镇化的应有之义和本质要求。

面对得天独厚的区位优势和难得的发展机遇，中牟县没有头脑发热，不搞大呼隆、一刀切，而是从实际出发，充分发挥自己的比较优势，按照“四个体系”建设要求，将全县分为“四大区域”，统筹安排，分类指导，尊重和体现当地特色，尊重民意，造福群众，从而取得了实实在在的效果。我省各地的自然条件、资源状况、经济发展水平、人文环境等各有不同，科学推进新型城镇化，就必须从当地实际出发，遵循城镇化发展规律，因地制宜地进行。要根据《中共河南省委关于科学推进新型城镇化的指导

意见》要求，把握新型城镇化这一正确方向，遵循规律，因势利导，把市场主导的“无形之手”与政府引导的“有形之手”有机结合起来，使城镇化成为一个顺势而为、水到渠成的发展过程。在实践中，我们要牢牢把握科学推进这一实践要领，量力而行，尽力而为，既不消极懈怠、错失机遇，也不急于求成、拔苗助长，更不能搞“一刀切”“齐步走”。

2. 科学推进新型城镇化必须注重解决人的问题

新型城镇化是人的城镇化，科学推进新型城镇化的核心是以人为本，让广大人民群众都能够分享新型城镇化发展的成果。在科学推进新型城镇化的各项工作、各个环节中，都要始终坚持群众利益优先，始终把保障和改善民生放在第一位，充分尊重群众意愿，切实维护群众的合法权益，妥善解决好群众的实际困难和问题。

中牟县在推进新型城镇化进程中，坚持以人为本，以人为核心，高度重视人的问题。通过大力发展产业集聚区，为安置农民就地就业提供了岗位；通过土地流转，发展观光农业、体验农业、设施农业，吸纳大量农民就地就业，使农民既有土地收益，又有工资性收入；通过社区建设，为发展第三产业创造了条件，提供了大量的就业机会。这些做法具有一定的借鉴意义。我们在科学推进新型城镇化进程中，必须立足于人的需求，以人为核心，围绕让城乡人民生活得更加美好这个中心来进行，不仅要使人们有就业岗位，有稳定收入，能不断提高生活质量和水平，更要通过户籍制度、社会保障制度等方面的改革，加快农业转移人口市民化进程，推进基本公共服务均等化，从根本上破除城乡二元和城市内部二元体制机制，创造城乡居民平等分享改革发展成果的制度环境，真正实现科学推进新型城镇化以人为核心的目的。

3. 科学推进新型城镇化必须注重产业集聚发展

城镇化的本质在于产业、要素、人口在空间的高度集聚，其中产业的集聚是人口与要素集聚的前提和基础，也是新型城镇化发展的前提和基础。科学推进新型城镇化，必须以产业集聚区建设为载体，壮大产业基础，充分发挥产业集聚区的集聚产业、创造就业、吸纳转移人口、推进新型城镇化的重要载体作用，实现产业集聚区与新型城镇化良性互动发展。一、在产业选择方面应注重产业发展实效、注重就业为本。从发展阶段、市场竞争状况与我省的比较优势来看，劳动密集型制造业是当前我省最有竞争力和发展潜力的行业，同时劳动密集型制造业吸纳就业能力强，对人口城镇化的支撑能力强，应成为当前我省县级城市的产业发展重点或主要产业。二、要鼓励和支持中小企业发展。中小企业在增强产业发展活力、创造就业等方面具有无可替代的作用，产业集聚区应在准入门槛等方面为中小企业的入驻放宽条件，并通过建设多层厂房、成立创业孵化园、给予金融和政策扶持等多种形式来鼓励、扶持中小企业发展，支持本地的小规模创业活动，鼓励它们吸纳更多的农业转移人口。三、强化产业集聚区就业人员的市民化。为加快农业转移人口市民化进程，应清除进城务工人员市民化的制度障碍，统筹协调户籍、社会保障、教育、保障性住房等相关公共服务资源的配置，为产业集聚区务工人员转户进城创造各种有利条件，使其愿意进城、能够进城。四、完善考核体系，使产业集聚区作为新型城镇化主载体的功能得到有效落实。产业集聚区的考核指标应把产业发展、就业岗位创造、就业人员市民化作为硬性指标来考核，从而引导各地按照新型工业化与新型城镇化协调发展的思路来发展产业集聚区、推进新型城镇化。

4. 科学推进新型城镇化必须注重解决资金问题

科学推进新型城镇化建设需要大量资金，解决资金问题，需要政府“有形之手”和市场“无形之手”的有机结合，在加大政府对城镇化财政投入、建立财政投入稳定增长机制、发挥财政资金的引领作用的同时，积极引入民间资本参与城镇建设，建立起多元化的投融资机制。关于资金来源问题，中央城镇化工作会议提出，要建立多元可持续的资金保障机制，并提出了一整套解决方案。《中共河南省委关于科学推进新型城镇化的指导意见》也明确提出创新资金多元筹措机制，支持有条件的地方发行市政债券。就我省来看，解决资金问题，可以积极探索发行城镇化建设债券。应抓住当前国家鼓励探索发行城镇化建设债券的时机，积极争取发行市政债券，为城镇化建设提供长期资金投入渠道。如，可以考虑研究推出县级城镇化集合债券，鼓励地方政府特别是县级政府抱团发行。这类集合债券应以不低于 3 个县级地方政府投融资平台类企业作为联合发行主体共同发行。这类债券通过化零为整的方式，增强了本达不到单个发债标准企业的融资能力，同时也拓宽了地方政府融资平台除银行贷款以外的融资渠道。同时，也可以考虑研究设立城市建设发展基金。这种基金有利于分散和降低投资风险，应以科学推进新型城镇化建设为契机，发起募集新区城市发展基金，吸引社会资金进入城市建设领域。目前，大量民间资金找不到投资渠道，应该创造公平竞争机会，创造良好市场环境，充分发挥财政资金“四两拨千斤”的作用，带动社会各个层面的力量共同推进新型城镇化。

5. 科学推进新型城镇化必须注重生态环境建设

党的“十八大”把生态文明建设提升到了前所未有的高度，突出了生态文明建设的战略地位。《中共河南省委关于科学推进新型城镇化的指导意见》，明确要求要把生态文明理念全面融入城镇化进程，围绕美丽河南建设，加强城市生态建设和环境整治，全面提升城市人居环境质量。

新型城镇化的基本特征之一，就是要与城市生态化相结合，走环境友好的城镇化道路，保护和改善生态环境，突出城市生态建设，推动城市与自然、人与城市环境和谐相处。中央城镇化工作会议提出，要体现尊重自然、顺应自然、天人合一的理念，城市建设要依托现有山水脉络等独特风光，让城市融入大自然，把绿水青山保留给城市居民。让居民望得见山、看得见水、记得住乡愁。因此，科学推进新型城镇化，就必须加强生态环境建设，提高城镇生态环境的承载能力，通过生态文明建设，优化空间格局、调整产业结构、转变消费方式，以良好的城镇生态环境支撑新型城镇化发展。

调研报告2：北京市通州区城镇化与农业现代化发展状况

为调查北京市通州区城镇化与农业现代化的基本情况，了解基层村民对当地城镇化和农业现代化的看法和意见，分析农业现代化与城镇化协调发展的影响因素，总结通州区城镇化、农业现代化的特征与问题。2016年11月，课题组从通州区于家务乡随机抽出两个行政村，每村随机抽出20户入户走访并发放调查问卷。由调查人员对抽出的农户进行入户走访，一对一完成调查问卷，保证问卷资料的真实性、准确性。调查共发放问卷40份，回收40份，有效问卷为40份。课题组严谨统计分析、反复讨论研判，形成如下报告。

一、基本情况

通州区位于北京市东南部，京杭大运河北端。区域面积906.28平方千米，耕地面积340.84平方千米（2012年）。2015年末全区常住人口137.8万人，其中城镇人口88.2万人，占常住人口的64%。2015年实现地区生产总值595.4亿元，三次产业结构由2014年4∶50.4∶45.6变化为2015年3.2∶46.7∶50.1。通州区属大陆性季风气候区，受冬、夏季风影响，形成春季干旱多风、夏季炎热多雨、秋季天高气爽、冬季寒冷干燥的气候特征。年平均温度11.3℃，降水620毫米左右。2015年实现农林牧渔业现价总产值50.1亿元，比上年下降13.3%。“十二五”时期，在平原地区百万亩造林工程的带动下，林业实现产值年均增长46.6%，在农林牧渔业总产值中占比由2010年的3%提高到2015年的15.9%。全年设施农业收入14.3亿元，增长25.1%。

于家务乡是北京市通州区下辖的一个乡，又名于家务回族乡，位于通州区南部，距通州卫星城21千米，东邻永乐店镇，西、南与大兴区采育镇接壤，紧临京津塘高速公路采育出口，距通州新城19千米，是北京市五个少数民族乡之一，也是通州区唯一的少数民族乡。辖23个行政村，总面积65.7平方千米，耕地面积50 081亩。截止2014年底户籍人口2.43万人，其中非农业人口0.67万人，农业人口1.8万人。

此次重点调研的是于家务乡下辖的神仙村和北辛店村。神仙村总人口1 062人，其中劳动力458人，外出劳动力210人，2014年人均年收入1.5万元，家庭支出3.0万元。全村土地总面积5 010亩，耕地面积3 200亩，其中旱涝保收耕地面积3 200亩，土地流转面积2 200亩，设施农业面积600亩。2015年共获得政府拨款22万元。新农合医疗参与率和新型养老投保率均为100%。北辛店村总人口1 380人，其中劳动力800人，外出劳动力400人，2014年人均收入3 000元，人均家庭支出3 000元。全村土地总面积4 300亩，其中耕地面积4 300亩，旱涝保收面积4 300亩，土地流转面积3 700亩，设施农业面积10亩。2015年全村获得政府拨款300万元，其中用于农业基础设施50万元，用于农民技能培训2万元。新农合医疗参与率为90%，新型养老投保率为100%。

神仙村和北辛店村大田种植均为典型的冬小麦—夏玉米耕作制度，其中小麦种植面积分别为300亩和600亩，玉米种植面积分别为500亩和600亩，小麦平均单产300～400千克/亩，玉米平均单产300～500千克/亩。村内均无自有农机，机械化依靠农机社会化服务。秸秆主要通过秸秆还田的方式进行生态化处理。玉米和小麦均参加了农业保险。村民获得农资的渠道主要是经销商，农产品销售的渠道是到村内收购的小商贩。村集体的主要收入均来源于土地流转的地租收入。农村百人医生数均为1人。

二、当地城镇化与农业现代化发展的现状特征

1. 全区城镇化率稳步提升，环境改善是城镇化带来的最大变化

据统计资料显示，通州区的城镇人口逐年增加，从2010年的72.4万人升至2015年的88.2万人，增加了21.8%。全区城镇化率和户籍城镇化率均稳步升高，城镇化率从2010年的61%上升至2015年的64%，户籍城镇化率从50%升高至了61%（附图1）。从调研问卷的分析结果来看，环境改善是城镇化带来的最大变化，其次是社会保障水平、医疗条件和教育条件的提高和改善（附图2）。

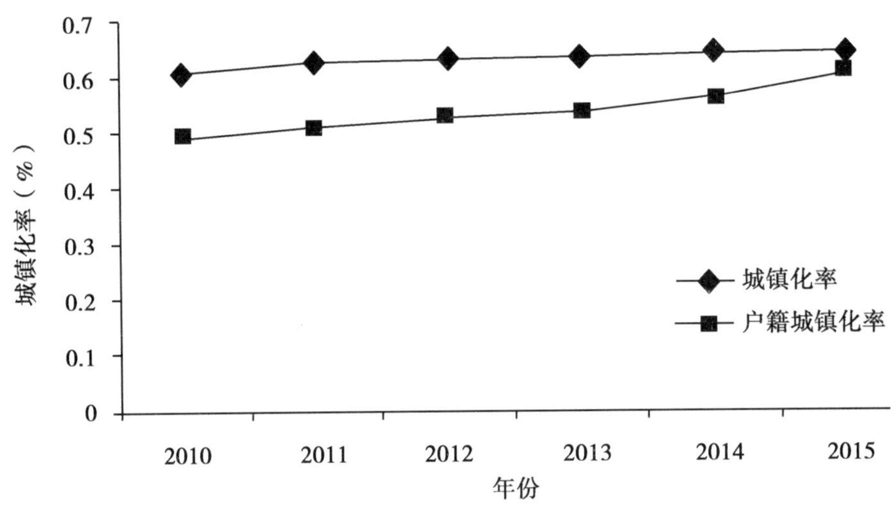

附图1　通州区城镇化率和户籍城镇化率

2. 村民对城镇化建设满意度有待提升，缺乏公众参与是主要问题

于家务乡的城镇化程度相对较低，2014年的户籍城镇化率仅为27.4%，不足全区平均水平的一半。从调研问卷的分析结果来看，80%的村民认为当地城镇化程度较低，11%的村民认为基本实现城镇化。对城镇化建设的满意程度也较低，57%的村民认为城镇化建设进程太慢，35%的村民对城镇化建设效果较为满意。有一半的村民认为城镇建设突出了当地特色，而另外一半村民则认为城镇建设的特色不够突出。由于部们决策，农民主动参与很少是村民选择的城镇化进程中最主要的问题，这和政府缺乏对城镇化建

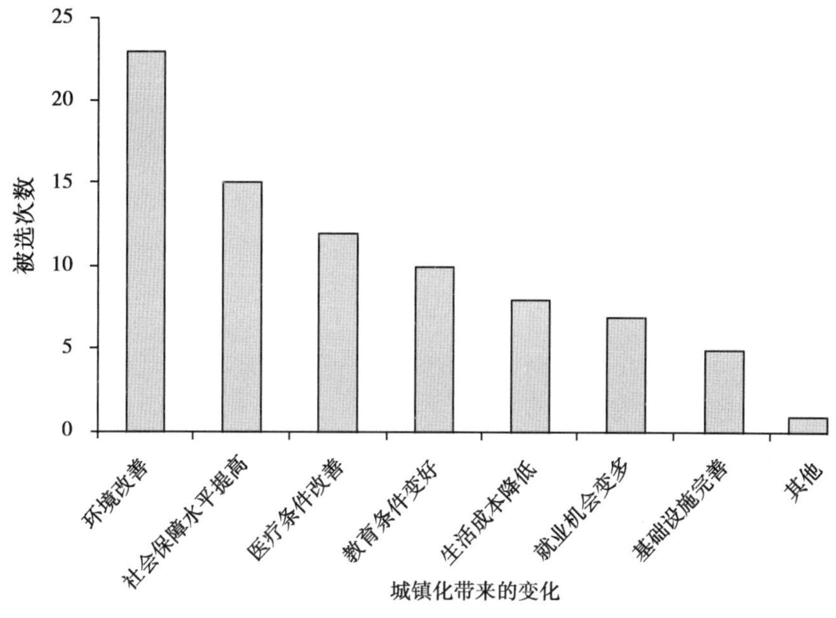

附图 2　城镇化带来的变化情况

设的宣传有关，有 65% 的村民认为村干部或者政府相关部门没有宣传过城镇化建设的相关精神或事宜。城镇化建设过程中的主要问题还包括耕地被严重浪费以及基础设施建设跟不上。其中关于城镇化过程中耕地的利用情况的调查结果显示，27% 的村民认为城镇化建设过程中保护良好，耕地未减少，有 24% 的村民认为耕地几乎都被转为建设用地，同时还有 24% 的村民认为征用较多，但土地利用还算合理。详见附图 3。

3. 医疗和养老福利是城镇的主要吸引力，农村环境和田地是农村的主要吸引力

问卷调研的结果显示，66% 的村民选择愿意转成城镇人口，另外 34% 的村民选择不愿意转成城镇人口。而促使村民选择转为城镇户口的最主要因素是城镇医疗好和养老福利好，远高于其他因素对村民的吸引力（附图 4）。而促使村民保留农村户口的因素则较多，环境熟悉、农村基础设施也不错、农村田地的保留和合作医疗都是吸引村民保留农村户口的主要因素（附图 5），而可以租房子在城里上学则没有村民选择。说明随着农村基础设施和其他条件的改善，城镇的基础设施和环境对农民的吸引力逐渐减弱。针对若城镇化过程中必须迁入城镇，选择何种方式进城的选择中，分别有 37% 和 32% 的村民选择“有安置费，保留农田，就近迁入村中心”和“有安置费，收购农田并给予补偿金，就近迁入小城镇”。农民在城镇化过程中最关心的问题是拆迁地补偿、养老保障以及医疗保险等社会保障的提高（附图 6）。

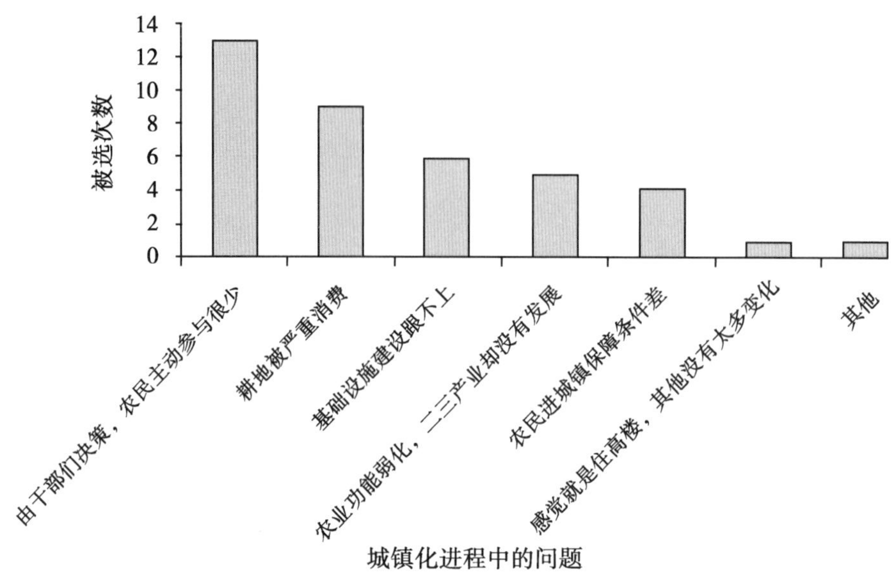

附图 3　城镇化进程中的问题情况

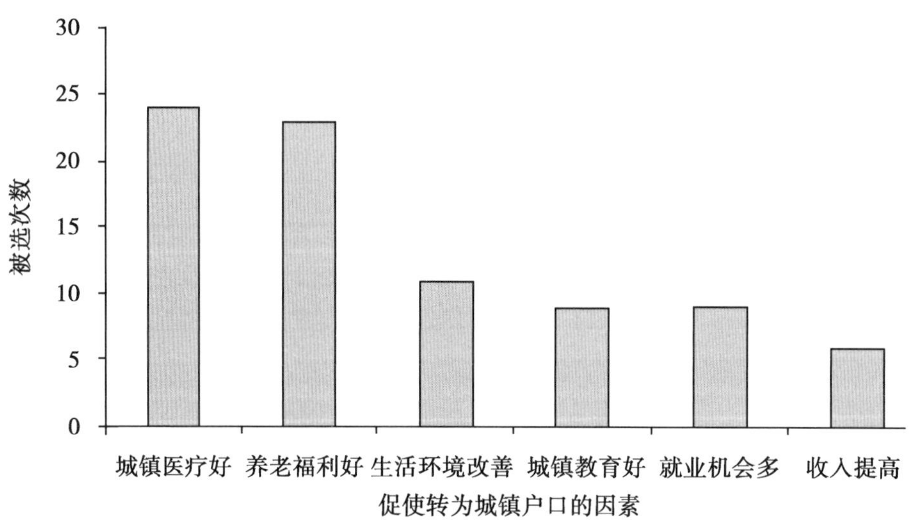

附图 4　促使转为城镇户口的主要因素

4. 种植效益低是农民愿意被征地的主要原因，征地过程中最关心征地补偿

小农户农业种植的经济效益较低是农民愿意被征地的最主要的原因，有 36% 的村民选择了种地挣不到钱这一项，另外分别有 31% 和 27% 的村民选择征地可以很快提升生活水平和社保不断完善，对土地的依赖减少。而不愿意被征地的主要原因是不想离开熟悉的环境和政府工作不透明，总觉得吃亏，均有 27% 的村民选择。村民对于征地最

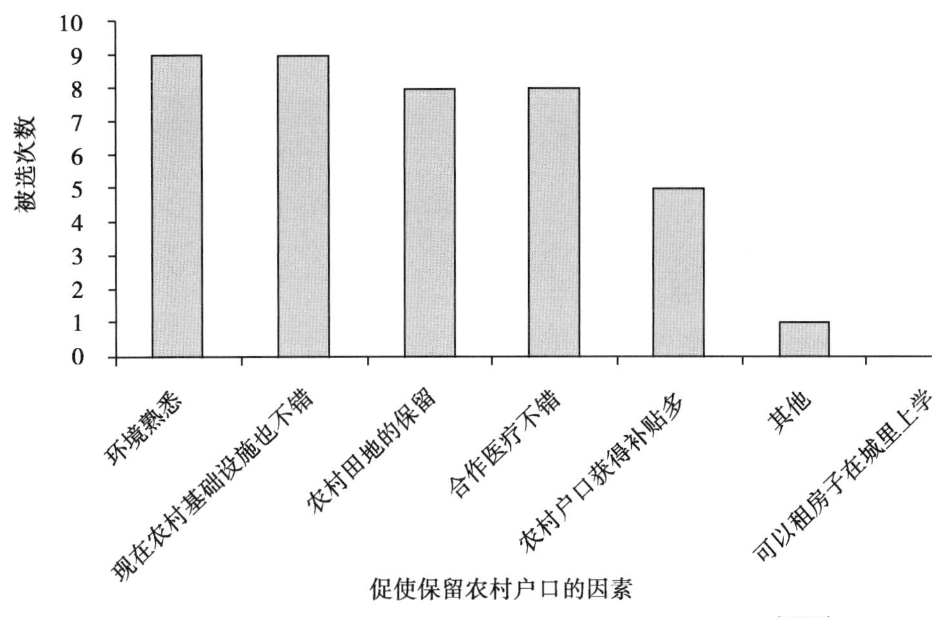

附图 5　促使保留农村户口的主要因素

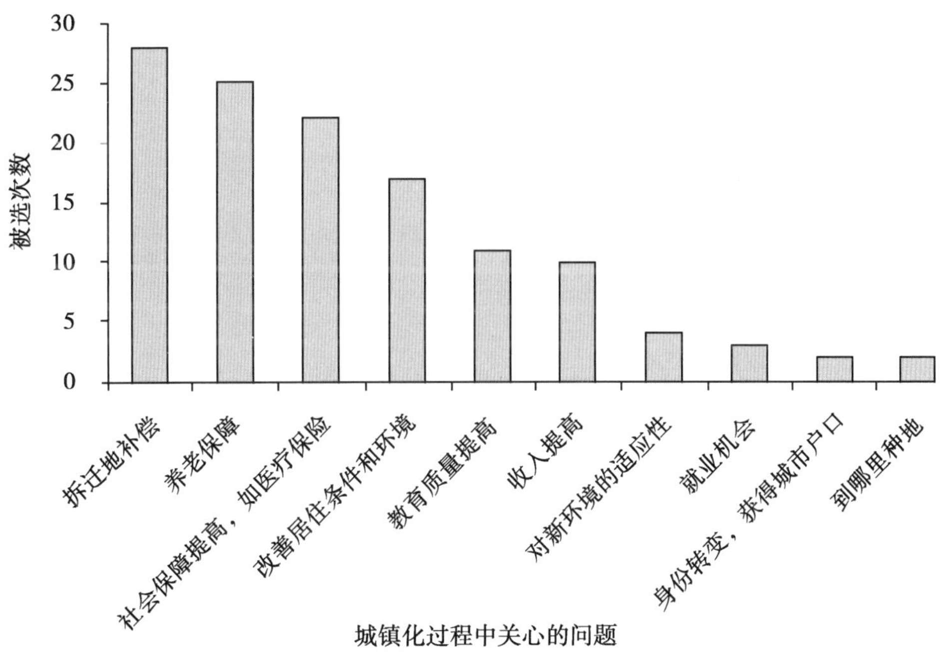

附图 6　城镇化过程中关心的主要问题

关注的问题还是征地补偿，56% 的村民都关注这一问题，另外有 27% 的村民还关心征地后安置的问题。而土地被征收后最希望得到的补偿形式是一次性补偿金，占 40%，以及住房等实物补偿，占24%，而对于提供就业或者就业技能培训、小额优惠贷款等问题村民的关注度都不高（附图7）。

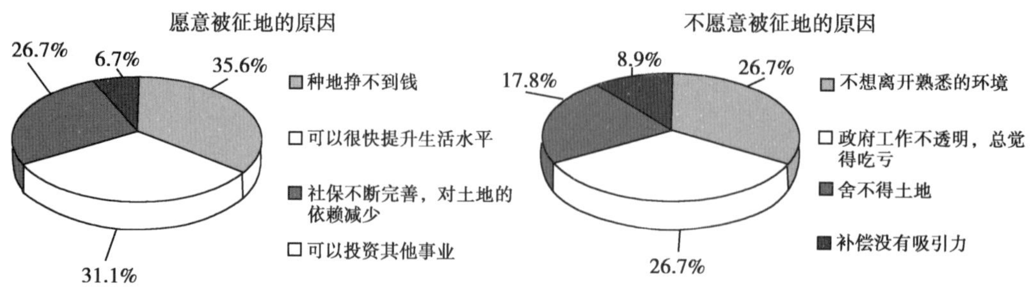

附图7　愿意和不愿意被征地的原因

5. 全区以种业为农业主导产业，五年内全面实现农业现代化

2015年北京市新农村建设领导小组下发了《北京市国家现代农业示范区建设实施方案（征求意见稿）》。提出按照“高精尖”经济结构要求，北京市将重点发展籽种、休闲观光、生态健康种养、高新技术农业和沟域经济。到2020年，北京将在全国率先全面实现农业现代化。其中通州区为北京市农业总体布局“一核四区”中的“一核”之一，将重点打造国际种业科技园区、北京农业科技的总引擎、北京新型农业的孵化器以及四化同步的试验区。于家务乡在2009年就成立了农村土地流转管理服务中心，到2015年，全乡已经规模流转土地3.8万亩。土地的规范化流转促进了农业的规模化发展、园区化建设、标准化生产。问卷调查的分析结果显示，60%的村民认为家乡的农业现代程度还可以，有11%村民认为水平很高，但也有29%的村民认为水平较低。不过在数量上与北京市整体趋势相同，随着二三产业的快速发展，通州区农业占地区生产总值的比例逐年降低，从2010年的6.7%下降到了2015年的3.8%，特别是近两年农业总产值也开始呈下降趋势（附图8）。

6. 农资与农产品购销较为方便，市场信息不畅阻碍农业现代化进程

北京市良好的区位条件和市场环境为农民提供了较好的农资与农产品购销环境。根据问卷统计结果，49%的村民认为选购种子、化肥、农药等生产资料十分便捷，42%认为便捷程度一般，仅有0.9%的村民认为非常不方便。村民施肥喷药主要听取农技推广人员的建议，或者根据销售商和包装说明进行操作。35%的村民觉得农产品销售方便，就地可解决，另外35%的村民认为不方便，需要等人来收购，还有23%的村民选择的是附近有收购，只有1%的村民认为农产品销售特别不方便。虽然说农产品销售较为方便，但是还是以传统的上门收购为主，缺乏现代的购销渠道，同时也缺乏良好的基于市场信息的及时调节机制。“市场信息机制不健全，获取市场信息难”依然是阻碍农业现代化的最主要因素（附图9）。电视仍是村民获取农业信息的最主要途径，占32%，电脑网络和手机网络也逐渐成为村民获取农业信息的重要途径（附图10）。另外农民对土

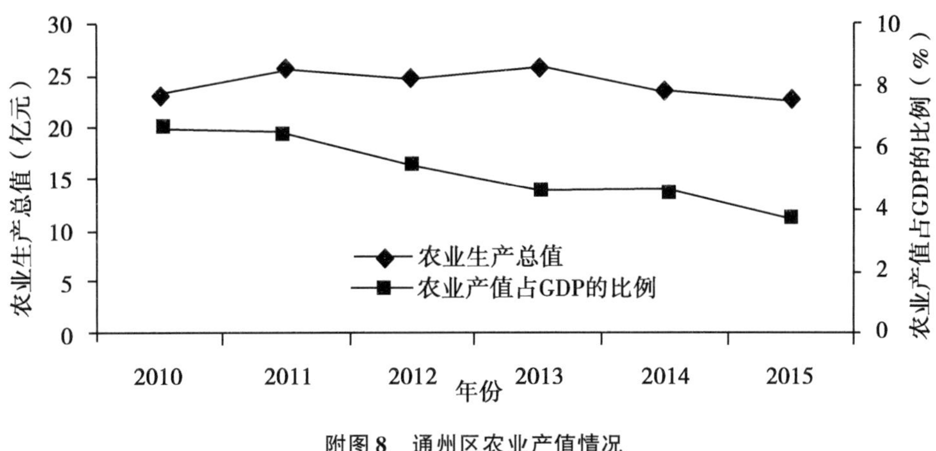

附图 8　通州区农业产值情况

地的所有权不明确也是阻碍农业现代化的主要因素，2013 年中央一号文件提出全面开展农村土地确权等级颁证工作，2016 年关于土地确权也明确了“总体上要确地到户”、“落实集体所有权、稳定农户承包权、放活土地经营权”等新政策，从调研的结果来看，神仙村已开始进行土地确权，北辛店村暂时未开始该项工作。

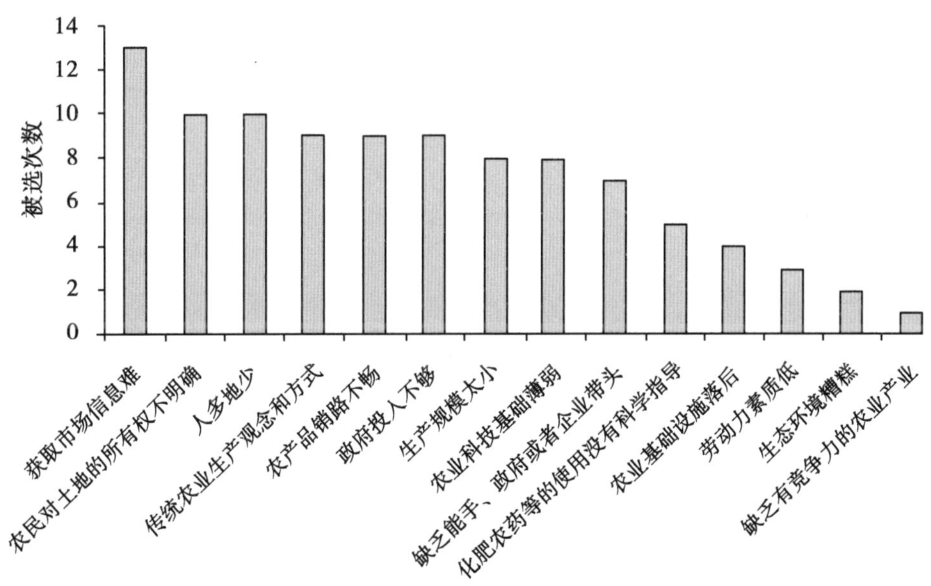

附图 9　阻碍农业现代化的主要因素

7. 农业劳动力结构性短缺，农民组织化程度有待提高

据统计资料显示，随着城镇化进程的加快，通州区户籍人口中农业人口逐年下降，2010 年至 2015 年共下降了 16.5%（附图 11）。问卷分析结果表明调研的两个村 40 户

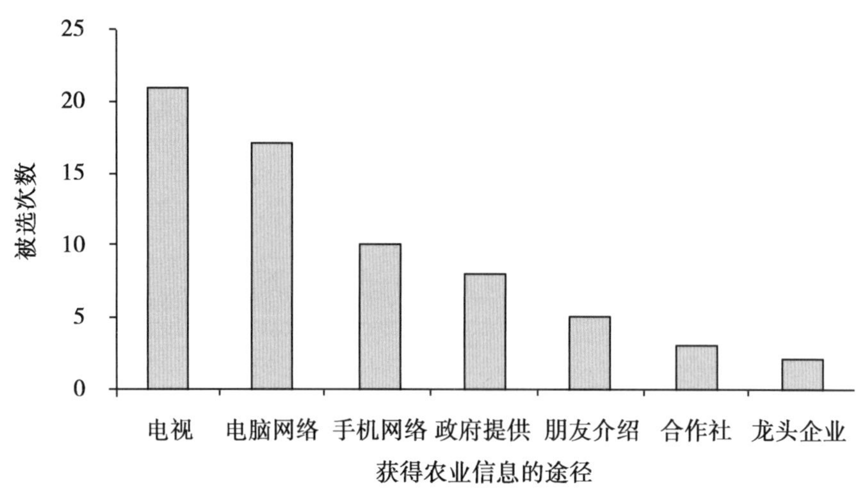

附图 10　村民获得农业信息的途径

共有 55 个劳动力，平均每户仅有 1.4 个劳动力。村内随机调查的 40 个人平均年龄 54 岁。受教育程度也较低，被调查者中 13% 为小学文化水平，70% 为初中文化水平，17% 为高中文化水平。两个村的全部村民中高中以上学历农业劳动力平均比例为 16%，村委班子成员中仅神仙村有 1 人为高中文化水平（每村 3 个村委班子成员）。缺少资金投入和劳动力不足是村民们认为农业生产遇到的最大困难，另外还有自然灾害、缺少技术指导、农产品销售价格低和规模小不挣钱也是农业生产中遇到的主要困难（附图 12）。两村的新型经营主体比例均很低，神仙村仅有 1 个合作社，北辛店村仅有 1 户专业大户。村民的小农意识还比较强，有 33% 的村民认为农户单独经营是最利于提高农业产出的农业生产组织形式，也有 30% 的村民认识到农户 + 专业合作社 + 公司的组织形式更有利于提高农业产出（附图 13）。整体来说被调查区域的农民组织化程度还有待进一步提高，加强农业组织化、现代化宣传也非常重要，调查中大约一半的村民选择村干部未进行过农业现代化的宣传。

8. 发展特色农业是农业生产的主要出路，政府帮助改善基础设施和拓宽销售渠道

在村民对农业生产最可能出路的选择中，发展特色农业、有获取生产相关信息的渠道和提高农业科技水平以及就近建厂吸纳就业排在前三位（附图 14）。其中 23% 的村民选择了发展特色农业，发挥农业资源优势，发展精品特色农业也正是北京都市型现代农业发展的重要思路。同时村民在农业生产上最希望政府帮助改善基础设施和解决农产品销售的市场问题（附图 15），共占 58%。政府在帮助农产品销售问题上应注重市场信息公开和农业规划的顶层设计，鼓励企业建立互联网 + 农业平台，为农民和企业之间牵线搭桥。

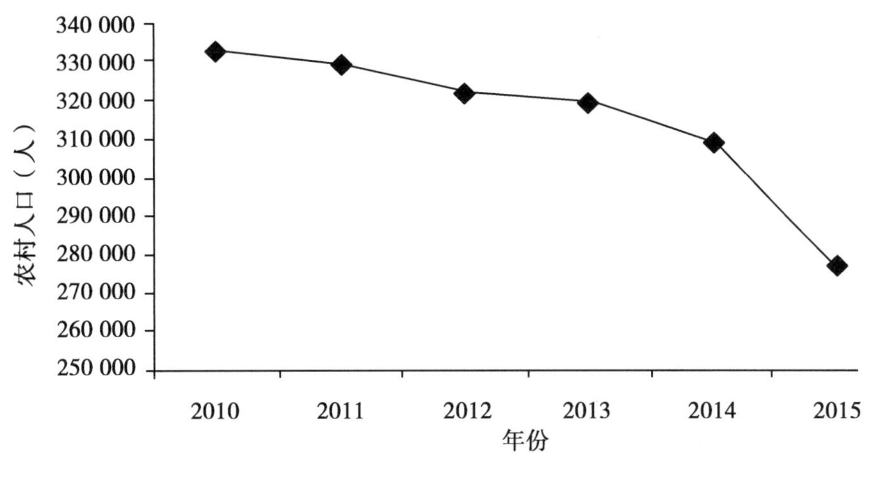

附图 11　通州区农业人口数量变化

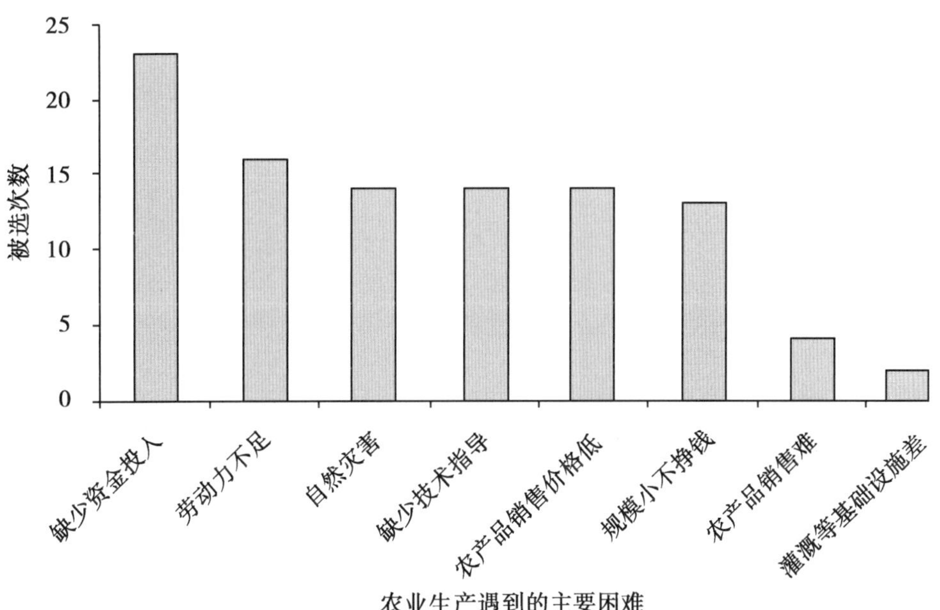

附图 12　农业生产遇到的主要困难

三、促进当地城镇化与农业现代化建设的建议

1. 加强宣传培训，强化公众参与

针对城镇化和农业现代化建设以及“四化同步”等政策与举措加强宣传与培训，创新宣传形式，多渠道、多方式开展宣传，丰富宣传内容和形式，以通俗易懂的语言与

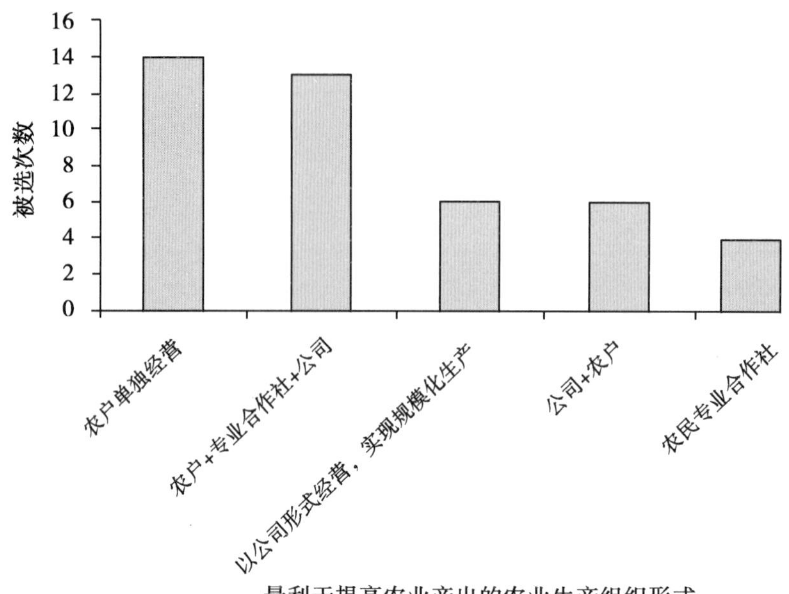

附图 13　最利于提高农业产出的农业生产组织形式

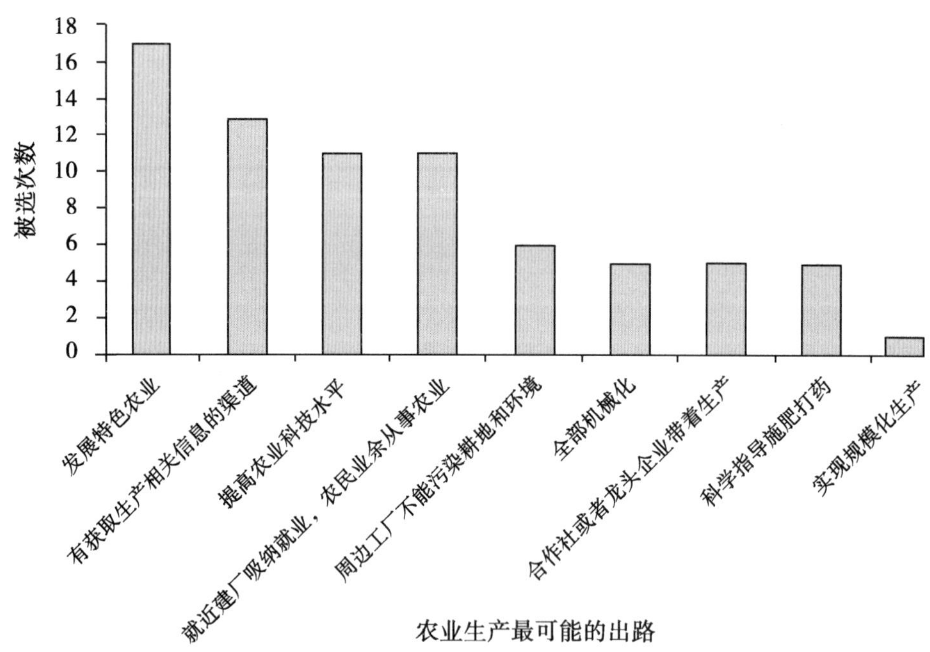

附图 14　农业生产最可能的出路

形式提高农民的认识水平。同时强化公众参与，确保村民在收益分配中的参与度，强调村民全程参与本乡村城镇化与农业现代化发展决策和规划，通过调查、访谈等方式倾听

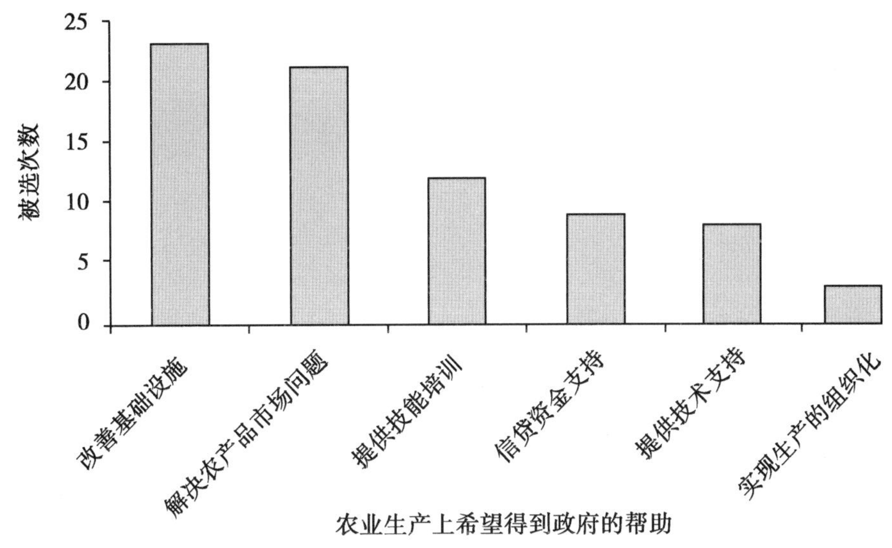

附图 15　农业生产上希望得到政府的帮助

村民的声音，逐步在编制规划、开发决策、选择经营主体等方面让村民参与。构建公众参与机制，增强村民的参与意识和参与能力，实现由浅层次的象征式参与、被动式参与、咨询式参与走向深层次的功能性参与、交互式参与、自我激励式参与，以增强乡村的持续发展动力。

2. 协调城镇化与农业现代化，提升耕地集约利用水平

充分发挥城镇化对农业现代化的拉动作用以及农业现代化对城镇化的基础作用，使二者相互协调、相互促进。城镇化通过扩展农产品市场、吸纳农村剩余劳动力、提供农业先进技术与城市现代公共服务，强力拉动农业现代化。农业现代化通过提供丰富的农产品、充足的劳动力资源、广阔的农村市场与集约化的建设用地，强力支撑城镇化。在新型城镇化过程中，着力推进社会城镇化水平，促进社会结构和居民生活方式的转变，以此达到在快速城镇化进程中促进耕地利用、劳动力集约度和农业机械集约度的提升，以协调城镇化与农业现代化的矛盾。尽可能控制土地城镇化的规模，减少土地城镇化对耕地资源的消耗，以保证区域农业生产能力不下降。

3. 着力改善和保障民生，促进城乡社会和谐

改善和保障民生，是城镇化建设的出发点和落脚点。要坚持以人为本、民生优先，完善保障民生的各项制度，进一步提高社会保障和基本公共服务均等化水平，确保城乡居民生活每年有新改善。提高城乡低保、新型农村合作医疗、城镇居民基本医疗保险、新型农村社会养老保险全覆盖水平，努力实现人人享有基本社会保障。推进社会管理理念思路、体制机制和方法手段创新，实现向服务型管理的转变。在城镇化进程中，除了考虑农民的生活保障和长远收益，还应考虑到他们的技术培训和转化工作，对年纪偏

大、文化不高、缺乏生产技能的这一代农民，应保障其基本生活水平、保障养老。对于年轻一代农民，政府需要加强教育和培训，使其成为能自谋生路的新型市民或者是有专业化生产技能，会经营、能管理的新型农民。

4. 突出城镇化建设特色，彰显城镇文化特色

丰富城镇文化内涵，彰显城镇文化特色，是发挥城镇个性优势，促进不同区域、不同级别城镇之间差别竞争和协调发展的重要途径。在城镇建设过程中，重视突出当地的文化特色，把城镇建设成为布局合理、设施完善、功能齐全、环境优美的宜居家园，建设成为个性鲜明、底蕴深厚、品质卓越、令人向往的精神家园和文化高地，努力营造集自然景观特色、历史文化底蕴和现代气息于一体的城镇形象。倡导和谐文化，加强人文关怀和心理疏导，努力实现阶层与阶层之间、人与人之间在机会上的公平和利益上的和谐，形成全体人民各尽其能、各得其所而又和谐相处的局面。

5. 加大支持引导力度，完善农业信息服务网络

建设农村市场、科技信息、服务三大信息应用系统为重点，整合各类信息资源，完善信息服务网络，打造农业综合信息服务平台，加快信息入户，加强技术信息、市场信息等农业相关信息更新与服务。同时积极支持引导社会化信息服务机构为农村农民服务。信息服务机构是直接面向农民、为农民提供信息的单位，由于当前农村信息网络建设不完善，大部分的信息搜集、整理和发布工作还是依靠政府及其相关管理部门来支持完成的，长此以往将不利于市场化运作，对全面实施农业信息化产生不良影响。只有加大资金投入和政策支持力度，带动如公司、商会、协会等尽快形成独立的中介机构，才能更好地服务于广大农民，促进农业持续健康的发展。

6. 加快农村经济体制创新，保障农民的建设主体地位

在中国特色农业现代化建设过程中，必须加快农业和农村经济体制创新，其中最重要的是经营体制创新，包括土地使用实行规模经营制、农户实行合作制和农业企业实行股份合作制三个核心内容。要依法建立土地使用权流转机制，规定土地流转的形式、时限及其收回，实现土地规模经营，发展大农；把合作经济组织作为农业现代化建设的基础、作为农业生产经营的一项基本制度；帮助农业龙头企业建立健全现代企业制度，引导其与农民建立密切的利益连接机制。在农业经济体制创新过程中，要树立农民是农业现代化的建设主体地位，任何抛开农民或者以损害农民利益为代价的行为，都不符合中国国情，也不符合农业现代化建设规律。因此，需要进一步强化农户与市场、农户与企业公司、农户与金融、农户与科技这四个“联结机制”，进一步确立农民主体地位。

7. 建设农业现代化产业体系，促进农业可持续发展

所谓农业现代化产业体系，是指由关联效应较强的各种农产品的生产、经营、市场、科技、教育、服务等主体，通过必要的利益联接机制形成的有机整体。针对北京都市型现代农业的特征，深化认识，拓展视野，向农业的深度和广度进军，立足于拓展农

业的功能，大力开发与农业相关的就业增收、生态保护、观光休闲、文化传承等新产品新产业，发展特色农业，走出一条可持续发展的路子。不断推进产业化运营模式的创新，各种类型的农业生产经营主体通过经营某一业或某一环节，逐步建立自己的专业优势，在此基础上产生合作的需求和意愿，建立各种类型专业合作经济组织，合作经济组织向产业链前后进一步延伸、逐步走向一体化。以农业专业合作经济组织为依托实施区域农产品品牌战略，大力发展专业化农产品销售组织。